上海工匠

王晓明　编著

上海大学出版社

图书在版编目(CIP)数据

上海工匠 / 王晓明编著. —上海：上海大学出版
社，2023.6
　ISBN 978-7-5671-4706-5

　Ⅰ. ①上… Ⅱ. ①王… Ⅲ. ①工人－先进事迹－上海
－现代 Ⅳ. ①K828.1

　中国国家版本馆CIP数据核字（2023）第077098号

责任编辑　陈　强
助理编辑　夏　安
封面设计　倪天辰
技术编辑　金　鑫　钱宇坤

上海工匠

王晓明　编著

上海大学出版社出版发行
（上海市上大路99号　邮政编码200444）
（https://www.shupress.cn　发行热线021-66135112）
出版人　戴骏豪

*

南京展望文化发展有限公司排版
江阴市机关印刷服务有限公司印刷　　各地新华书店经销
开本710mm×1000mm　1/16　印张19.75　字数312千
2023年6月第1版　2023年6月第1次印刷
ISBN 978-7-5671-4706-5/K·272　定价　68.00元

本书编委会

策　划

杜仁伟　张夏美

编　审

谢国明　曹焕荣

编　委

董俊山　刘春京　范希春

肖党荣　胡师睿　张颂华

序

　　上海是中国共产党的诞生地，同时又是工人阶级和工人运动的发祥地，这里集聚着中国最优秀的产业工人。上海的产业工人群体从20世纪初的53万人，发展到如今的1 200万人，他们不仅是先进生产力的代表，更是创新创造的主力军。从造船、航空航天、自主品牌汽车、集成电路、机器人，到国产大飞机C919……一代又一代的上海产业工人，以追求卓越的工匠精神，用智慧和汗水开拓着砥砺前行、高质量发展的自主前行路。在中国式现代化建设的进程中，他们共同书写了上海的绚丽篇章。

　　本书为上海广播电视台东方卫视与上海市总工会在2015—2019年联合推出的四季25集电视纪录片《上海工匠》的同名图书，全面介绍了50位为上海乃至全国经济建设、文化传承等领域做出卓越贡献的"上海工匠"，从他们的成长经历和工作事迹出发，以点带面地揭示自新中国成立以来，每位工匠背后所代表的上海各行各业的新发展、新变化和新成就，展示"上海工匠"们精益求精的工作态度、严谨细致的高超技艺，追求完美、创造极致的职业精神，攻坚克难、创新超越的优秀品质。50位工匠涵盖了从轻工业、高端制造业、传统非遗及文化艺术以及生活服务业等各个行业。

　　作为纪录片《上海工匠》总导演和总撰稿王晓明多年的老朋友，我很高兴看到这本同名图书的付梓。初识晓明小友是在2002年的初春，他作为中央电视台《新闻联播》的记者，来报社采访时任人民日报社社长的王晨同志，我当时作为人民日报办公厅主任全程陪同。此时的晓明清瘦帅气，王晨同志的评价是思维敏捷、为人谦逊、作风朴实。因此，我对这位小友的关注就多了些。后又经常在《新闻联播》上看到他发自全国各地的重头报道，均角度新颖、立意深刻。印象最深的是2006年6月，他发自浙江的关于民营企业改革的报道。报道中时任浙江省委书记的习近平同志关于民营企业改革发展高屋建瓴的理论，为当时处于彷徨中的中国民营企业指明了发展方向。报道用扎实的采访、详尽的数据、典型的事例，很好诠释了这一理论在浙江的实践成果。节目在《新闻联播》播出后引起了强烈共鸣。

后来，晓明被上海市作为高级人才引入当时风头正劲的上海广播电视台。2009年冬，晓明带着庆祝建党90周年大型文献纪录片《誓言》的文稿到报社找我，希望我能担任总编审。随后我和时任中央党史研究室常务副主任的李忠杰同志分别审阅了文稿，一致认为：这部以中国共产党入党誓词的五次变化为主线，展示中国共产党90年发展历程的纪录片，选题独特、史实扎实、文笔流畅、手法新颖、语境自然，特别符合年轻人的接受习惯，并在一定意义上填补了党史的空白。尤其是文稿中"90年来，无数中华儿女在党旗下庄严宣誓，把青春和热血献给人民；90年来，中国共产党人恪守誓言，用行动和生命践行承诺；90年来，誓词在变，共产党人对人民立下的誓言却没有改变；90年来，信仰如初，誓言永远""在过去的90年岁月里，世界上最大的执政党用光辉的足迹，证明了自己的抉择；13亿中国人也用事实证明了他们的选择。一代又一代年轻人为共产主义奋斗终身的理想正薪火相传，生生不息"等句子深深震撼了我们这些老党员的心扉。这部纪录片后来由学习出版社出版发行，并被中宣部列为全国青少年爱国主义教材。

此后，晓明的重点偏向于纪录片创作且佳作不断。比如反映中国农村60年变化的《大寨》，反映高考制度改革的《破冰之旅》，反映国有企业改革的《突围——国门初开的岁月》，反映全国劳模酸甜苦辣的《如歌的岁月》，反映我军现代化建设的《蓝天上的较量》《共筑海上钢铁长城》，以及《回家过年》《青春上海》《90后，我们出发》《生命的托付》等，每一部都是难得的精品力作。

相识21年间，我见证了晓明从意气风发的青年记者逐渐成为思想成熟、业务精湛的高级记者的成长历程。尤其是2015年到2019年连续四年推出的反映上海市产业技术工人拔尖人才的大型系列纪录片《上海工匠》，其独到大气的格局、浑厚扎实的文字功底、娴熟巧妙的表现手法和对大型题材炉火纯青的驾驭能力，更是将人物类纪录片推向了一个新的高度。

本书的特点在于，不但讲述工匠个人的奋斗历程，挖掘工匠身上的精神亮点和感人故事，而且将中国制造和上海品牌纳入整个纪录片的叙事背景中，把工匠个人前途和上海城市命运紧密联系在一起，展现了从上海制造、中国制造到上海品牌、中国品牌的发展中上海一线工匠们的坚守和奉献。

《上海工匠》以新中国成立70年以来，"上海制造""上海品牌""上海科创""上海文化""上海服务"五大建设为大背景，上海的重要行业、优秀工匠的典型事迹为主线，全方位展示了新中国成立70年、上海解放70年所取得的辉煌成就和服务全国的大局意识。本书选取的50位上海工匠，是上海市1 200万产业工人的缩影，他们立足岗位、科技创新、精益求精、无私奉献的精神风貌令我感动。《上海工匠》一方面从不同角度和侧面，讲述了不同时代、不同行业变迁的故事，反映了从中国制造到中国创造背后工匠的坚守精神；另一方面，也通过大量鲜活的事例，着力表现以企业技术骨干为代表的基层优秀共产党员，将共产党人的无私奉献精神和工匠精神有机结合在一起，不忘初心、脚踏实地、率先垂范，献身国企改革、创新发展的感人故事。

在当前上海发展高端制造业、打造科创中心、培育城市软实力的大背景下，本书的出版更具有现实意义。希望通过此书来呼唤伟大的"工匠精神"，使工匠们为社会所认可和尊敬，成为中国制造的内在支撑。

谢国明（人民日报社原副总编辑）

2023年3月15日

写于北京协和医院

目录 CONTENTS

涅槃重生

传承"英雄"制笔技术，是英雄金笔厂生存的前提，只有把这门技术传承好了，才能发扬光大/机器批量化生产的西服，每一件都是一样的，如果客户体型特殊，衣服就会不合适。有很多顾客，希望用自己带来的面料定制西服

千滋百味

我在想我们要做一些普通老百姓也能买得到、吃得起的点心。我已经把点心，当作自己一生的事业来做/小点心要做出大文章来

东方神韵

我们出去的目的就是让外国人和在国外的中国人都能够看到中华饮食文化的传承、发扬和繁荣/在感觉身体正在衰弱的时候，加强自己对人物的表演塑造，锻炼在舞台上的掌控力、渲染张力来延长自己的艺术生命

妙手打磨

那时候上海的验光师很少，总共只有大概四五十人，平均每个验光师一天就要验六七十人/七八十年代，我国关于口腔医学的资料比较少，只能去国外的教科书里查阅，我的英文还可以，就自己买书翻译资料，曾买一本书花了73元，相当于几个月的工资

产业坚守

在岗位上长久地追求完美，才能实现工匠精神，短短几年时间是达不到那种境界的，也达不到工匠精神的要求 / 我们不能总是仰望巨人

地下掘进

做出来的东西要能拿得出去，要能为自己脸上添光。品质是尊严，质量是自尊心 / 这15年来他搞了许多创造发明，但并不是为了去申请专利，而是为让包括自己在内的一线工人工作起来更轻松、更方便、更高效

放飞梦想

倘若这种简单的事情都要请老外过来做的话，不但花了冤枉钱，而且是技术人员的耻辱 / 从小好奇的我就喜欢接触新鲜事物，家里的闹钟都被自己拆了两三个，喜欢问"为什么？"

兼容并蓄

要让团队的每个人都想成为好工人，整个团队要有工匠精神才能营造良好的创新氛围 / 一个人如果只想着干轻松的活，拿更多的钱，那他就是蠢材，永远一事无成

创造品质

好不容易回趟家，小孩子的玩具都成了她模拟和验证系统实际操作的道具 / 从建造超高层建筑，转行到历史建筑修缮，从现代到传统，跨度大、难度高，很少有人愿意这么做

涅槃重生

一款新型内衣拯救了当时一蹶不振的上海纺织业，带动了中国纺织业的革新 / 上海黄酒不能仅在数量上占优势，要在质量上压倒对手

后记

纪录片《上海工匠》总导演创作手记

逐梦设计 ｜ 张振晖　蒋国兴

本篇人物

张振晖　上海美术电影制片厂青年动画师

蒋国兴　中国陶瓷设计艺术大师、上海市工艺美术
　　　　大师

伴着悦耳的钟声，晨的曙光划破夜的寂静，上海，开始了它繁忙的一天。这座在众多人眼里充满神秘、浪漫色彩的现代化国际大都市，之所以成为众多怀揣梦想的人心目中向往的东方明珠，不仅仅是因为它拥有雄厚的经济基础，更重要的是有着一副海纳百川的胸襟。无论是高精尖的人才，还是下里巴的平民都可以在这里找到施展自己才华的舞台。正因如此，一大批技术产业工人经过日积月累的积淀，成长为上海经济发展的中坚力量，他们被形象地称为"上海工匠"。

动画师的童年

有梦想就有希望。追梦成为生活在这座城市中的2 500万人的共同心愿，上海美术电影制片厂青年动画师张振晖就是其中的一个。

每个星期四的上午，不管工作多忙，张振晖都要抽出时间去给孩子们义务上美术课，十年如一日从未间断，足迹遍及上海市主要的小学、幼儿园以及智障学校。凭借着《黑猫警长2》《宝莲灯》《邋遢大王奇遇记》《犹太女孩在上海》等一系列耳熟能详的国产动画片的参与者和主创者的身份，张振晖

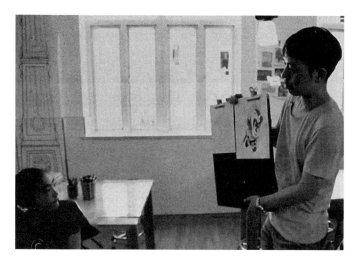

张振晖在给孩子们
上美术课

在上海孩子们的心目中享受到了把《铁臂阿童木》带给中国的日本动画大师手冢治虫同样的待遇。

张振晖说："动画片是孩子的第一任老师，虽然现在很多国外动画片对他们的吸引力也非常大，但我觉得中国的孩子，其实还是对国产动画片有很大兴趣的。因为国产动画片的题材更接地气，因此也更亲切，讲述的内容大都是发生在他们身边的故事。同时我在跟孩子们的交流当中，也能够受到他们的启发，对我自己的创作来说，也会有很大的帮助。"

张振晖对幼儿教育的专注，让许多人不能理解。生于1974年的张振晖，幼年时性格极度内向，当别的小朋友在弄堂里嬉笑打闹时，他却静静地坐在家里的小板凳上看书、发呆。为了让自己的孩子能多一些了解外面世界的机会，张振晖的父母省吃俭用、想方设法购买了一台黑白电视。有了电视机，张振晖第一次在家里看到了动画片。

张振晖说："每部动画片里面的人物角色，比如我们耳熟能详、脱口而出的孙悟空啊、葫芦兄弟啊、邋遢大王啊，大都是陪伴童年的，就好像你身边的同学或者好朋友一样。"为了留住自己喜爱的动画人物，张振晖每次看

工作中的张振晖

完动画片都会凭借记忆把里面的人物画下来，尽管笔法稚嫩，但也让他的童年充满了乐趣。

1985年，中央电视台播出了日本动画片《铁臂阿童木》，给张振晖的动画生涯带来非常大的影响，也激励着他产生创作出超越日本动画片的国产动画片的念头。这一年，张振晖向父母提出要学画画，而且一学就是八年。

机会往往眷顾勤奋且有准备的人。1991年，上海美术电影制片厂动画培训班公开在社会上招生，张振晖抓住了这个好机会。他认为，自己对动画片非常热爱，本身也非常想了解动画这个专业，想知道如何操作，能让一张张静态的画，最后变成一个个完整的活动的画面，对此他非常有兴趣，于是就去报名参加了这个动画培训班。

结缘美影厂

始建于1957年的上海美术电影制片厂，是中国动画片和动画人才培养的摇篮。其制作的《猪八戒吃西瓜》《小蝌蚪找妈妈》《大闹天宫》《三个和尚》等优秀作品享誉国内外，上海美术电影制片厂无疑是所有热爱动画事业的有志之士梦寐以求的圣殿。

在上海美影厂所有动画师的工作台前都会摆放一面镜子，对照镜子观察表情，再下笔刻画角色，成了这个厂的传统。张振晖感到新鲜和好奇，这和他之前对着小人书画画完全不一样，这不再是临摹，而是创造。张振晖说："真人电视里，表演者是演员，而动画片中，表演依靠动作设计，因为每一个动画人物，它的表情也好，动作也好，全部都是人画出来的。"

一年的专业培训，一年的优胜劣汰，40多名学员最后只留下12名，张振晖幸运地成为其中的一员。然而，刚到美影厂时，张振晖并没有如愿成为动画设计师，而是被分配去做动画员。在张振晖的心目中，动画员就是做最基础的工作，画一些中间画，把关键的动作连续地衔接，基本不需要太多的创造性，是承前启后加工的一个过渡。

张振晖善于从民间艺术中汲取创作灵感。有着600多年历史的老城隍庙充满浓郁的中国古建筑的韵味，琳琅满目的小商品、各具民族特色的手工艺品，以及身怀绝技的手艺人，都为张振晖提供了取之不尽的动画素材。刻纸，是中国传统民间工艺之一，方寸之间，除了要具备绘画和构图的能力，更是需要将手中一把小刀练出功夫，下刀有力、线条规整、曲线流畅。张振晖发现，这把小刀和他用来修饰动画人物的笔有融会贯通之处。同时，刻纸也考验一个人的耐性，它讲究的是一步到位，这当中你若稍微有一点点差错，不管刻到哪个程度，都得推倒重来。

80年代初到90年代末，中国经济社会迎来巨大的变革，这种变革不仅发生在工业企业，也震撼着张振晖所在的文化企业。随着文化市场的开放，阿童木来了、米老鼠来了、狮子王也来了。带给上海美术电影制片厂的不仅仅是观念的碰撞，更重要的是体制上的冲击。

据上海美术电影制片厂钱建平厂长介绍："在80年代的时候，美影厂出品过一些像《黑猫警长》《葫芦兄弟》这样的动画片，但体量还是不够，境外的一些公司纷纷来我们这里设立动画的加工点，实际上把我们相当的一批人才给吸纳到了他们的加工点里。这样就造成了我们自己的主创力量的匮乏。"

面对高薪诱惑和熟悉同事一个个的离开，张振晖依然不改初衷，坚持留了下来。张振晖说，这是他非常热爱的专业，也是自己坚持了几十年的一个梦想。他不会受到外界的影响而改变自己的初衷，他也相信中国的动画会有

张振晖与动画大师
常光希的近距离
接触

一个美好的未来。

　　好在这种状况引起了国家相关部门的高度重视，先后出台了多个对国产动画片的保护措施和扶持政策。饱受改革阵痛的上海美术电影制片厂，也紧紧抓住了这次难得的机遇，邀请国家一级动画设计师常光希执导大型动画电影《宝莲灯》，张振晖作为中坚力量，被选为《宝莲灯》的原画修型师，第一次近距离跟随敬仰已久的动画大师常光希学习与创作。

　　《宝莲灯》导演常光希回忆道："当时我就觉得这个小青年很认真，工作态度非常好，非常勤恳。"

　　张振晖介绍，这部戏总共由 1 600 个镜头组成，如果换算成原动画张数的话，可能达十几万张，是平常人想象不到的一个工作量。斥资 1 200 万元打造的《宝莲灯》是当时中国投资最大的一部影院动画长片。24 岁的张振晖虽然不是主创，但多年的积淀让他在这部具有跨时代意义的作品中如鱼得水，最完美地呈现了主创者的意愿。

　　《宝莲灯》吸收了国外动画片成功的经验，邀请观众喜爱的国内影视及歌坛明星如陈佩斯、姜文等担任配音，张信哲、李玟等演唱主题曲。该片于1999年上映后，取得了 2 400 万元的票房，为陷入低谷的国产动画电影注入了活力。张振晖的工作也得到了专家和观众的认可。

常光希评价张振晖："我觉得像他这样的过程，应该说还是很好的。张振晖心态很平，从动画开始做原画，在这种心态下，就把每一个流程、每一个工程都学到位了。"

堆缸小伙蒋国兴

梦想往往不会一蹴而就。做了几年动画员的张振晖在为自己的梦想不能一步到位而苦恼、彷徨时，生活在江苏宜兴、长他10岁的一名陶器搬运工却在为生计奔忙。这个人就是后来成为全国劳动模范、中国陶瓷设计艺术大师、上海市工艺美术大师的蒋国兴。

据蒋国兴回忆，现在的孩子平时可能去玩游戏机、看动画片，而他们那时候连电影都看不到，偶尔会用做陶瓷的泥做砂锅、做小炉灶过家家。

陶都宜兴，出过许多陶艺名家。这里过去家家做坯、处处皆窑，许多孩子都像蒋国兴一样在陶泥堆里长大。然而，能让陶泥长在心里，为陶器赋予生命的人却为数不多。

1985年，21岁的蒋国兴从徐州供销学校会计专业毕业后回到了家乡，作为中专生的他在宜兴这个地方大小也算

蒋国兴在工作室

个文化人。他本想靠知识闯出一番名堂，没想到得到的第一份工作却是堆缸。蒋国兴介绍说："堆缸的工作，可能城里人不是很清楚，就是把我们生产出来的大大小小的盛水的缸，一堆一堆地堆起来，最多的能堆到接近三十米高，纯体力活。"

各色的陶缸陶坛，每只重达数十斤甚至上百斤，要堆成垛，个子不高的蒋国兴每天都累得精疲力竭，但他毅然坚持了下来。两年后，蒋国兴终于熬出了头，被厂里安排担任质量检验员。两年的磨炼让蒋国兴懂得，在宜兴要想获得别人的尊重，必须要有手艺。"偷艺"成了他担任质检员外的主要功课。从质检员到陶艺师有一条很长的路要走。白天，其它学徒嬉笑打闹时，他却默默地为忙碌的老师傅端茶倒水、添柴烧火。夜晚，当别的学徒玩牌喝酒时，他拿着老师傅们做的半成品，静静地一个环节一个步骤地琢磨。这一切，被一名叫王石耕的师傅看在眼里，最终蒋兴国倔强的个性和对陶瓷痴迷的态度，深深感动了王石耕老人，他打破了"传内不传外"的祖训，把手艺倾囊传给了蒋国兴。蒋国兴说："那时候，自己研究和学习陶瓷的成型、烧成以及釉水的泡制到了痴迷的程度，因为爱好我才做这些。"

然而，命运就是这样捉弄人。1991年，陶都宜兴迎

蒋国兴的工作台

来了产业结构的大调整，陶瓷生产企业开始关、停、并、转。蒋国兴只是淡淡的一句"不给国家添麻烦"，便辞去了好不容易得到的质检员的工作，凭借着已掌握的技术和知识，在宜兴开设了一间工作室，踏上了艰难的创业之路。

陶都宜兴生活着无数靠手艺吃饭的陶艺人，绝大多数人靠着小订单度日子，生活艰辛而乏味。蒋国兴无数次问自己，守着金山为什么过得如此艰辛？直到有一天他听师傅王石耕讲起父亲王迎春的故事时才豁然开朗，他也终于明白，师爷王迎春能用"大手做小壶"，靠的是以"心"入"器"，所以器物才能有"魂"，只有人器合一，陶器才会有生命，才会灵光四射。

蒋国兴认为，陶瓷艺术是泥巴的艺术、火的艺术、釉的艺术。泥巴是没有生命的东西，但是通过陶艺人的手，能够给它安上灵魂，赋予其生命。如果我们给泥巴穿上一件漂亮的衣服——釉水，那么就能让泥巴光彩夺目。然后用火将它百炼成钢，火炼金睛，就能让这眼睛照向更广阔的世界。

"蒋痴"的大陶艺梦

位于陕西南路延安中路的马勒公寓，具有八十多年的历史，是老上海的标志性建筑，它由一名叫马勒的犹太人，根据其女儿的梦境修建的。在经历了数十年的风侵雨蚀后，变得斑驳陆离。1998年，上海市政府邀请上海著名建筑大师章明对马勒公寓实施抢救性修复工程。章明遇到的最大的难题便是对琉璃陶瓷的"虽新犹旧"的处理，为此，她走遍了广东、江西等十多个地方，寻访了数十位有名的工匠，均未得到满意的解决方案，直到在宜兴遇到了蒋国兴。章明对蒋国兴的评价是：很刻苦，肯动脑筋，对传统的工艺很上心，并能谦虚认真地听取专家的意见创新、创制。

没有任何参考资料，一切都要从零开始。蒋国兴二话不说，抄起铺盖到了厂里，吃住在车间。所有工序的试制，蒋国兴亲力亲为，成千上万次的失败，堆积如山的废弃品，也没有动摇他"要为中国陶艺争口气""为曾经在战乱中饱受摧残的犹太人做点事"的决心。看着他邋遢而又痴迷的样子，工人们背地里暗暗管他叫"蒋痴"。蒋国兴说："我就是痴的，我对这件事情就是痴迷的，没有痴迷的精神，哪有精美的作品。"

蒋国兴终于成功了！

　　当自己历经千辛万苦研制的琉璃陶瓷严丝合缝、色泽分毫不差地安装到著名的马勒公寓时，多年的艰辛努力、委屈误解产生的复杂情感在这一刻一下子迸发了出来。望着修缮一新的马勒公寓，他泪如雨下，哭了很长时间。同时，也从这次经历中得到了大悟：紫砂壶、彩陶瓶、钧陶花瓶等是摆件，只是小小的器皿，是一门小众的艺术，如果把传统的陶瓷艺术跟建筑空间、公共空间结合起来，就具有了社会性、公益性。把古老的陶艺植入大型公共景观，让小众的艺术变成大众的艺术，成为蒋国兴的"大陶艺梦"。

　　马勒公寓的修缮工程，也让蒋国兴声名远扬。随后，众多项目纷纷找到他，声名在外、技艺超群的蒋国兴已不再为生计犯愁，但在他的心里始终放不下让陶艺进入世界级经典建筑的"大陶艺梦"。

　　2004年，戴高乐国际机场、北京国家大剧院的设计者——法国著名设计师保罗·安德鲁受邀担任上海东方艺术中心的总设计师。据蒋国兴回忆，专家们想在东方艺术中心大厅建一堵幕墙，通过墙面色彩的变化实现音乐的视觉化。要在11 000平方米的墙面实现这样的效果谈何容易！保罗同其他大牌工匠尝试了多种材料，均未达到设计效果。合作双方甚至都失去了耐心，并且都有放弃原设计的想法。

　　正当保罗一筹莫展之际，却和蒋国兴在宜兴丁山的上海宾馆意外相遇。蒋国兴听到这件事后，强烈建议他去自己的工作室看看。随行的大牌工匠不屑一顾。在他们看来，一个搞陶艺的匠人要想制作出如此庞大的幕墙，简直就是天方夜谭！

　　蒋国兴从记忆中抽捻出灵感，他想起陶都宜兴有这样的传统：用紫砂泥做成像竹子那样一根根的"竹板"，然后再用麻绳穿起来，看上去就是一根竹子，实际是由一块一块"竹板"拼接而成。于是他向保罗提议，是否可以研发陶瓷壁挂工艺，建一堵陶瓷幕墙，保罗表示认可。

　　用竹节般的小陶件做成的挂壁陶艺不受空间限制，最难得的，是将自然的智慧、古典的风韵融合在一起，以"非常中国的"陶瓷为材料，这才体现了保罗·安德鲁遍寻不得的中国特色。

　　如今东方艺术中心的大厅内，20米高的幕墙由浅黄、赭红、棕、灰四种色泽的陶瓷挂片沿着墙面渲染铺陈，线条如水，波光粼粼，幕墙上陶片的颜色是渐变的，整体看起来就好像音符在流动。毫不夸张地说，蒋国兴的创意，在一定程度上挽救了东方艺术中心。2004年9月7日，陶瓷壁挂工程完工，上海东方艺术中心，犹如一朵巨型蝴蝶兰绽放在浦东的热土上，而蒋国兴的"大陶艺梦"，也终于实现。

至此，蒋国兴在陶艺方面的创新成果引起了世界的广泛关注。2015年8月，联合国教科文组织国际陶艺学会主席雅克·考夫曼专程来上海拜会了蒋国兴，并饶有兴趣地参观了蒋国兴为上海中心制作的《鱼乐图》。蒋国兴介绍："这件作品里有十多个窑口，不同工艺的陶瓷作品，呈现在一个作品里。"考夫曼表示："我和蒋国兴先生有很多相同之处，不仅在精神上，更在工作方式上能够碰撞出火花。我很欣赏他从非常专业的角度思考陶瓷建筑技艺。我参观了他的工作室，看到了他是如何工作的。我认为他从新的角度，创造了传统陶瓷工艺与建筑陶瓷的结合。"

《鱼乐图》中的632尾鱼既象征大厦高632米，也象征来自五湖四海的小鱼汇入大海。这件作品代表了蒋国兴感恩上海用海一般的胸怀包容了许许多多像他一样的追梦人，给了他们施展才华的空间和机会。

蒋国兴没有停下前进的脚步，与宜兴美术馆合作的陶艺装置《山水禅》，是他需要攻克的又一难关。他说："创作需要生活的阅历，需要生活的磨难，真正要把技艺传承下去，需要一丝不苟的精神，精益求精的精神，要想办法做人家不想做的，做人家不敢做的，做人家不能做的作品。"

《犹太女孩在上海》

当蒋国兴把目光转向更大的目标时，"为在战乱中饱受摧残的犹太人做点事"的心愿，在张振晖的身上也得到了延续。

第二次世界大战中，纳粹德国对犹太人进行了惨绝人寰的大屠杀，六百余万犹太人惨遭杀害。而绝大多数国家因为惧怕纳粹德国的淫威，都拒绝接收逃亡的犹太难民。但是上海却义无反顾地接纳了两万五千多名犹太人，保护他们躲过了这场浩劫，上海因此被国际社会誉为"东方诺亚方舟"。上海民众在与犹太人的共同生活中，也产生了许多感人的故事。

为纪念世界反法西斯战争胜利70周年，上海美术电影制片厂决定把画家吴林的作品《犹太女孩在上海》以动画的形式搬上银幕。这个项目最后交到了张振晖的手里。上海美术电影制片厂厂长钱建平说："培养新人，让新人有机会不断发挥自己的特长，然后来进行创作，这是美影厂的一个基本的做法。张振晖本人在造型设计上已经有了很大进步，所以不仅担任了《犹太女孩在上海》第二部——《项链密码》的造型设计，同时也参与了部分的导演工作。"

《犹太女孩在上海》讲述的是犹太小女孩瑞娜一家逃离虎口，来到上海，与上海小男孩周阿根一家发生的保护与被保护的感人故事。这是张振晖从业18年后第一次最近距离接近自己的梦想。张振晖介绍说："《犹太女孩在上海》属于现实题材，不同于以往科幻类的童话或神话题材，这部作品需要还原当时的历史风貌。"

历史无法再现，但总有踪迹可寻。为了真实地还原这段历史，张振晖跑书店、找资料，任何蛛丝马迹都不放过，搜集整理了上万字的笔记和数百页的素描。他甚至还把工作室搬到了地处虹口区的犹太难民纪念馆，一待就是一个月，从内心深处感受犹太人在战争岁月的磨难。

在上海生活了40年的张振晖，迎来他动画人生中最璀璨的一笔。经过3年的精心制作，《犹太女孩在上海》已进入尾声。2015年8月28日，由张振晖主创的纪念反法西斯战争胜利70周年大型动画片《犹太女孩在上海之项链密码》在上海首映。在这部动画片中，张振晖将民族文化和时代背景融入其中，用真实的生活场景强化故事情节，通过虚实结合的手法，使观众如临其境，产生了强烈的共鸣。

观看过这部影片的小观众感叹："从犹太女孩瑞娜的外表我就觉得她非常善良，她能有这样保护家人的勇气，让我觉得很敬佩，值得我们学习！""我觉得应该支持一下国漫，多看一些国产的动画片！"

张振晖通过自己的笔触，让孩子在观赏动画片中自觉辨别美与丑、善与恶，把美的梦想镶嵌在他们的心里，这便是张振晖所要追求的效果。

精华在笔端，咫尺匠心难。几十年一路走来，张振晖和蒋国兴，脚踏实地，不畏艰辛，在纷扰世界的背后，他们用热爱和专注，执着于手中的作品，以匠修心，以心练技。

匠心传承 | 沈国兴　徐世楷

本篇人物

沈国兴　老凤祥金银细工技师
徐世楷　南派戏曲服装制作第三代传人

老凤祥的神奇"魔术师"

金，乃五行之首。传统文化中，金寓意富贵吉祥，千百年来，对金的加工工艺也是日益精湛。这其中，金银细工可薄如蝉翼、细至毫发，故其采用的技艺都非常繁复、细巧，由此形成一门独特的精细工艺。

沈国兴，和金子打交道的人。一块最简单的金箔，经他之手，便会释放出璀璨夺目的魅力。在他看来，一件工艺品必须要有精气神，这种精气神由几代工匠一代一代传承下来的技艺体现出来，根据不同时代的特点在工艺品上留下痕迹。他从1987年开始学习金银细工手艺，至今已经30多个年头了，设计过的作品不计其数，小到一只精巧的酒杯，大到几百斤的宝鼎。在沈国兴的眼里，设计中很重要的因素其实就是作品的造型特征、文化内涵。

1985年，沈国兴中学毕业后，本打算学当时流行的电子专业，不过他的美术底子不错，在班主任的劝说下，入职远东金银饰品厂。经过半年培训，沈国兴的成绩是最好的，分配进了技术最全面要求最高的大件组，师从工艺美术大师张心一，从此与金结下了不解之缘。沈国兴说："'师傅领进门，修行靠自己'这是行话，做金银细工的人，看重的其实是精神。师傅说'做活就

工作中的沈国兴

要像做人一样'，这句话对我的影响更深。"

金银细工的起源，可追溯至春秋战国时期，明代以后，珐琅工艺的运用使金银细工更加流光溢彩。清道光二十八年（1848），老凤祥的前身凤祥银楼在上海开张，标志着这门有着数千年历史的传统手工艺被推到一个新的高度。

沈国兴介绍说："金银细工作为中国非物质文化遗产，有上千年的历史，特别是到了明清后期，金银细工作为皇室里面的用具，大多数是达官贵人用的，对金银细工的工艺要求是特别高的。"

从艺老凤祥30年，沈国兴每天重复完成的就是錾、挑、拨、弹、扳等看似简单枯燥乏味的动作，从人物的五官、发丝，衣服的褶皱、线条，器皿的花式、阴影，每每在细微之处都要全神贯注地一刀刀一锤锤刻画。日复一日、年复一年，从未间断过。一件作品要花费几个星期甚至几个月的时间才能完成。

沈国兴说："慢工出细活，传统工艺需要静下心来慢慢去做，它是一门需要静下心来的慢工艺，是快不了的，快了就会出问题，就不精致、就不完美了。"

手工针脚里的花样年华

当年的皇家工艺，在金银器物中凝固留存，另一项与之不分伯仲的手艺，皇家服饰工艺，又以另一种方式——戏袍而得以流传。

徐世楷，南派戏曲服装制作的第三代传人，青年时期在上海戏剧服装厂跟随戏服设计大师谢杏生学艺，谢杏生设计的海派龙袍雍容华贵、独树一帜。周信芳、尚小云等京剧名角都拥有他的作品。戏剧大师梅兰芳更是对谢先生的设计赞不绝口，希望日后《贵妃醉酒》演出的宫装就照此进行。

徐世楷说："梅兰芳经常到南方来演出，特别是50年代，那段时间他演《贵妃醉酒》，看到谢师傅设计的戏剧服装，他感觉非常漂亮，因此要求谢师傅给他设计这一件宫装。"

裁缝的行规是"学三年、帮三年"，六年之后才学成出师，从那时起，徐师傅潜心学习研究皇家龙袍图案及龙袍制作工艺，一有机会就去北京故宫、上海博物馆及私人收藏家处学习观摩。在师傅的悉心指导下，他成功地复制了多款包括康熙、乾隆年间的龙袍、战袍、凤袍和朝褂，

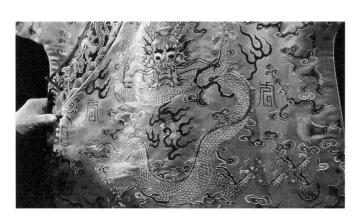

雍容华贵的海派龙袍

作品被海内外博物馆及私人机构收藏。

据徐世楷介绍:"皇帝穿的龙袍,所有的大小龙都是用真金线绣出来的,金线很细很细,龙鳞的立体感也很强。"

龙袍,直到清代才作为一种专用的服装名称正式确定下来,并列入了冠服制度。为此,清朝王室特设了紫禁城造办处及江宁织造、苏州织造、杭州织造等,专门为皇室提供服装服饰品的御供服务。随着1911年辛亥革命胜利,清王朝倒台后,龙袍成为历史,龙袍制作工艺也转变为专门制作戏曲袍服的工艺。

上海瀚艺服饰有限公司总经理、戏曲服装制作第四代传人周朱光说:"道光年间,传承的第一代师傅就是从苏州织造出来的,那时候他到上海来找生活,在南市一带开始给当时流行的京昆名家做衣服,因为他传承的是苏州织造的皇家工艺,所以做出来的衣服特别精细,很受当时名家的欢迎。"

原来从事龙袍设计制作的手工艺人,在清代道光年间由京城和苏州迁移到上海,转而从事与原来龙袍制作有一定关联的戏曲袍服制作。当时的城隍庙四牌楼,是老上海戏曲袍服较为发达的地方之一,一些专靠此营生的流散手艺人,在四牌楼一带开起了作坊,成为上海最早的戏装制作销售的集散地。

徐世凯的"竹林"

当年的织造局所在地是苏州，78岁的龙袍工艺大师徐世楷虽然年事已高，但依然保持着每周从上海到苏州亲自挑选戏曲龙袍所需绸缎的习惯。制作龙袍的面料是特制的苏库缎，它不似制作普通服装的苏州绸缎轻柔薄软，而是更为挺括硬朗，摸上去飒飒有声，处处彰显出帝王的威严。

在徐世楷的工作室里有一片"竹林"，每当需要思考时他便会走进这片"竹林"，和"竹子"对话，从而获取灵感。所谓的"竹子"，是一张张设计好凿花图案的设计稿，大大小小、长长短短卷成筒状，凝结着徐世楷半世的心血，但这离一件龙袍的成型，还差得很远。

在"敲打"中传承千年巧思

而另一边，沈国兴的大件组迎来了一个巨大的挑战，客户要定制一尊重12公斤、高88厘米的观音金像，这是老凤祥自成立以来接到的最大的观音像订单。

沈国兴介绍说："一般人物造型的摆件，首先看它面部是不是慈祥有神气，做到这一点其实很难。"

为了生动地表现观音像的神韵，沈国兴查找并研究了大量的国内外寺庙的佛像造型，然而当样品完成后送到客户面前，没想到对方提出一个苛刻的修改意见：这尊观音像要跟普陀山观音那样，视角180度范围内都能显出对你微笑的效果。为此，沈国兴4次前往普陀山，15次修改设计样稿，他还自费租了一条船，站在船上从不同角度观摩观音像，不停地在写生本上临摹。

沈国兴回忆："后来我们观察观音雕塑的眼球，眼珠是凸出来的，我们原来的雕塑眼球是凹进去的。凸出来以后，面就比较广，所以这一点我们通过不断试验，在制作当中找到这个捷径。"

当样品再次呈现在客户面前时，在场的人都惊叹不已，无论从哪个角度看，观音像的眼睛始终对着你微笑。"微笑观音"让沈国兴在业内名声大震，同时也引起了多年苦苦寻找珍贵文物修复技艺的上海博物馆的注意。

2001年，上海博物馆的工作人员登门求助，博物馆里收藏着一批1 000多年前的辽代金质文物，属国家二级文物，但出土时都严重瘪凹变形，这批文物不修复就无法展出，只能在库房里"睡大觉"，无法和观众见面。工作人员

"微笑观音"

再三强调，这是国家二级文物，不能有丝毫损坏，而且要修旧如旧，不能有任何改动。

据沈国兴回忆，他当时看了几件文物，也花了几个星期去思考那个问题。虽然嘴里说试试看，但心里还是没底。不过，他明白文物瘪凹变形的原理在哪里。

为了能按照博物馆"修旧如旧"的要求，让这些珍贵的国家二级文物重放昔日光彩，沈国兴没少动脑子。传统修复方法中因为需要动火器和药水，文物色泽上肯定有变化，而瓶口太小，复原工作稍有不慎就会带来无法弥补的损失。沈国兴经过半个多月的苦思冥想，先后设计了几套方案，制作了多套特制工具，最终圆满实现了文物专家提出的要求。

据沈国兴介绍："难点最主要是由于那件辽金花瓶颈小肚大，我们传统的工具在修复中不能完全到达修复点，所以我做了一个像杠杆一样的伸缩杆修复工具，不管修复点在哪里，我都可以通过这个收缩杆到达这个点，把它修复好。"

修复后的辽金花瓶造型古朴、形体浑圆、花纹精致，丝毫看不出修复痕迹。随后博物馆又陆续送来摩羯纹金提梁壶、辽金孩儿枕、辽金花瓶等近20件严重变形的文物，沈国兴全部按照要求完成了修复工作。这些文物如今以完

美无瑕的姿态呈现在上海博物馆的展厅里，向南来北往的
参观者传递着中华文明的信息。

让传统工艺"活起来"

追求极致、创新突破、至臻传承是每一位工匠的共同
追求，徐世楷和沈国兴也不例外。对南派戏袍传人徐世楷
来说，眼下最着急的，是如何让这项即将失传的手艺传
承下去。同样，由于苏绣与戏袍同气连枝，加之因为工艺
复杂已少有年轻人学习和问津，戏袍和苏绣已到了唇亡齿
寒的地步。徐世楷说，他每次去苏州采购都肩负着双重使
命，一有时间，他就会以表演苏绣制作的形式向人们传授
技艺。

徐世楷在工作台上运指如飞，看似轻松，实际上每一
根针扎进台面都力道十足，普通人既扎不进，也无法轻易
拔出，稍不留神就会扎得手上鲜血淋漓，这足以体现老人
六十多年练就的深厚功力。

他说："这道工序看上去很简单，但搞得不好，手上会
全是血，因为一针一线，全靠基本功。"

领子、袖子、盘领、下摆，龙袍的每一个部件分别剪
裁制作后，就进入了最后的缝合环节。下摆，是一件戏袍

徐世凯在制作戏袍

最不起眼的地方，却是整件衣服的灵魂，下摆是否端正，直接决定了戏袍的整体造型。

据徐世楷介绍，装戏袍下摆时里面会放一根藤条，藤条的作用就是把下摆撑住，要用很粗的线加固，反复上下钉大概10针到12针来增加它的牢固性。因为戏袍下摆处有挂件，演员做动作时这个地方动作会很大，如果不牢固的话，整件衣服就容易走样。所以，做蟒袍最重要的一个环节就是装下摆。

在徐世楷为即将失传的手艺口干舌燥地演讲时，沈国兴也在为技艺上的创造和突破而苦思冥想。

金银细工的精髓也全在师傅的一双巧手，这双手控制着细微之间力度的变化，把纸上的构思加以再创造。师傅通过精湛的手法处理虚实关系，呈现线条的轮廓，雕琢着各个细节使之成形。沈国兴说："制作中大体上忠于原设计，但其实也会再创作，因为利用平面的手稿图做出立体的实物，很多地方的细节，都要依靠制作工艺表现出来。"

金银细工所用的工具有上百件。做不同的花型需要用到不同的工具，仅动物羽毛方向的刻画，就要动用数十种不同的錾子。每一位金银细工师傅从业后的第一件事就是制作一套自己的精雕工具，这套工具将陪伴他度过此后的整个手艺生涯。在日积月累叮叮当当的节奏中，这套工具感知着主人掌心的温度、指尖的力度。它们被金银磨砺、被汗液浸润，焕发出不同于金子的别样光泽。

沈国兴说，在金银摆件上錾花的时候，錾子就是他的笔，通过錾子，就可以在金银摆件上把花画出来。

能琢磨、肯钻研、点子多、手法新是同行对沈国兴的评价，而沈国兴的作品也往往带给人们很多的惊喜和享受。镶嵌金摆件《八仙神葫》是沈国兴各类获奖作品中最为得意的一件。这个摆件高78厘米，耗用黄金4 400余克，作品取材自八仙的故事。为了完成这件作品，沈国兴和师兄弟用了长达半年的时间，分工合作并首次大胆尝试使用不同材料和金结合，采用浮雕、透雕、精铸、累丝、镶嵌等不同的工艺手法，镶嵌了翡翠、红宝、紫金、白玉、玛瑙等珍贵珠宝，彻底突破了传统镶嵌金摆件的制作流程。八仙神葫因在传统工艺上的创新和突破，获得了2008年"天工艺苑百花杯"中国工艺美术精品奖金奖，成了老凤祥精品展示厅里的镇店之宝。

沈国兴的师傅张心一说:"创造,作为非物质文化遗产,一方面需要挖掘,就是把我们以前将近要灭绝的、将近要消失的这种技艺重新捡起来;另一方面,就是要把这种工艺通过我们现代化的设备、现代化的手段、现代化的理念结合起来,才能把金银细工更完整地发展起来。"

每个时代都有每个时代的印迹,沈国兴现在正在做尝试,他想用金银与其他不同材质混合,做成一个新的产品。

传统工艺的传承与新生

一件精品戏袍从设计到成型最终要经过四十多道工序,五六百个日日夜夜凝结着无数工匠毕生的心血。徐世凯手中的大红腾龙蟒,是为参加第十六届工艺美术大赛而赶制的,但比起是否得奖,徐师傅更在乎的,是能否凭借着这件衣服点燃青年人对戏袍工艺制作的热情,不让这门历经三代、在师傅手中曾历经辉煌的手艺,在自己手上失传。

徐世楷感叹道:"做戏袍的人越来越少了,我这一生不希望看到这项非常有优良传统的技艺,断在自己这一代人身上。"

在徐世楷和妻子陈莉蓉的工作室里,这几年来多了小朋友的欢声笑语,有点着急的徐世楷,希望能够用这种方式让小孩子从小更多地了解中国传统的戏曲文化。孩子们对于制作龙袍这门技艺显然还似懂非懂,但热爱中国传统文化的这颗种子,已经早早地播撒在了他们心里。

老一辈人讲究"一诺千金",对于徐世楷而言,对师傅的一句承诺重似泰山,为了这句话,当时已经73岁高龄的徐世楷,开始了五年的苦心奔走。徐世楷回忆:"有一次,谢先生说我们的戏曲服装的制作工艺没有人承接下去了,当时我和我好多同事就对他说,谢先生您放心,您设计的图案、您的原创我们肯定要继承下去!"

周朱光认为,应当从这些老师傅的敬业精神中找到一种职业精神,从他们身上能够看到使命感、传承传统工艺的伟大愿望。作为徒弟,也需要去建立对这个行业、对这个职业的良好心态,去做好传承这件事情。

2015年的5月,传统戏曲服装制作技艺终于成为上海市非物质文化遗产,它为更多的年轻人了解学习这门技艺留下了伏笔。10月中旬,一座位于谢杏生家乡苏州太湖畔的博物馆免费开放，这是谢杏生的孙子送给爷爷百年诞辰的礼物。

只可惜谢杏生大师带着未完成的心愿和绝世无双的手艺，在2013年与世长辞。不过，这座博物馆依然会如期开放，就像传统的工匠精神必会绵延不绝。

沈国兴的儿子15岁那年考上美术学校，每当有人问起会不会让儿子继承自己的手艺成为金银细工第七代传人时，沈国兴总是笑笑说，这件事不能勉强，要顺其自然。说归说，沈国兴仍然希望儿子能够子承父业，把这项传统的技艺发扬光大。没事的时候，沈国兴总是会带上儿子一起逛上海博物馆，儿子看到兴起时，会直接动笔临摹下来，每到这个时候，沈国兴总会走上前去指导儿子，言语间透露着对儿子的殷殷期待。

沈国兴介绍说："泥塑创作看重整体效果，这对后面的翻模起到很重要的作用。"设计完成后，就要根据图纸按实际比例缩放，用泥捏塑出摆件的实际大小。实心的泥塑，要转换成可以雕刻的金件，需要经历两轮翻模，先翻成石膏模，用两到三天时间烘干，再翻制成质地更为坚硬的希腊模。纯度99.99%的黄金，因其优异的延展性，与希腊模严丝合缝地贴合，完美地拓下模具上哪怕最细微的褶皱，但这并不是一个简单的过程，而是需要经过千万次的捶打，在此期间要不断用竹木錾子和金属錾子在分块模中对金片进行拱曲，把它抬压至立体状。之后，经过对金片的修整、焊接、灌胶、精雕、脱胶、冲洗、研光等数十道工序，一件精致的金银细工艺术品才算完成，静静散发出用纯粹手工艺呵护出的传统技艺的生命之光。在沈国兴看来，至臻传承要做到极致，极致的东西才能留下来。

丝路弥新 | 高金明　程美华

本篇人物

高金明　骨瓷大师、玛戈隆特骨瓷（上海）有限公
　　　　司技术厂长
程美华　中国工艺美术大师、上海金山丝毯厂厂长

　　始于西汉的丝绸之路，是古代沟通东西方经济与文化的交通大动脉，它诉说着中国与世界友好往来、互惠互利的动人故事。几千年后的2013年，中国再次提出了"一带一路"倡议构想，对处于新丝绸之路文化与地理交汇点的上海，起着不可替代的枢纽作用。而具有中西合璧气质的丝毯和骨瓷，在上海这座海纳百川的东方之都，续写着丝路辉煌。

国宴餐瓷惊艳世界

　　2016年9月4日，G20峰会首次在中国举办，这也是近年来在中国主办的级别最高、规模最大、影响最深远的国际会议之一，它对于中国和世界政治经济的意义不言而喻。

　　杭州，G20峰会国宴，一套系列名为"西湖盛宴"的餐瓷格外引人注目。莲蓬、断桥、三潭印月，这些西湖元素透露着"杭州特色、江南韵味、中国气派、世界大同"的G20峰会国宴布置基调，而它们都来自上海的骨瓷工匠之手。为了在国宴上用本国品牌的餐具招待世界各国的贵宾，高金明在三百六十多个日日夜夜里先后否决了十七套方案，最后精雕细琢成这套产品。

"西湖盛宴"餐瓷

　　高金明说:"国宴的餐具不但要具备实用功能,而且要契合国宴主题,真正把餐具和美食结合起来。所以从设计理念到工艺,包括在器形和装饰风格上,对国宴餐具的工艺要求都是远远高于常规餐具的。"

　　高金明,一个和中国骨瓷同时诞生的人。

　　唐山是中国骨瓷的发源地。1964年高金明在这里出生,同年唐山第一瓷厂开始研制骨瓷。18岁时,高金明进入唐山第一瓷厂,师承中国骨瓷第一代创始人柴鹏龄。据高金明介绍,他出生于制瓷世家,爷爷和父亲都跟瓷器打交道,到他的时候,就有机会接受专业培训和系统学习了。可以说,骨瓷是在他这一辈人身上才开始发扬起来的。

　　骨瓷,薄如纸、白如玉、明如镜、声如磬。在中国陶瓷传入欧洲后,1794年英国人在瓷土中加入动物骨粉,发明了骨瓷。相比传统瓷器,骨瓷更薄、更白、更轻。因其工艺复杂、用料考究、成品率低,所以生产难度很大,被称为瓷器之王,目前只有中、英、日、德等少数国家可以生产。高金明说,骨瓷不同于普通的日用瓷器,日用瓷器一般一次烧成,而骨瓷一般采用两次烧成工艺,大小工序有八十多道。

　　临近G20杭州峰会汇报的日子越来越近了,而高金明和他的团队还迟迟没有制定方案。作为研发造型师，高金明亲自参与设计开发了数百套新产品的器型。但这一次，他却格外挑剔，因为他想把最能体现中国传统文化和现代艺术设计的餐瓷呈现在G20峰会国宴上。

玛戈隆特骨瓷公司董事长赵春阳回忆说，当时他们已经做好十多套方案，可方案一出，却被高金明——否决，因为他觉得那些方案还不够完美。

每一次国宴餐具，都会以冷餐盘的提钮为主题设计。高金明最开始把雷峰塔这处杭州的地标性建筑作为提钮，但实物样品做出后发现，塔的造型比较具象，可以是任何一个地方的塔，并不能很好地体现出杭州特色和西湖元素。在时间很紧张的情况下，高金明力排众议，执意要推倒重来。

高金明的妻子说，丈夫整宿工作不回家的情况太多了，他经常从白天一直忙到凌晨三点多。有时她骑自行车去丈夫单位找人，看到他仍在忙，悄悄瞅了一眼便回家了，因为她并不希望打扰丈夫工作。

为了汲取更多灵感，高金明带着设计团队去杭州实地采风。顶着37摄氏度的高温，在杭州实地走访了一天后，他终于顿悟出绿水青山就是金山银山的道理。高金明决定采用莲蓬青为基调色，以"西湖盛宴"为设计主题，而著

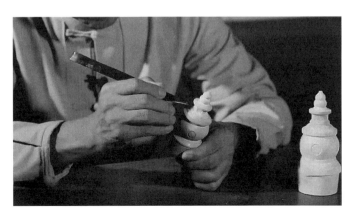

透雕雷峰塔

透雕雷峰塔成型图

名的三潭印月，是再好不过的标志了。高金明又给自己设
置了一道难题——为了表现出三潭印月的灵动，他要运用
透雕工艺。

　　高金明设想，雷峰塔不但要看起来是空心的，而且得
是镂空的。他需要在直径5.5厘米的提揪上手工雕刻出上
下两排共计11扇小窗，最小的直径仅为3毫米。当第一道
冷餐盘"三潭印月"摆放在G20峰会各国贵宾的面前时，
上海设计和工艺拉开了整场国宴的序幕。

"上海卢浮宫"里的丝毯故事

　　中国品牌的骨瓷餐具在世界级国宴上绽放光芒，而
另一边，中国传统手工丝毯也在世界博览会上令人叹为
观止。

　　2010年上海世博会联合国馆的正中央，悬挂着一幅长
3米、宽2.5米的大型现代手工艺术丝毯《城市，让生活更
美好》。作品浓缩了上海各大标志性建筑，堪称上海版的
《清明上河图》。

　　而早在1851年，在英国伦敦举办的第一届世博会上，
上海商人徐德琼带着他经营的中国特产"荣记湖丝"，也
就是当时的湖州蚕丝，一举夺得了金奖，作为中国在世博

手工艺术丝毯《城市，让生活更美好》

会的开篇之作，一炮打响而名扬世界。

在家门口举办的2010年世博会上，上海的传统手工丝毯肩负着中国传统民族手工艺复兴的使命。在世博园联合国馆内展出的《城市，让生活更美好》《笑迎世博》《鲤鱼跳龙门》等六幅艺术挂毯，均出自中国工艺美术大师程美华之手。作为全国三八红旗手，上海金山手工丝毯厂厂长程美华，四次获得中国工艺美术百花金奖、全日本国际艺术展览金奖等中外大奖，曾参加美国、法国、德国、埃及、伊朗等多个国家举办的艺术展览，她的作品被世界各大博物馆和艺术中心竞相收藏。程美华的丝毯艺术工作室被称为"上海卢浮宫"，在这座艺术圣殿里，一幅幅精美绝伦的手工丝毯让人叹为观止。

程美华说："我一辈子做了一件事，一件事做了四十年，就是将中国传统手工艺丝毯发扬光大。"

程美华的大半辈子充满着传奇色彩，她见证了新中国手工丝毯的复兴与腾飞。1911年，在上海诞生了第一条手工丝毯。到了新中国成立初期，手工丝毯的工艺一度失传。好在1974年，全国又开始恢复手工丝毯的制作，当时20岁的程美华恰巧就是在这一年进入江苏如皋工艺丝毯厂。

　　刚进入丝毯厂的程美华被安排在了比较轻松的后道工序，但为了熟悉手工丝毯的整个工艺流程，她主动要求从头开始学。直到走上机台，程美华才深深体会到纯手工制作丝毯的艰辛。制作丝毯中最考验功底的就是织造，操作时，以8字绕过一个经纬，再打结切割，才能完成一个8字结。在大约30厘米见方的面积里，需要纯手工打出14 400个8字结。

　　程美华回忆说，每年冬天，她的手都会生冻疮，手在丝与丝之间穿插，冻疮就会出血，但她仍会坚持到底。她一只手的手指可以并拢，而另外一只手的手指是并不拢的，这是留下的职业病。

　　由于勤奋好学又心灵手巧，程美华26岁时就已成为工艺丝毯厂技术骨干。80年代初，改革开放的春风吹遍神州大地，中国手工丝毯也开始走出国门。然而，想要打开欧洲市场谈何容易？相比普通机器织成的羊毛地毯，欧洲人不相信如此精美绝伦的丝毯竟是纯手工编织出来的。于是，程美华作为华东六省一市唯一的技术能手，被派到德国去参加国际博览会，在现场操作展示她的工艺绝技。

　　程美华说："在我们那里我是第一个出国的。当时我带

程美华和她的纯手工编织丝毯

了一个小的机台，还为自己买了一套全毛的西装。到了国外我进行现场操作，几乎惊动了所有的欧洲客户，他们又是摄像又是拍照，对我的表演非常感兴趣，在精心展示下我获得了成功，德国电视台在黄金时段还播放了我操作表演的实况。"

程美华用无与伦比的精湛技艺征服了欧洲商人。头一次出国的程美华当场拿下了130万美元的订单，为中国手工丝毯进入欧洲市场打开了大门。不久，程美华与清华大学美术学院教授袁运甫合作的《智慧之光》在美国艺术中心展出，她的作品《和平与春天》被中国政府作为国礼赠送给联合国儿童基金会，作品分别被美国艺术博物馆、纽约现代艺术博物馆收藏。

程美华的才华引起了上海外贸公司的注意。80年代中期，上海正准备大力发展手工丝毯行业，先后在金山开办了三家丝毯厂，但由于人才青黄不接，一直很难打开局面。于是，程美华被作为高级人才引进到上海，负责技术研发和人员的培养。程美华把自己毕生所学无私传授给她的学生们，仅用半年时间，她就培养出别人用三年才能培养出来的技术工人。1992年，随着中国改革的深化，国企走向市场成为大趋势。金山丝毯厂需要自谋生路，很多人纷纷辞职，面对人才流失，程美华临危受命担任厂长。

打响中国骨瓷品牌

和程美华如出一辙，高金明做出了他人生中最重要的一个选择：他决定从唐山来上海，打响中国的骨瓷品牌。原来从一线工人很快升任班长和车间主任的高金明，长久以来被一个问题困扰着：当时中国瓷器只有产区品牌，中国骨瓷工厂主要为国外大品牌做代加工，为什么中国不能拥有自己响当当的骨瓷品牌呢？

2000年新旧世纪交替时，上海对于自主设计和订制产品有着很大的需求量，这座国际化大都市具有设计基因、市场需求和品牌传播力，可以辐射全国乃至全世界。高金明毅然决定独自一人来上海闯出属于中国品牌的一片天空。

高金明来到上海，受聘出任玛戈隆特骨瓷企业的厂长。上海良好的人才环境给了他无尽的创作源泉，高金明积压了二十多年的洪荒之力终于爆发。

为了他心中的中国梦，他不分昼夜地拼命工作，以此来回报给他第二次艺术生命的上海。

超高强度的劳动终于使这个体壮如牛的北方汉子病倒了。这一年，高金明没有回家，为的是不让家人担忧。一个人躺在冰冷的病床上，孤独和思念纷至沓来，他想念远在唐山的家人，他的妻子、孩子，以及年迈的父母。但想得更多的，是自己身上所肩负的责任和期望，手术后的第二天，他便回到了工作岗位。

高金明的爱人说，由于压力太大，丈夫身上的疖子发展成了囊肿，导致发烧不止，她在家里特别着急，电话里让丈夫赶快回家，在唐山也一样。丈夫说不愿回去，因为放不下手上的一摊子活。这件事挺打动她的，在她看来，丈夫就是认准一条道走到底的那么一个人。

仅用一年时间，高金明就为玛戈隆特骨瓷创建了一条年产能力超过300万件的生产线。机会总是留给有准备的人。第二年，2001年APEC会议在上海举办，这在当时是中国承办的规模最大、层次最高的国际首脑会议。为了展示主宾国的好客之情，一场最高规格的国宴准备工作悄悄拉开了帷幕，而首要的工作是打破常规，寻觅一套既能体现中国传统特色，又能突出会议主题的餐具。

上海玛戈隆特骨瓷创始人赵春阳介绍说，当时接到组委会通知招标去参加招标会，到现场一看，一张大桌子上摆满了瓷器餐具，那些瓷器餐具非常精美。再一看，有法国的品牌，有德国的品牌，还有英国的品牌，全世界的瓷器都来了，这是一场大比武。

在高金明的心里，国宴就应该使用中国本土的餐瓷品牌。APEC会议倡导绿色环保，高金明决定独辟蹊径，不但在骨瓷的外表、功能下功夫，更是通过工艺来表达会议主题。

对于国宴餐具来说，卫生安全是最重要的。铅溶出量的多少决定了瓷器是否对人体健康有害。高金明在反复试验素烧和釉烧的温度时，测出了一套自己的铅渗出温度控制宝典。他把餐瓷铅溶出量控制在每升0.1毫克以下，远远低于国际标准。

当高金明带着这套名为"泰富铂金"的国宴餐瓷打样品出现在评选会上，大家都不敢相信，面前这位高大剽悍的北方男子可以做出这样精致的高档餐瓷。这套方案受到评委的一致好评并获得全票通过，并在APEC会议上获得了国家领导人"有品质、有设计、有创意"的赞誉。

APEC会议竞标的成功，让高金明和他的产品成为国际会议上的常客。他的作品随着上海国际化地位的日趋提高也名扬世界。16年里在上海举办的大大小小的国际会议不下千场，他先后为400多位国家元首和政要特制了国宴餐具，这些会议包括APEC会议、上海合作组织峰会、世博会、"亚信峰会"、青奥会、G20杭州峰会等。

一生坚守，终成传奇

与此同时，程美华的手工艺术丝毯也成为这些重要国际会议上的抢手货。程美华的作品《笑迎世博》入选2010年上海世博会、《年年有余》入选2014年APEC北京峰会、《永恒的牡丹》入选2015年米兰世博会。可以说，没有程美华的坚守，就不会有今天上海金山丝毯的辉煌。

程美华的"丝毯中国梦"可谓一波三折。90年代初，中国丝毯由于价廉物美成为外贸出口的抢手货，随之而来的就是无序的竞争，一时间作为丝毯主要原料的南方桑蚕丝价格暴涨，成为名副其实的"软黄金"。而作为国有企业的金山丝毯，却没有政策和价格上的优势与民营企业抗衡。一时间四面楚歌，不思变，毋宁死。迫不得已的程美华带领全厂走上了创新之路，并把研发目标确定在价廉物美的北方柞蚕丝身上。据程美华回忆，他们在高温下开展研发，不是一次成功的，而是经过反反复复、无数个日日夜夜，才从黄黄的、大大的、粗粗的蚕茧中提炼出光泽且亮丽的蚕丝。

无数次失败、无数次煎熬过后，柞蚕丝的研发最终大获成功，客户的大量订单不但如期完成，金山的三家丝毯厂更是以绝对优势在全国丝毯的销量和质量上处于领先位置。

俗话说，天有不测风云。原本以为度过了难关的上海丝毯，谁料随着1998年亚洲金融风暴和接踵而来的"非典"病毒的蔓延，又一次陷入绝境。由于商家纷纷取消订单，上海许多丝毯厂纷纷停产和倒闭。程美华的金山丝毯厂又在风雨中飘摇。

程美华清楚地意识到：一个企业要长盛不衰，除了凝聚人心，更重要的是不断创新，于是她提出了"人无我有、人有我新、人新我超"的创新发展思路。

程美华说："你要想创造一个新颖奇特的作品，那就要考虑到物以稀为贵，要反其道而行之、不按常规出牌，要有独特的风格。在这过程中得用心灵去感受、去创造，用现在的话来说，就是要有'走心的设计'。"

程美华决定突破传统工艺，把传统丝毯从生活用品、工艺品向艺术品方向转化。而金融危机和"非典"流行恰恰给她和她的员工留出了足够的研发时间。没有人计算过经历了多少次失败，熬过多少个不眠之夜。但当这两大危机烟消云散时，程美华自创的、被专家誉为"软雕塑"艺术品的立体雕刻新工艺——片剪，很快占领了市场。

所谓"片剪"，就是在一块平面的丝毯上，用电剪刀一道一道地慢慢地雕刻，让当中的主花主叶突出来，这样更加丰富了艺术的想象力和美感。但是，这门工艺非一日之功，需要慢慢来，一不小心，就会把丝毯剪出洞来。

利用片剪的工艺和新的配色方法，一幅《鲤鱼跳龙门》诞生了。这幅把中国传统文化和现代艺术有机结合的鲤鱼图案，立体感十足，活灵活现，栩栩如生，让人耳目一新。随后在日本举行的亚洲博览会上，该产品广受与会者青睐，一时间成为最受欢迎的丝毯产品。

程美华回忆展出那天的情景，他们的作品一下子轰动了全场，不仅亚洲的客户喜欢，欧洲的客户也喜欢。客户兴奋道："多年寻寻觅觅在找的东西，今天终于找到了！Very good！"

然而天不怕地不怕的程美华，却在2005年仿佛走到了人生崩溃的边缘：她的儿子被诊断出患上了尿毒症。当医生发出病危通知的时候，面对儿子高昂的医疗费，她竟凑不齐救治的费用。谁能想到，作为中国现代丝毯艺术开拓者的程美华，每幅作品的价值高达几十万元，却和普通员工一样每个月只拿微薄的工资，一直过着清贫的生活。

程美华说，会有少数人不理解她，认为她是厂长又是大师，为什么孩子的看病钱还需要别人的赞助，外人不知道内情，她自己也不好意思说。其实她这么多年没有一点积蓄，即使是有一点点积蓄，有时候生产需要，就全部投入到生产里了。柳霞是程美华的好朋友，在她眼里，程美华脑子里只有丝毯，丝毯就像是她的另一个儿子。

　　程美华的无私和无助深深打动了周围的人，大家纷纷解囊相助，帮助她熬过了人生中最艰难的一段日子。众人的热心更加坚定了程美华献身丝毯事业的决心，而艰辛的努力同样获得了丰硕的回报。2011年和2013年，程美华再度被全国妇联授予全国"三八红旗手"荣誉称号。2013年，程美华第四次捧回了中国工艺美术大师"百花杯"金奖，2015年在中日书画艺术大展上获国际金奖。20年来，以程美华名字命名的中国著名品牌"CMH金山地毯"，被世界各地争相收藏。

　　程美华突破传统手工丝毯的瓶颈，实现了艺术生涯上的鲤鱼跳龙门。而面对金融危机和"非典"疫情制定的"关门搞创新"的策略让上海金山丝毯找到了安身立命之本，第一笔150万元的订单由欧洲越洋而至。这家欧洲客户在金融危机时取消了十笔同类订单，却唯独保留了金山丝毯。

　　说到这些，程美华流下了激动的眼泪："那些年来我们真的都是用汗水和泪水来创作的，现在回想起来真的蛮好的！"

"丝路宝船"传递友谊

　　当程美华跨过艰难险阻一步步走向成功时，高金明也迎来了事业的高峰期。2014年的一年时间里，他研发的骨瓷新产品同时被APEC北京会议、南京青奥会和上海"亚信峰会"三场国际大会选中。荣耀的背后是无尽的疲劳和压力。

　　这一年，高金明没有回过唐山老家，而是日夜不停地带领团队赶制国宴餐瓷。他的妻子从家乡赶来，名义上是来厂里帮忙，但其实是想来照顾丈夫。高金明的妻子说："我在唐山，想着他一个人，实在是心疼，就找个借口过来照顾他。他这人做事情特别认真，整天吃在厂里，住在厂里，以厂为家。不过这也是我最欣赏他的地方——做事特别执着。"

　　这一年的"亚信峰会"，中国首次担任主席国。亚信机制与中国提出的"丝绸之路经济带"和"海上丝绸之路"构想有诸多契合点，加上多个参与国都来自古丝绸之路，因此"丝路盛宴"成为这次国宴的设计主题。

　　上海设计之都促进中心秘书长王乐毅介绍说，国宴用的汤盅被设计成了一艘丝路宝船，灵感来自海上丝绸之路的古船，造型像一个金元宝，盖揪为古船帆，寓意着丝绸之路的建设必将推动沿途经济的更好发展。

高金明说，当时他们被难倒了，国宴实行分餐制，因此汤盅既要看着大气，容量又不能太大。所以制作的时候，由小到大，他们不停地试验，器形一改再改，历经五个器形才终于完成了初步设计制作。

而徒有外表是远远不够的。汤从厨房送到宴会桌上，有一定的时间间隔，如果汤的温度冷却下来，就会直接影响味道和口感。为了具有保温的功能，高金明决定把汤盅做成中空双层的结构。

据高金明介绍，这种制作方法在如今的陶瓷生产上用得很少，所以在制作过程中，生产难度相当大。注浆成型，在灌浆和往外倒浆的过程中要控制得相当严格，坯体的厚薄度也很有讲究，稍有不慎在排浆的过程中会造成空气的震动，产品一旦塌陷就完全报废了。按标准，骨瓷的骨碳含量应在36%以上，但他们一直坚持45%以上的骨碳含量，这在陶瓷生产上是很少见的。加的骨粉的比例越高，陶瓷生产的难度就越大，但品质也越好。

在烧制过程中，高金明又遇到了很大的挑战：元宝船两头上翘的手柄呈卷起的浪花造型，烧制时没有支撑点，极容易下坠变形。经过不懈努力，他们还是克服了困难。

高金明和"丝路宝船汤盅"

高金明说，一件丝路宝船汤盅共经过五次烧制，终于大功告成。做一千个才能保证一百个成品，成品率在10%左右。当千锤百炼的丝路宝船汤盅呈现在各国领导人面前时，世界为之震惊。最终，这款"丝路宝船"被作为国礼赠送给了各国领导人。

丝绸之路共传承

与此同时，程美华同样也在弘扬着丝路文化，她希望能把自己的手艺传授到更多地方。2013年9月，程美华带着自己的传人专程来到新疆喀什传播手工丝毯的新技术。

位于新疆西南部的喀什，是古丝绸之路的重镇，拥有"五口通八国，一路连欧亚"的独特地缘优势，是古丝绸之路从中亚、南亚进入中国的第一大城市，也是通往西亚和欧洲的陆路通道。在丝绸之路上传承丝路文化，无疑有着重要的意义。

上海市金山区总工会副主席沈美娣说，"一带一路"倡议提出后，程美华大师看到了新的希望、新的契机，认为手工丝毯又逢很好的发展时期，她要带领自己的团队在好政策的支持下，继续传承和发扬这样一门传统艺术。

金山农民画源于古老江南地区的汉族民间艺术，以江南水乡风土人情为主要题材，融合刺绣、剪纸、蓝印花布等民间艺术表现手法，朴实无华并享誉全国。已经在丝毯创新中尝到甜头的程美华，想到把金山农民画移植到手工丝毯中去，经过片剪艺术的再加工，做出具有立体软雕的丝毯农民画。实践证明程美华的思路又对了，丝毯农民画一经推出便引来无数订单，成为上海金山丝毯厂的又一个拳头产品。

16年里，骨瓷工匠高金明先后为400多位世界各国元首和政要设计制作了国宴餐瓷。在他的带领下，玛戈隆特骨瓷荣获上海市名牌、上海市场畅销品牌、上海创新设计示范企业、上海市出口创新基地等称号，并获得德国法兰克福创始人小鹰奖。

高金明的《桥》连接着过去与未来、传统与创新、中国与世界，而程美华的《希望》，则是把日常用品上升到艺术品，让传统工艺凤凰涅槃，获得了新的生命力。这两个上海本土品牌在世界的舞台上绽放光芒。

　　金丝秀美华，白玉透金明。在上海，有无数像程美华和高金明这样的工匠，他们都为当初自己来到上海的决定自豪不已，上海工匠们在"一带一路"的新丝绸之路上，谱写着新的篇章。

　　一个伟大时代的巨变，往往是从最细微的地方开始。"工匠精神"在继承和发扬传统的基础上，博采众长、兼容并蓄、推陈出新。"一花不是春，孤雁难成行"，中国传统艺术品在今天具有独一无二的品牌价值，靠的是匠人们香火不断的传承与永不言败的追求。

涅槃重生 | 刘根敏　肖文浩

本篇人物

刘根敏　上海英雄金笔厂有限公司笔尖车间金笔小
　　　　组组长

肖文浩　亨生西装店裁剪师

对于许多老上海人来说，拥有一支"英雄"牌钢笔、一套"亨生"牌西
服是他们生活中的朴实追求。"英雄"牌钢笔、"亨生"牌西服是老上海的标
志，它们与"凤凰"牌自行车、"蜜蜂"牌缝纫机、"红灯"牌收音机、"上
海"牌手表，在承载了中国人美好记忆的同时，也创造了"上海制造""中国
制造"的辉煌。然而，20世纪70年代末开始的改革开放，在带来工业化的同
时，也给以品质、品位为象征的众多上海老品牌带来了打击。现代化、流水
线、集约化的生产，让上海手工制造举步维艰。然而，辛劳专一、坚守梦想
的上海工匠，用他们的妙手和初心，让上海老品牌涅槃重生，重新焕发出夺
目的光彩。

"笔尖绣花匠"成就"英雄传奇"

2014年11月11日，亚太经合组织第二十二次领导人非正式会议落下帷
幕，会议进一步明确了亚太的发展方向、目标、举措。在签署这一历史性文
件的时候，各成员方领导人使用的均是产自上海的"英雄"牌钢笔。这也是
上海英雄金笔厂的产品继1984年《中英联合声明》签字仪式、1997年香港回

归、2001年上海APFC会议、2010年上海世博会后，再次出现在历史舞台上。

而这些签字用的金笔，都出自一位叫刘根敏的"上海工匠"之手。

在上海英雄金笔厂的陈列室里，有一批特殊的样品，它们是各类国际重要会议的参与者和重大历史事件的见证者使用过的样笔。其中，让刘根敏最爱不释手的是纪念香港回归18K限量版纪念金笔。这是他进厂后首次牵头承接的重大项目，这年，他还不到30岁。刘根敏说，香港回归是国家、民族走向繁荣强盛的标志，是伟大的历史转折点。自己能参与到这一制作项目中来，非常自豪。

"英雄"作为国产老品牌，拥有着丰富的历史文化底蕴。一提到国产钢笔，人们首先就会想到"英雄"。

1987年，高中毕业的刘根敏进入上海英雄金笔厂，第一次与儿时梦寐以求的"英雄"牌金笔亲密接触，他非常珍惜这次工作机会。被分配到了笔尖车间的他，每天重复着一个笔尖七道工序的简单劳动，这种在常人眼里枯燥无味的工作，刘根敏却做得津津有味。他认为慢工出细活，做这行需要的是耐心，工匠不能赶时间，一赶时间，就算技术再好，也很难出好活。

刘根敏在枯燥机械的岗位一干就是六年，其间虚心向

刚毕业进入上海英雄金笔厂的刘根敏

老师傅请教，仔细琢磨每一个细节，在继承的基础上不断创新，技术得到了飞速提高。他做起笔尖来，既快速又精准，不仅在全厂青年技工比赛中拿到第一名，还被选派到英雄金笔厂的核心技术部门担任制作金笔笔尖的技工。

1997年，厂里接到制作香港回归中英两国领导人签字金笔和香港回归18K限量版纪念金笔的任务，经过再三考虑，厂里决定把这项重大生产任务交给脑子灵、点子多、技术好的青年技工刘根敏来完成。接到任务后的刘根敏感觉压力很大，因为笔尖制作的好坏，决定着后续工序能否顺利完成。

签字金笔的笔尖最后被确定为大笔尖。为此刘根敏还专门为笔尖设计了既能体现上海制造，又能突出香港回归的标志。但问题来了，设计图标在占笔尖三分之二的位置，操作起来难度大，厂里的自动化设备根本用不上，只能采取传统的手工艺制作方法。由于厂里是第一次做特大的笔尖，没有现成的模具，一切必须从零开始。这种在笔尖上"绣花"的难度，是平常人难以想象的。

一边是攻关没有丝毫进展，一边是距交货还有不到一个月的紧迫状态。那段时间里，每一次的失败对刘根敏来说都是炼狱般的考验。他明白，这是一个不容许失败的任务。一旦出现差错，丢的不只是他一个人的脸，更是国家

刘根敏在笔尖上
"绣花"

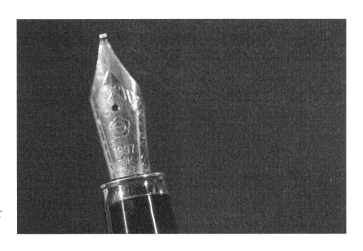

香港回归18K限量
版纪念金笔

的脸，砸的是"英雄"的牌子。据刘根敏回忆，手工制作
的过程中遇到过很多困难，经过不断改进，困难得以一一
克服。刘根敏的妻子说，丈夫每天回到家，脑子都还在想
笔尖的事情，由于时间比较赶，工作量也非常大，刘根敏
非常辛苦，那段时间人也瘦了很多。

　　用刘根敏自己的话来形容当时的状态，就两个字：
"煎熬"。他几乎到了夜不能寐的地步，常常半夜醒来，
就不自觉地起身往工厂里跑。一座小小的工作台、一盏
昏暗的小台灯、一个超大的放大镜、一套磨损严重的小
工具，他在这样的环境里，一待就是一天一夜，有时
忙得连饭都忘记吃了。他先后刻坏了五个模板、做坏了
一百多个笔尖，手破了再破，磨了再磨，最后都长出了
厚厚的老茧。即便如此艰难，永不服输的刘根敏也从未
有过放弃的念头。

　　经过三十多个不眠夜，约七百二十多个小时的不懈努
力，这批特色鲜明、做工精美的香港回归18K限量版纪念
金笔终于送到相关单位人员的手中，在场的专家无不拍案
叫绝。是夜，忘记疲惫的刘根敏与家人一道坐在电视机前
与全国人民分享香港回归的喜悦时，禁不住热泪盈眶、泣
不成声，那是喜悦的泪水！

"一把剪刀"远近闻名

20世纪七八十年代,"亨生"西服迎来了它的鼎盛时期。随着上海经济政策的不断放开,大批商人云集上海从商创业,而在正式场合上,一套得体的西服就是最好的门面。那时上海滩做西服的老师傅很多,人们偏偏喜欢找"亨生"西服的一个年轻人,他就是在亨生西服江南服装部独当一面的裁剪师,被誉为业界"神童"的肖文浩。

顾客王迎庆评价道,肖师傅不仅能把尺寸量得精确,他的服务也是非常体贴的,他能用心照顾好进店的每一位顾客。肖师傅的裁剪水平很高,如果自己要做正装,或有改衣需求,就会想到这位肖师傅,不会再另选他人。

亨生西服属于"奉帮"裁缝工艺,讲究的是"英伦"的精致、新潮、洋气,对于赶时髦的上海人来说,亨生便成了唯一的选择。然而,肖文浩知道,要当亨生的第一裁缝,光有天分远远不够,更多得靠勤奋。做西服讲究"工头",指的是完成一件服装所需要的人工。通常的西服制作只要四五个"工头",而"亨生"制作一件西服,却需要十个"工头"。当然,用大量的人力、时间来保证一流品质的亨生西服,价格自然也相当了得。但即便是这样,

肖文浩为顾客量体裁衣

工作中的肖文浩

亨生依然是门庭若市。据肖文浩介绍，旧时一般人也不会经常到亨生做衣服，因为价格昂贵，做一套衣服需要好几根金条。1948年，张治中来上海，他在亨生定做了一件海龙绒大衣，试穿后，张治中连声夸奖："好！好！花十根条子（金条）值得！"

19岁的肖文浩眉清目秀、说话得体，但师傅选他为徒看重的并不是外表。肖文浩拜师后，师傅只给他一句话：做衣服要掌握"四功"（刀功、车功、手功、烫功）、"九势"（胁势、胖势、窝势、戤势、凹势、翘势、剩势、圆势、弯势）、"十六个字"（平、服、顺、直、圆、登、挺、满、薄、松、匀、软、活、轻、窝、戤）的质量标准，做不好，卷铺盖走人。

刚做学徒时，肖文浩接触不到客人，只能帮着师傅干活，练习刀功、手功、车功、烫功，底子就是从这个时候开始打下的。在亨生，制作一套西装有两百多道步骤，一道接着一道，用三个月时间才能完成。所以，做学徒的肖文浩不敢有任何差池，耽误了交工可是大忌。可再小心，肖文浩还是捅了娄子。

肖文浩回忆说，那次打开布料感觉有一些皱，裁剪之前就想熨烫一下，当时用的是老式熨斗，插电之后要熨很长时间，他没有经验，就出去转了一圈，回来后发现尼龙料子上留下了一块熨斗的印子。肖文浩志忑不安，他心想，自己闯的祸，只能自己想办法解决。当他把布料上的印子成功裁去的那一刻，他告诫自己，要想留在亨生做大师傅，这样的错误，绝不能再犯。

为了能尽快掌握西服的裁剪技巧，肖文浩闲暇时就自己购买面料，家里的亲戚朋友都成了他的试验对象。每天晚上回到家，他都会在灯下裁剪，熬到深夜。身边的亲戚朋友，不论胖瘦高矮，都能被肖文浩打扮得体体面面。

学徒三年不到，肖文浩已经提前出师，成为亨生的第四代传人。他不仅是亨生最年轻的裁缝，更是学徒时间最短的裁缝，因而获得了"神童"之称。肖文浩裁剪出来的西服修身、挺括、舒适，颇受年轻男子喜爱。亨生西服总经理陈伟富说："肖师傅是我们这一代的佼佼者，最擅长的就是裁剪。人，总归体型各异，裁缝在裁剪时要予以修整，让做出的衣服舒适大气。"

"国民钢笔"背后的"英雄"

当亨生西服为上海西装品牌树立品质榜样并引领上海时尚潮流的时候，"英雄"金笔的梅花标志也成为一个时代的记忆。

英雄金笔厂诞生于1931年，新中国成立初期实行公私合营，英雄金笔厂在生产、技术和企业规模上有了很大的发展，从昔日的满足内销，转而开始出口创汇。1959年，"英雄"牌金笔公开与世界老牌金笔派克叫板，生产出了多项技术指标超越派克的"英雄"100型金笔，从而享誉全球。

据英雄金笔厂总经理董文斌回忆，80年代，美国派克的副总裁与总经理来厂里商谈合作，参观了笔尖制造的设备和车间后，派克副总裁大吃一惊，因为英雄的制笔技术竟处于相当成熟和领先的水平。早在1958年，上海电影制片厂著名导演桑弧，依据英雄100金笔的研制和生产，拍摄了电影《英雄赶派克》，激励了无数新中国热血青年献身祖国建设事业。

英雄100型金笔成为"中国笔王"，先后获得过多次国家银质奖，部优、市优产品称号，连续多届荣获"金桥奖""最满意产品""中国驰名商标"称号。

刘根敏说，那时候学生们要是拥有一支"英雄"钢笔，就像拥有奢侈品一样开心，他们会很珍惜，甚至都舍不得用。英雄金笔集团股份有限公司党委书记李鸿生说，小学毕业那年他考得很好，母亲答应送他一件礼物作为奖励，他对母亲说想要一支好的笔，母亲问他要什么笔，他脱口而出——"英雄"钢笔。

刘根敏就是在鼎盛时期进入了英雄金笔厂的，这在当时，是让人羡慕甚至嫉妒的事。而刘根敏又被选入"英雄"钢笔最核心的金笔尖车间，简直是掉进了"金窟窿"，捧上了"金饭碗"。

然而，谁也没有想到，刘根敏与所有技术工人一样，在此时遇到了企业大转型。大批国外企业带着他们先进的技术和经验涌入中国抢占市场。现代化、流水线、集约化的生产，以及以圆珠笔为代表的"快餐式"书写工具风靡全国，"英雄"直接受到冲击。昔日的市场骄子，一下子没有了方向。

1993年的夏天，连知了都叫得不卖力了。往年这时候，刘根敏所在的金笔尖车间会热火朝天，四十多度的高温，工人一个个汗流浃背。但是这一年，刘根敏和同事们却十分怀念那些流汗的日子。流汗，证明有活儿干，而现在，他们闲得心都慌了。据刘根敏介绍，那时他们的工资基本上都不涨了，而其他单位都在涨工资。笔尖车间人数最多的时候有三百多人，金笔尖小组大概是二十到三十多人，而后来，他们车间里真正能做金笔尖的，就只有四五个人了。

工资比别人差了一大截，但要吃饭的嘴却一张也没少。刘根敏是家里的顶梁柱，上有老下有小，老人看病要钱，孩子读书要钱，再多的证书和奖状也只是装饰。曾经让家人引以为豪的工作，现在也没人愿意再提。刘根敏和妻子几乎是一天一小吵，两天一大吵，吵架原因很简单：有人高薪聘请刘根敏，他却不为所动。刘根敏的妻子说，当时有人给刘根敏介绍高薪工作，也有老板直接找上门来，但丈夫的态度非常坚决，朋友同事都劝他换工作，他就是不去。刘根敏始终认为，他要是离开，就没有人做金笔尖了，会给英雄厂带来损失。与金笔厂和周围同事都二十多年了，这个情在，情义是要讲的。

英雄金笔厂最重要的库房里，存放着制作英雄金笔笔尖的所有金条。一根金条价值十几万元，而整个金笔厂，只有刘根敏一人有开启库房的钥匙。这是"英雄"人对刘根敏的信任，正是这份信任，让刘根敏不忘初衷，决心与"英雄"风雨同舟。

蜕变转型获新生

而在那个年代，经历行业冲击，感受大起大落的，又何止刘根敏和"英雄"。曾几何时，几根金条才能做一件衣服的亨生西服也门可罗雀。中外合资企业流水线生产、低成本的成品西服，似乎更符合当时国人快餐式的购物需求，而"慢工出细活"的亨生西服，则显得格格不入。

据总经理陈伟富介绍，是温州西服的成批产出，让他们经历了第一次大的冲击。价格低廉的温州西服，仅六百多元一套，可这个价格对亨生来说，连成本都不够。

手工西服难以和流水线西服拼产量、拼价格，眼看上百年的老手艺，就要输给机器。相比往年，亨生西服的销量一下子少了近百分之三十，而且连年下滑。2003年，门店难以为继，亨生不得已从繁华的南京路步行街撤离，搬到了新闸路的一栋普通写字楼里，开起了网店，承接起了团体服装的制作。与亨生当年的阳春白雪不同，团体服装讲究的是薄利多销，那段时间，肖文浩一边学习网店经营，一边带着裁剪师傅们没日没夜地赶工，终于让元气大伤的亨生缓过一口气。

但是，网店运营中肖文浩意识到了一个潜在危机：亨生的价格是比较公道的，可后来网店越开越多，同行之间打起了价格战。但是，亨生在服务方面同实体店是一样的，并没有打折，如果继续这样，他们就很难支撑下去。

量体裁衣、精雕细琢曾经是上海亨生西服的特点，那时候，顾客做西服，至少要来店三次甚至更多。每一次，裁缝师傅都要用脖颈上挂着的皮尺，测量顾客的胸围、腰围、臂长等，但是这些优势在网店里难以展现。为了留住顾客，网店一再降价促销，利润连年缩水。

2009年突然兴起的婚庆行业，让步履维艰的亨生再一次遭受了致命打击。婚庆西服的订制本是亨生保留的最后一块领地，即使一生只穿一次，也还是有不少人愿意订制。可是，上海兴起的婚庆行业又开始了价格营销，成品西服、租赁西服，把亨生挤到了死胡同里，一个月的订单只有寥寥几套。

这让立志成为上海滩"大裁缝"的肖文浩心有不甘。肖文浩提出，与其坐以待毙，不如主动出击，于是，他为亨生的婚礼西服首创了"特别订制"的概念。他们在礼服的领子上进行了改进，给新郎做的小礼服，礼服的领子是可以拆除的，婚礼礼服的领子是缎面的，缎面领子拆除后就可以当成平常的西服穿。如此改进后，市场反响不错。

在肖文浩重新争取市场的同时，亨生还得到了一个好消息。静安区为了建设老字号一条街，打算在陕西北路上开辟店面，并愿意以较低的租金让亨生老店新开。这让窝在写字楼里六年的肖文浩热泪盈眶。

2009年，亨生西服在陕西北路上开门营业，消失了六年的亨生重新回到了上海的繁华街道上。但许多人都在观望，如今的亨生是不是只剩下空架子了。

在门店后面的制衣工厂里，一场变革已经如火如荼地开展起来。肖文浩和他的同事们通过对市场的认真调研认为，故步自封了上百年的"英伦"版型，也是时候换个新面貌了。

21世纪初，韩国电视剧风靡中国，随之风行的还有韩国的服饰文化，因其服饰更符合亚洲人的身型，追求修身、收腰，而且样式多变，更迎合年轻人的审美。肖文浩把年轻人作为亨生的主要消费对象，在亨生西服传统英伦风格中加入韩式元素，从而使亨生西服面貌焕然一新。除此以外，在工艺上，肖文浩也要让亨生处于时代前沿，西服用的辅料、衬，都以当时流行的面料和款式来制作。

在亨生看来，传统手工技艺即使在工业化大生产的今天仍旧不可替代。所以，既然有像肖文浩这样的金字招牌，亨生在培养年轻顾客群的同时，还将高端人群作为"特别订制"的主要服务对象。肖文浩介绍说，机器批量化生产的西服，每一件都是一样的，如果客户体型特殊，衣服就会不合适。有很多顾客希望用自己带来的面料定制西服，这也是客户个性化的表现，买现成的西服，无法满足这个需求。

著名剧作家、国际文学活动家、《文学报》创始人杜宣先生在文艺界是有名的西服行家，他对西服的特殊要求难倒了不少上海的西服裁剪大师。原《文学报》编辑陈再钧回忆说，一天在杜宣家闲谈，知道他想做一套西服，就向他提议去亨生做，杜宣听说亨生推出了"私人订制"项目，便向肖文浩发出了邀请。

在为杜宣先生裁剪西服的过程中，肖文浩一改老年西服惯有的端庄持重，而是根据杜宣先生的职业特点，考虑他外事工作较多，所以大胆选择了时尚又稳重的款式。无论旁人怎么劝，肖文浩都坚持己见。也正是因为肖文浩的独特眼光，让他收获了杜宣先生的称赞。

亨生西服的一系列改革，让它重新赢回了市场。大批返沪知青在"做衣难"的80年代留下了遗憾，如今，他们带着子女纷纷找到亨生。越来越多的名人也认准了亨生，认准了肖文浩。孙道临、焦晃、蒋大为、李双江等都曾经穿着肖文浩裁剪、制作的亨生西服，出席重要场合。亨生西服，也成为精致生活和海派文化的一种象征，更成为中国服装制造的代表。

2014年3月22日，应荷兰国王威廉·亚历山大的邀请，中国国家主席习近平抵达阿姆斯特丹对荷兰进行国事访问。肖文浩介绍说，按照欧洲王室礼仪，出席国宴的主宾都必须穿礼服，而燕尾服是西方人的礼服，让中国国家元首穿燕尾服，显然不太合适。于是，习主席穿的那件青年装，被亨生改良成中式礼服，在西装上做了一个暗门襟，绣上花，口袋设计成缎面材质。从整体上看，既有传统风格又有现代元素，既有中国气派又具开放意味，是一件可以彰显中国文化的礼服。

国家领导人垂范宣传中国传统服饰工艺，让亨生西服和肖文浩师傅备受鼓舞，也更加坚定了把亨生西服做大做强的信心。

老字号的现代守望

在工业化浪潮的冲击下，一大批"中国制造"面临着严峻考验，但众多中国民族制造企业却并没有因此消沉，而是勇敢面对、迎接挑战。亨生西服经过一番生与死的考验，在逆境中找到生存和发展之路后，同在上海的"中国笔王"英雄金笔厂也发起了绝地反击。

英雄集团党委书记李鸿生表示："我们加强管理、加强研发、加强渠道的推广。我们重点从中高端产品的研发出发，提高产品档次，不搞大而全。"他还认为，虽然现在机械化生产的产品非常多，但有很多东西，是无法依靠机械化生产出来的，特别是他们的金笔。因为一些产品包容了艺术感，这类产品大都需要手工修整，像刘根敏这样有着精湛手工技艺的匠人，是机器替代不了的。

尘封多年，1 200摄氏度的熔化炉重新燃起，它点燃的不仅是"英雄"直面市场的火把，更是刘根敏作为一名工匠对"英雄"的希望。

一盏灯下一把椅子，刘根敏一坐就是29年。由于长年埋头工作，他的颈椎和腰部都留下了职业病，尽管如此，他心里永远放不下千千万万的顾客，

吴顺章寄给上海英
雄金笔厂的钢笔
和信

一有时间就琢磨怎样生产出物美价廉、普通群众也能用得
起的"英雄"钢笔。一支支光辉夺目的金笔，从刘根敏粗
糙却灵巧的指尖诞生，它承载着"英雄"人的希望，飞入
千家万户，飞入各类大型国际会议会场。在刘根敏看来，
虽然做"中国笔王"是成为"世界笔王"的第一步，但
"英雄"是中国人的英雄，让"英雄"钢笔重新回到普通
百姓的生活中去，才是他一生的追求。

2016年5月，英雄金笔厂收到了一位名叫吴顺章的老
教师从杭州寄来的快件，随信寄来的是吴老先生一直珍藏
的"英雄"100号金笔。吴老师在信中说道，1960年他作
为浙江省人大代表参加了在人民大会堂召开的全国文教群
英会，这是当时会议上的奖品。如今，听到儿孙们说"英
雄"遇到了困难，就特地把这支钢笔寄给他们，表达一名
老教师对国产品牌的期望。

吴老师在采访中说道，这支笔是他的荣誉，是一个纪
念品，他舍不得用，但是放在家里，他儿子一代可能记
得，孙子这一代也可能记得，但是以后就不知道了，如果
这支笔被遗忘，就可惜了。他将这支笔寄给英雄金笔厂，
希望可以作为历史保管在厂里，就能一代代地传下去。

老教师对国产钢笔的信任和厚爱深深打动了刘根敏和
他的同事。在教师节前夕，刘根敏专程来到吴顺章在杭州的家，特意送上一支他亲手打磨的最新型"英雄"100号金笔。老人激动地用金笔在纸上写下"英雄金笔"四个大字，并感叹笔书写起来非常流畅。

"英雄"人更坚定了为中国人服务的决心，开始了多样化、平民化产品的开拓和研发，为"英雄"赋予了更多的个性。为了做好、做大、做强，刘根敏不仅自己不断地创新，还把多年积累的技术和经验传授给新技工。刘根敏的徒弟侯建亮说，他是2012年进的车间，跟着师傅已经学了四年，平时师傅对他们要求很严格，经常教导他们要把工作做专、做精。刘根敏认为，传承"英雄"制笔技术是英雄厂生存的前提，只有把制笔这门传统技术传承好了，让这门传统工艺后继有人，才能发扬光大。

与此同时，上海老字号亨生西服的"亨生奉帮裁缝技艺"在2011年被列入了国家级非物质文化遗产保护名录。肖文浩说，做裁缝的确辛苦，但他仍然干了四十多年，他对亨生、对西服这个行当，是相当有感情的。与刘根敏的想法如出一辙，肖文浩表示他乐意帮助初学者，并希望把自己所学到的东西，全都毫无保留地传授给他们。

上海，一座日新月异的国际化大都市，一座记录着许多感人故事的历史文化名城，一座为中国制造作出过卓越贡献的制造中心。面对来自外界的冲击，包括"英雄""亨生"等承载着几代人记忆和梦想的上海品牌，没有沉沦，他们卧薪尝胆、锐意进取。正是一代又一代上海工匠的执着追求，用工匠精神传递上海速度、中国速度、中国态度，一批又一批上海工匠用毕生心血书写上海制造、中国制造、中国创造的故事，才使上海品牌、中国品牌如凤凰涅槃华丽重生。

千滋百味 | 陆亚明　严惠琴

本篇人物

陆亚明　绿波廊酒楼副总经理
严惠琴　新锦江饭店行政总厨

老法师的"关门弟子"

每天早上八点，严惠琴就已经开启了一天的工作。她是新锦江饭店的行政总厨，如今已是花甲之年，不过她仍然坚持每天一早来到酒店，而进酒店的第一件事情，是先到厨房，检查当天的准备情况。

严惠琴在酒店待了40年，她已记不清自己换过多少套

严惠琴的工作服

工作服。而最初，为了能够穿上这套厨师工作服，她煞费了一番苦心。

1974年，刚满20岁的严惠琴进入锦江饭店，成为前台的一名服务员。那个年代，宾馆前台可谓一份轻松又光鲜的工作，但严惠琴却不怎么满意，她始终认为，只有学到一门手艺才能傍身，而在饭店有手艺的，也只有厨师了。

在厨师行业内，做面食、点心的被称为"白案"，相对比较轻松；而负责煎炒烹炸掌勺的则被称为"红案"，红案因为工作强度大，对体力要求很高，因此很少有女性涉足。年轻气盛的严惠琴，却偏偏看中了"红案"，下定决心要学习这门手艺。

据严惠琴介绍，如果女性学厨师，一般都是做切配、冷菜和点心之类，但是她觉得自己喜欢做菜，即便做厨师对女性来说，生理上、家庭上都有很大的压力，但她认为既然男性能做，女性就也可以。

学艺要拜师。锦江饭店有位广东菜大厨烧得一手好粤菜。当时饮食行业远不如现在这样繁荣，粤菜因为口味清淡颇受上海人的喜爱。但是这位广东师傅却有个怪脾气，从来不收女徒弟。严惠琴的倔强劲上来了，她坚信"心诚则灵"，便尝试着用各种方法打动师傅。

严慧琴回忆道："那段时间，我自己活干好了就帮师傅洗锅，会抢着干活，师傅觉得我蛮能吃苦，也比较勤奋，对我印象也还不错。等师傅忙好后，我就给师傅倒茶，然后坐在他旁边，用女儿跟老爸发嗲那种语气跟师傅说话。我老是问师傅问题，问他这道菜为什么这么做。"

勤奋、好学、乖巧的严惠琴最终打动了师傅，她也终于成为师傅唯一的女弟子。体力不如男性，她就以勤补拙，在三年的学徒期间，严惠琴付出了比常人更多的辛劳与汗水。

严慧琴说："工作日的时候，我一个礼拜洗碗，一个礼拜杀鱼宰鸭。洗碗的那个礼拜里，客人用餐时碗还没有收上来，趁这个空闲我就去学师傅做菜，货到了酒店我去领，领完货人家都休息了，我就去看师傅做菜。还有休息日，工作都安排在早上，下午或晚上没事的时候，即使放弃休息时间，我也要去学师傅做菜。师傅觉得我愿意付出，就更愿意带我。我们一批进去的八个做菜的人，我基本上不是第一就是第二。"

靠着这股韧劲，严惠琴很快掌握了烹调的各种技术。1980年，严惠琴在上海大世界举行的全市烹饪比赛中获广东菜第二名，1981年，又在全市烹饪比赛上成为川菜粤菜双料冠军，并连续两年获得上海青工技术比赛一、二等奖。一个年轻的女厨师，终于在厨师这个男性的领地里站稳了脚跟。

烹饪大师学艺绿波廊

陆亚明每天早上八点都会准时到达绿波廊酒楼，在豫园商城特有的喧嚣到来之前，开始一天的工作。

他是绿波廊酒楼的副总经理，在绿波廊已经工作了三十多年，他对绿波廊酒楼的每个角落都无比熟悉，也让他对这个地方产生像家一般的眷恋。每天来到单位，上上下下巡视已成了一种习惯，他会去前台查看当天的订桌情况、了解当天的重要接待、叮嘱徒弟备好食材。在他看来，越是生意好，就越要注意菜品的质量。

当时的严惠琴已经在上海烹饪界崭露头角，那时候的陆亚明，才刚刚走上学徒之路。1984年，16岁的陆亚明从家乡江苏来到上海，顶替父亲到绿波廊工作。此时，他的父亲陆苟度已经是沪上大名鼎鼎的苏帮点心泰斗，陆亚明子承父业，开始学习中式点心的制作。

陆亚明说："也不是说感不感兴趣，对我来说这就是一种工作，我要把这个工作做好。来到绿波廊，对我来说已

刚进绿波廊工作时的陆亚明

经是很光荣的事情了。"

上海的绿波廊酒楼，位于著名的城隍庙景区的中心位置，这座建于明朝嘉靖年间的老建筑，已经有近400年历史。绿波廊原本是一间茶楼，1978年改为餐厅，以经营上海及苏州风味菜肴为主，其中点心更是最大的特色。到80年代，绿波廊已经是沪上知名的酒楼，成为中外游客的必到之处。

初来乍到的陆亚明，到绿波廊上班做的第一件事是揉面。由于点心供应量大，陆亚明几乎每天要揉几十公斤的面团，有时累得胳膊都抬不起来。

陆亚明说，揉面是体力活，师傅教导他做点心既要用体力又要用技巧，用蛮劲是做不好点心的，所以一定要以柔克刚，揉的时候要用力，但不能感觉你在用力。要达到这种效果，就得每天练习，所以那时候他每天都在练习基本功，揉面，就是其中一个重要功夫。

每天从早到晚，都能看到陆亚明忙前忙后的身影，他似乎永远都在绿波廊，天天跟着师傅们一起拌面粉、摘胚子、擀皮子。

位于绿波廊顶层的厨房，是陆亚明当年的六人宿舍，那时他忙得几乎只有上班时间，没有下班时间，在他心中，单位便是家，家就是单位。一有事师傅就喊他下去帮忙，

陆亚明在揉面

师傅每次叫他，他都觉得是一种莫大的鼓励和认可。

靠着这股子勤奋的劲头，陆亚明在学徒期间练就了扎实的基本功，也学到了许多制作点心的绝活。

眉毛酥是绿波廊有代表性的甜点，制作工艺复杂，要把面团和猪油有机结合，一斤面粉放二两左右的猪油，然后再放四两左右的水，水温高低得看天气，天冷的话，水温就要偏高，天热的话，常温水就可以。最主要的是在揉面时，要观察面团的油分够不够，水分有没有到位，通过不断地揉，琢磨手下的面团适合用来做哪个品种。

好学勤问的陆亚明很快就掌握了制作各种点心的技巧。1992年，年仅24岁的陆亚明被推荐参加首届世界烹饪大赛，他带去的作品，便是绿波廊最有名的点心——眉毛酥。

陆亚明回忆起大赛场景："每人一个玻璃间，由两个评委盯着，做12个点心，下料只能下12个，不能多做一个，也不能少做一个。眉毛酥看上去很简单，但能充分考验厨师的基本功和对甜点的理解。这些只有从事点心多年的老师傅才知道。而陆亚明平时的勤学苦练这时显现出的扎实的基本功发挥了重要作用。一个多小时的挥汗如雨换得了色、香、味俱佳的眉毛酥的呈现，并惊艳四座。"

第一次比赛，陆亚明就一举拿下了中式面点的金牌，成为当时全国最年轻的面点冠军。现在说起来，他仍然激动不已。

女厨师笑忆国宴趣事

1988年，中国的改革开放进入到了关键阶段，世界对中国的关注也前所未有。上海，作为中国最大的经济中心城市，成为国际友人来华访问的首选目的地之一，而建成不久的新锦江饭店，则成为各种国宴招待的指定饭店。这时的严惠琴，也因工作出色被调任新锦江饭店担任总厨。

国宴，可以说是我国最高规格的宴会，对菜式安排、摆桌风格，甚至灯光设计都有着近乎苛刻的要求。严惠琴以前也参与过国宴招待，但是如今轮到自己挑大梁，她感到这是前所未有的挑战。

严慧琴想起那段时光，接下任务后她连续几天都睡不好觉，她感觉压力很大，因为她希望自己的产品能更好地展示在客人面前。从选盘、装盘到菜品设计，她都会考虑很多。比如上班的时候，她一看到菜单，就会思索做这道菜要达到什么样的效果。为此她随身携带一本笔记本，随时记录做菜灵感，睡觉时就放在枕边，灵感来了便马上写上去。她坚信，只要用心刻苦，就没有做不到的事情。

同事岑悦说："每次接到烹饪任务时，她都会穿好厨师长的服装精神抖擞地从办公室走出来，与我们并肩作战，每个细节，从进货开始，她都能做到一丝不苟。"

同事徐佳杰说："她会非常讲究每一道菜的设计，我们装盆的时候，她都会一次次强调关键的地方，有时一道菜，甚至一道餐前冷盘，她可能都要不厌其烦地改几十次方案。每次她会用几种原料，不停地反复装盘，不停地改进，直到满意为止。"

精益求精、追求完美、创造极致，换来的是一道道精美绝伦的菜肴和一次次来自不同国度的赞誉。在严惠琴三十多年的厨师生涯中，先后接待过三百多位国家元首和政府首脑，承接过数百次高规格的国宾宴请和大型冷餐会，均未出现过任何差错。

1997年，时任法国总统希拉克来上海访问，上海市政府接待处点名严惠琴亲自掌勺。法国是欧洲的文化之国、

严惠琴与希拉克的合影

艺术之国、美食之国、浪漫之国，严惠琴就找来不同国家、不同菜系的菜谱进行研究、练习，把每一道菜肴设计成烹饪艺术品，这让深谙中国文化的希拉克赞叹不已。

严慧琴说："国宴，要体现中国菜的刀功、要体现中国菜的口味、要体现中国菜的原料，更要体现中国菜的技能和中国菜中蕴藏着的中国饮食文化。

一道菜一道菜上上去，希拉克吃到最后一道菜时，他跟当时的徐匡迪市长说，这菜做得太好了！中国菜我吃到现在，今天是吃得最好的一顿！徐市长对希拉克总统说，你知道吗，设计这道菜的总厨师是女性。希拉克马上感到很惊讶，说一定要见见这位女厨师。当时我一点心理准备也没有，跟他握手后，他用最高规格的礼仪跟我拥抱、贴面。"

严惠琴做国宴的过程中，并非每次都是顺风顺水的。因为接待的嘉宾国家不同、民族不同、个性也有差异，所以意外情况也就在所难免。

1999年，时任以色列总理内塔尼亚胡访华来到上海，尽管严惠琴已经提前针对以色列的风土人情、菜肴特点以及内塔尼亚胡总理的饮食喜好做足了功课，但是宴会当天，内塔尼亚胡总理的一句话却打乱了所有计划。

据严慧琴回忆，当时他们几乎准备好了全部食材，结果餐厅经理奔进来用最快的语速说：出事情了！严慧琴问：出了什么事？他说：以色列总理现在想要吃全素。160人的宴席要临时调整菜单谈何容易，即便是遇到了这样的突发状况，胸有成竹的严慧琴最终还是在仅有的40分钟内上齐了所有热菜。她不但勇敢地接受了挑战，而且还完美地完成了它。宴会结束，内塔尼亚胡总理赞不绝口："你们的厨师了不起！"

把"元首点心"端上百姓餐桌

历史悠久的绿波廊酒楼，同样承担着接待外宾的重任。从1973年西哈努克亲王到访开始，绿波廊酒楼先后接待了八十多批各国政要，因此又被称为"元首饭店"。陆亚明做的点心则累计招待了六十多位国家元首以及国宾级的要人。

1998年，时任美国总统的克林顿在上海举办家宴时，选定的就是绿波廊酒楼。陆亚明是面点总厨师长，上的依然是绿波廊酒楼的招牌面点眉毛酥、枣泥酥、小粽子、萝卜丝酥饼和桂花拉糕。尤其是陆亚明新研制的又糯又软的"五粮液拉糕",让克林顿赞不绝口。他风趣地问随行的人:我从来没有吃过这么好的点心,你们吃过吗?而克林顿的女儿最爱吃的是萝卜丝酥饼,吃完一个后还特意跑到另一张九人桌前,多吃了一个。

据陆亚明回忆:"克林顿总统在我们绿波廊酒楼就餐的时间原本只有20分钟,他吃得很开心,用了1个小时20分钟。他的保安们急得不得了,可能不知道里面发生了什么,超时用餐,这在接待史上是从来没有过的事情。"

2014年5月,第四次"亚信峰会"在上海举行,共有46个国家和国际组织参加会议,也是"亚信"自成立以来规模最大的一次会议。在"亚信峰会"期间,中国国家主席习近平的夫人彭丽媛,邀请出席"亚信峰会"各国领导人的夫人们参观上海豫园,午餐的点心就指定由绿波廊酒楼制作。陆亚明提醒自己,这次的面点一定要精致、精细。

陆亚明说:"我在设计这套点心的时候分别采用了葫芦、桃子和叶子。葫芦在中国寓意吉祥;桃子寓意着长寿;叶子,我们叫它顺风叶;还有迷你粽,代表福气。"

四道点心,被破例在正餐之前端上了餐桌,并在一片欢呼声中一扫而光。如今,"夫人套餐"已经成为绿波廊酒楼的常备点心,吸引了众多客人慕名前来品尝。

陆亚明表示:"好多人可能觉得绿波廊的点心高大上,但价格不怎么亲民,我在设计'夫人套餐'的时候,是想做一些普通老百姓也能买得到、吃得起的点心。"

为了让绿波廊的"贵族面点"平民化,从2005年开始,在陆亚明建议下绿波廊还推出了面点制作表演项目,适时与顾客沟通互动,如今这已成为绿波廊的一道风景。出色的技艺,让陆亚明成为绿波廊最年轻的高级技师,多次获得上海市劳动模范、上海市烹饪状元等荣誉。陆亚明说:"我已经把点心当作自己一生的事业来做。"

这些年,陆亚明一直在不断尝试点心的创新,有新的点子就马上和点心部的师傅们一起讨论、试验。在他的推动下,绿波廊几乎每个季度都会有新的点心品种推出。

比如,陆亚明和师傅们一起研究的新式麻球。紫薯馅麻球本来是传统麻球中一个常规的品种，于是他们创新地将芝士包到紫薯里，这样在吃的时候会有一种拉丝的效果，这种效果能让食物和食客产生互动。这种创新和改良一经面市，便广受好评。

陆亚明的同事冯玉麒说："陆大师总是想方设法把点心的品种做多，把馅心做满，把味道做到最好。"同事王时佳说："感觉他就像整个团队里的一棵大树，他是灵魂人物；他在，我们心里就踏实。"

陆亚明表示："每次到外面学习归来，我会经常把从外面学习到的经验跟徒弟们交流，讨论我们如何推出一些新的品种。我们的点心可能在形状上不变，但口味上在变，比如小笼，一般大家要么吃鲜肉的，要么吃蟹粉的，但我们有十种口味，不但有鲜肉的、有蟹粉的，还有麻辣的、有咖喱的、有素的、有菜肉的……我们通过增加口味，让点心变得丰富，客人吃十种小笼，可能他也吃不过来，但一种种尝试，他会吃得非常开心。"

如今，陆亚明已经是绿波廊酒楼的副总经理，点心部的二十多位点心师傅，清一色都是他的徒弟。而对每一个徒弟，陆亚明都是倾囊相授，从不保留。他说只有这样，才能把中华面点不断传承下去。

如今他的徒弟遍及世界各地，有的在日本，有的在香港，有的在澳门，有的在澳大利亚，也有的在挪威，但谦虚的他认为，一个人红不是红，大家红红一片，这样才开心！

以经典技艺发扬传统饮食

国庆节前夕，严惠琴和团队正忙着筹备国庆招待。国庆招待会是上海市政府每年的指定项目，自严惠琴出师以来的二十多年一直由她负责，这一年也不例外。但严惠琴考虑更多的，是如何将自己的经验和技艺传授给年轻的厨师们。面对这个大嗓门的女师傅，年轻的徒弟们虽说有几分"怕"，但更多的是"敬"。

严慧琴认为："做厨师要开动脑筋，因为中餐用到的原料很多，怎么改变菜的口味，就一定要了解市场，要了解所有的原料、酱料。所以我从色泽上、口味上、调料上、调味上，以及一些辅料上，都想着怎么去融合，才能将菜做得更完美。"

严慧琴的同事徐佳杰说："严大师对菜的味道非常讲究,她有时过来尝味道,倘若觉得不足,会让我们重新去做,而不会说做完就算了,或者下次改进。"

同事岑悦评价："她镇得住人,我们这一行其实主要是拿活、技术、功底来让别人心服口服,这一点她做得很到位。"

严慧琴从箱子里拿出自己获得的奖杯、奖状、荣誉证书,其中一张荣誉证书,是她在2007年获得的中国厨师界最高荣誉奖——"中国烹饪大师金爵奖",该奖由中国烹饪协会颁发,获得者享受国务院特殊津贴。她又指着一个重重的大奖杯,说那是她在2014年被评为"中国烹饪领军人物"时获得的,当年在餐饮行业中被评上的只有十人,每个人都有自己的特点,她就是其中之一。

马上要退休的严惠琴正忙着写书,她希望将自己多年负责国宴的技巧和经验总结下来,让更多的人能够从中获益。严慧琴表示,自己做厨师这么多年,虽然就要退休了,但内心仍然有些留恋,她希望可以留下一点痕迹,行业需要她的时候她还是很想出力,并乐意将理论知识同自己实践中得来的经验相结合,潜心做研究,为餐饮行业贡献出一份力。她同时提道:"想要做好这个行业,一定要从餐饮的发展出发,一定要向老一辈厨师虚心学习,不断进取、不断钻研,不断思考如何将中国的餐饮文化,提升到一个新的高度。"

而陆亚明认为:"我首先考虑如何创新,其次是怎样把徒弟带好,最后是怎样把做出的点心发扬光大。我经常对别人说,小点心要做出大文章来!"

2015年9月,崇明金秋美食节上,陆亚明和严惠琴受邀担任评委,为崇明的农家菜评比打分。

中国的饮食烹饪讲究的是色、香、味,而在陆亚明和严惠琴看来,"味道"是核心。"道"就是解疑释惑,技艺传承之道。因此,他们打破烹饪行业"技不外传"的禁锢,经常参加一些社会活动,悉心指导虽是本门之外但热爱烹饪行业的年轻人。他们的目的只有一个:让中国的饮食文化发扬光大。

东方神韵 | 陆春凤　王佳俊

本篇人物

陆春凤　上海瑞金洲际酒店中点厨师长
王佳俊　上海歌舞团舞蹈演员、《朱鹮》领衔男主演

　　上海，作为中国的历史文化名城，拥有深厚的近代城市文化底蕴和现代城市文化的神韵。海纳百川、追求卓越、开明睿智、大气谦和的城市精神，造就了以吴越文化和移民文化为基础，涵盖饮食、建筑、艺术、婚嫁等多个门类的海派文化。尤其是新中国成立的七十余年间，海派文化得到了空前的发展，独树一帜的海派美食文化和艺术美学文化提升了城市精神的内涵。一大批优秀专业人才的涌现和对海派文化的传承、发展，让上海这颗"东方明珠"更加璀璨夺目。

一颗"核桃酥"背后的故事

　　2015年3月，英国威廉王子到访上海，下榻瑞金洲际酒店。英式下午茶闻名于世界，但是威廉王子在到达的前几个小时，却突然提出要尝尝上海的中式点心。临时接到通知的中点厨师长陆春凤非常镇静，对于有着二十多年外事接待经验，承担过六国峰会、APEC会议等重要国事接待的点心制作任务的她来说，这种情况几乎是家常便饭。

　　晚上六点，威廉王子抵达时，一套中式点心准时出现在他的房间。锦鲤

陆春凤（右一）和
她的徒弟们

酥、香菇包、莲藕酥等，琳琅满目的中式点心令威廉王子
一行赞不绝口，其中一颗颗惟妙惟肖的"核桃酥"更是技
惊四座。

在上海只要提到核桃酥，人们马上会想到上海名厨陆
春凤。作为国宴中点大师、中国美食大使、中华金厨，陆
春凤在18岁刚入行时，得到人生中的第一个奖便与核桃酥
有关。

当时，勤奋又有天分的陆春凤被上海名厨龚惠英大师
看中，破例收为关门弟子。龚惠英是瑞金宾馆国家级中式
点心高级技师，早在20世纪80年代，上海东湖集团推出
了以"龚阿姨"命名的点心品牌。可最初，龚阿姨并不打
算收陆春凤这名女徒弟。

龚惠英不收女徒弟，主要考虑到女孩子娇气，技术上
力道不够成不了型。而这一行的艰辛，一般女孩子也难以
忍受。但陆春凤来了之后，龚惠英发现她性格跟"女汉
子"一样，非常讨人喜欢。给龚惠英印象最深的一件事，
是有一次在做小笼包子时，本来小笼包都是按照配方做
的，可是陆春凤却给她提出了一个建议："师傅，小笼包的
味道是不是能够不要偏甜？"龚惠英心想，这个徒弟有自
己的想法，是很聪明的。

拜龚阿姨为师的陆春凤开始学习做"白案"，白案是

指专做面食点心的师傅。虽说是做点心，其中的工作量却不容小觑。尤其中式点心，光是按形态分，就有包、饺、糕、团、卷、饼、酥、条、饭、粥、冻等十几个类别。

学徒时的陆春凤发现，要做好大众平时吃的包子，也不是简单的一件事。龚阿姨对徒弟极其严格，一个早餐包子，36个褶子是基本要求，褶子要捏得细致、纹理分明，这背后的基本功少说也得练两三年。

对于做得不合格的点心，陆春凤说，师傅要么让你把它们全部吃掉，要么直接扔进垃圾桶。陆春凤还记得，刚开始自己捏的包子入不了师傅的眼，一转身几笼包子直接被师傅进了垃圾桶。龚惠英回忆说，有一次陆春凤哭了，她说："师傅，你要求太高了！"18岁的陆春凤每天起早贪黑，早上四点多就起来干活做早餐，有时候晚上碰到大型宴会，还要加班到通宵。她也时常有抵触心理和怨言，在厨师这个行业里，大师傅拿的工资是最高的，外界都认为做红案的才是大厨，做白案的都算不上大师傅。性格像男孩子的陆春凤不肯服输，她心想，一定要做出点名堂来。

龚惠英说，陆春凤刚来的时候，她让另外两个徒弟不要把核桃酥制作秘方告诉这个小姑娘。为什么呢？因为她害怕陆春凤把手艺学会了，干了几年就跳槽了。但肯吃苦又心灵手巧的陆春凤最终用行动打动了师傅的心。一年后，龚惠英决定把自己拿手的核桃酥制作秘方告诉她，并鼓励她去参加1994年全国"星光杯"厨艺比赛。

在龚惠英的指导下，陆春凤学会了瑞金传统核桃酥的做法。核桃纹理全靠一副夹子手工雕刻，非常逼真。但是爱琢磨的陆春凤发现，核桃酥和真正的核桃看起来还是有差别，陆春凤思考，怎样才能使它的外形以假乱真呢？经过仔细比对，她发现问题出在核桃酥的纹理上。陆春凤说，原先的夹子都是买的，比较小，夹出来的纹理太密，她向师傅提议，能不能把这个夹子放大三分之二，把夹子做得更精细一点呢？但是师傅比较守旧，仍不大相信。陆春凤说要不先试一下吧，师傅表示赞同，于是就让她在保持原先制作程序的前提下试一试。

陆春凤每天深夜下班后回到家，就开始画起夹子的图纸来，她想把两片带锯齿的铁夹子做得更轻薄、更有弹性。等自己觉得设计得像样了，就请父亲帮忙找了一位车工，按照设计图把夹子挫出来。几经改进后，新夹子夹出

陆春凤自己设计做
核桃酥的夹子

来的核桃酥果然更加生动逼真。这套夹子，后来一直沿
用了十五六年。最终20岁不到的陆春凤，在1994年全国
"星光杯"厨艺比赛中获得第三名，这是她人生中获得的
第一个奖项。

此后，随着人们口味和饮食观念的改变，陆春凤经过
反复试验，逐渐把核桃酥馅的甜度降到了原来的三分之
一，以适应大众新的口味。上海人一提到核桃酥，就会想
到瑞金宾馆。

陆春凤常跟徒弟强调，老祖宗传下来的东西不是不能
改，还是要与时俱进。但是，也不能把所有的东西都改得
偏离了它应该有的轨迹，最根本的部分还是得保留。

台上一分钟，台下十年功

和中式点心一样，上海歌舞团的经典舞剧，也给世界
各国的友人们带来了独特的海派文化体验。2017年9月，
为纪念中日邦交正常化45周年，被日本媒体誉为中国版
《天鹅湖》的舞剧《朱鹮》，在东京国际会议中心公演，演
出票早早售罄，可谓一票难求。

舞剧《朱鹮》的上演和轰动让中国舞蹈艺术在国际舞
台上站上了一个新的高峰，然而它成功的背后离不开中国

几代舞蹈艺术家们的不懈努力，其中也包括了代表海派文化艺术的上海歌舞团，《朱鹮》的领衔男主演王佳俊，就是其中的一份子。38岁的他，已经从事舞蹈表演艺术近24年，问鼎中国舞蹈界最高奖项——荷花奖个人表演金奖，多次荣膺"民间文化使者"的称号。

1994年，10岁的王佳俊经过层层选拔，进入上海市舞蹈学校学习。这所学校是中华人民共和国成立后建立的第二所舞蹈学校，第一批毕业的学生们推出的代表作品，就是人们耳熟能详的芭蕾舞剧《白毛女》。王佳俊的妈妈说，那时候是上海舞蹈学校的老师到他们学校去招生的，整个学校就招了他一个学生，家里也想让他去试试。

据王佳俊介绍，刚进学校时每天都会进行一些非常枯燥的基本训练，包括压软度、劈叉下腰之类的，王佳俊每天都在教室里练舞，从没想到学习舞蹈会这么枯燥。舞蹈室里撕心裂肺的喊叫犹如杀猪声，他感觉自己经历着以前想都不敢想的痛苦。在上海市舞蹈学校学习了七八年之后，王佳俊有幸被选中进入上海歌舞团。

上海歌舞团成立于1979年，伴随着改革开放的春风，一路走来的四十多年里，团里涌现了一大批优秀的艺术家和作品，以舒巧、朱逢博、黄豆豆、朱洁静等为代表的一代又一代著名编导和演员，通过辛勤奉献和努力耕耘，铸造了上海歌舞团海派文化的独特风格。

上海歌舞团团长陈飞华说，上海这座城市的人，听着黄浦江的波涛，喝着黄浦江的水，又处于江南地域一个非常唯美、非常柔软的环境里，作品也比较细腻。全国同行在评述上海舞蹈作品和演员的时候，大都认为这些作品很有品相。在歌舞团，每个人都情不自禁地追寻着上海这座城市的舞蹈美学。上海歌舞团艺术总监黄豆豆说，不同舞蹈体系的优势都汇集在他们身上，非常显著的一个特点就是在平时的训练里，既吸收了传统舞蹈，同时也融入了芭蕾训练这样的一种优势。

俗话说"台上一分钟，台下十年功"，在上海歌舞团的排练厅墙上有句话赫然醒目："时间只记住精品，艺术永追求一流。"刚进入上海歌舞团的王佳俊，每天早上先练功两小时，然后开始一天的舞剧排练，每天将近10小时，有时候赶剧目，还要练到深夜。一年365天，歌舞团里的演员们几乎天天都在排练和演出。这样高强度的工作，王佳俊们几十年如一日，不曾改变过。

一开始的演出里，王佳俊每次都在最后一排担任群舞的表演，看着成熟的舞蹈演员们在前面熟练地表演，他非常羡慕。王佳俊说，跳群舞的时候，自己在台上其实可以察觉到观众目光的焦点会聚焦在第一排正中间的演员身上，包括大型舞蹈，也是这样。其实作为一名群演，他特别羡慕主角，说希望自己有一天也可以站在那个位置上，只不过当时感觉这个愿望离自己特别遥远。

想成为主角，除了天赋以外，还要付出几倍于常人的努力。每天高强度的练习结束后，王佳俊开始给自己加课，他在档案室里找出了老演员们的舞蹈资料，开始反复琢磨、学习和练习。上海歌舞团荣典首席演员朱洁静说，当时每天都会记考勤，在她的印象里，王佳俊从一进团开始，就从来没有迟到过，也没有早退过，甚至都没有请过病假。而其他很多人，他们的考勤单上全都是叉叉、画圈等各种符号，但是在王佳俊的那一栏，永远是空白。朱洁静认为，这是很小的一件事情，但是365天长年如一日，不是每个人都能做到的。

2000年初，上海歌舞团觉得当时团里的男演员实力相对偏弱，想培养一批新秀来承担重要角色，团里很快想到了王佳俊，于是把舞剧《野斑马》的B组男主角给了他，还为他配了有经验的女主演作为搭档。虽说是B组主演，但对于第一次学习舞剧就要担任男主角的王佳俊来说，既兴奋又充满压力。

在第一次和搭档跳双人舞时，他就出现了重大失误。王佳俊说，第一次练托举的时候，他就把女演员的背摔破了皮。对于一个舞蹈演员来说，背部很重要，特别是女演员，因为她们在舞台上大多数的时候都会展示背部的线条。当时，王佳俊难过极了，托举的时候没有保护好搭档，才会让她背部受伤。也正是这次失误才让他明白——成功没有捷径，不过是把简单的事情做到极致，做到熟能生巧。

这次失误让王佳俊充满自责，从那时开始，他决定好好练双人舞，绝不能让和他搭档的女演员受伤，要让舞伴充满安全感。每天排练完后，王佳俊都要用排练房的休息长椅练习拖举，一练就是一两个小时。

终于，王佳俊第一次担任男主演的舞剧《野斑马》和观众见面了，他身后的群舞，都是比他资格更老、舞龄更长的老演员，王佳俊说他心里也有一些发慌，内心仿佛有个理智的声音在提醒他——"不能出错，不能出错，一点点都不能出错！"

映日"荷花"绽放在国际餐桌

和从最后一排群舞跳到男主角位置的王佳俊一样，陆春凤也开始在各类国际国内大赛上成名，成为美食行业里的主角。她被选中代表上海征战第七届中国烹饪世界大赛，为此开始了为期两年的准备。

陆春凤选择用荷花酥这款中式点心去参赛，师傅龚惠英早已把这道点心的秘方传授给她，但如果要比赛的话，首先要提高成品率。陆春凤说，做好一朵"荷花"是没有问题的，但是要每朵都做好，难度就大了。因为一锅六朵，只能成功一朵的话，比赛就是失败的。

成品率由刀工、油温、出锅、天气情况等因素决定，陆春凤需要在两年里每天练习制作荷花酥，因为天气不同，油的含水量不同，这直接影响到荷花酥的花瓣大小，要确保比赛时的万无一失，在平时的训练里就要把所有可能性都考虑进去。

陆春凤介绍说，关键是看下刀，因为做出来的时候它是一个圆球，下刀的深度直接影响塌下来的那个花瓣。要做到每个花瓣都在同一个水平线上，其实是有一定难度的。此外，下刀的斜度和直度，得靠目测而不能用尺去量。

在不断试验的过程中，她把原来的六层花瓣增加到了十层，增进了视觉上的层次感。一开始，荷花酥是单色的，为了让点心更加逼真，陆春凤通过对馅心进行改良，让荷花酥的颜色更加丰富。慢慢地，荷花酥的成品率从最开始的40%提高到90%以上。陆春凤还根据天气和气候的干燥度变化不断调整配比，经过无数次的失败，最终达到每朵荷花有96片大小均匀、排列有序的花瓣，且每朵花瓣的厚度都不超过0.2毫米。

经过陆春凤改良后的荷花酥，薄如蝉翼、洁白如玉、形象逼真。上海市东湖集团副总经理曹伟回忆说，当时国外的名人政要看到荷花酥，第一句是"能不能吃"，因为它做得太漂亮了；第二句话是"不忍心吃它"，因为做得太完美了，不想破坏它；第三句是"能再来一点吗？"

操练了两年多的时间，制作荷花酥的整套动作，陆春凤已经烂熟于心，她信心满满地和另外三位分别负责冷菜、热菜、切配的厨师代表上海出征狮城新加坡，和世界各国的美食大师们一决高下，前方等待她的将是一场无比艰难的硬仗。

中国烹饪世界大赛是个人和团体赛同时计分，比赛的时间规定为三小时，超时完成的作品将不予计分。对于陆春凤来说，不但要代表中式点心参加竞赛，还要配合为团体争取最多的分数。比赛一开始，所有的选手们都闷头忙碌起来。

然而，越是到战场上，越是容易出错。陆春凤说，准确来说应该是在两个半小时内完成，但是进行到大概一个多小时的时候，突然发现这两团面粉是完全不一样的，然后她就觉得可能是她的面粉出现问题了。原来，为了防止有事先做好的成品混进赛场，在比赛入场时，每样东西都要经过安检。制作荷花酥需要两种不同的面粉，由于安检时的混乱，导致两种面粉瓶子的盖子被盖错了。陆春凤说她当时不停地看手表，琢磨着如果重新做，在大概一个半小时里，能不能完成原来两个半小时完成的任务。她只有这一次机会，因为她知道如果继续这样再做下去，成品肯定不合格。陆春凤内心激烈地斗争着，如果继续做，成品不合格，顶多是分数低，但如果冒险在有限的剩余时间里重新做，万一没有能在规定的时间里完成，她代表的点心分数就是零。陆春凤想到，这不同于她的个人赛，她自己没有名次了可以下次再来，但她

陆春凤最终完成了
荷花酥的摆盘

的分数会影响到总分，这是代表一个团队，代表上海。没有再多想，陆春凤决定孤注一掷，她直接把面粉全都扔进了垃圾桶，其他三位队友看到她的举动后惊讶了，陆春凤说："没事，你们做你们的，我做我的。"于是，她从揉面粉开始再重新做。

怕影响到队友的心情和发挥，陆春凤并没有当场告诉大家发生了什么。她开始更加专注地制作，她需要和时间赛跑。当荷花酥的胚胎进入油锅后，"花蕾"一片片舒展，凝结成一朵朵似假似真的荷花。离三小时还差最后两分钟时，陆春凤完成了荷花酥的摆盘，她终于长舒了一口气。陆春凤回忆当时的场景，其实在比赛时那几分钟她是出了一身冷汗的，但她不能跟队友说，因为怕影响到大家的心情。

比赛结果公布了，陆春凤的荷花酥获得第七届中国烹饪世界大赛特金奖，而她所在的东湖集团代表团代表上海和中国，获得团体一等奖。恰如其分融合了中国传统饮食美学和国际审美的荷花酥，在世界赛场上大放异彩，使得海派中点扬名中外。

舞伴心中最安全的依靠

而另一方面，上海歌舞团新创的舞剧也渐渐走向国际，让世界重新认识和欣赏中国舞蹈的优美和独特。跳了多年B组男主角的王佳俊，也终于迎来了为他量身定制的角色。

黄豆豆回忆道，有一件事情过去了十几年，他都没有向王佳俊透露。当时评二级演员，作为评审人的他拿到了王佳俊的材料，材料上写着他曾经演过舞剧《霸王别姬》里的项羽，但是后面加了个括弧，括弧里写着"B角"，黄豆豆看到这个细节，顿时感觉这个孩子特别诚实。更有意思的是，2018年《霸王别姬》再次上演，黄豆豆发现王佳俊已经是A角了。黄豆豆感慨道，一个舞蹈演员为了一个角色、为了一部剧，从B角到A角的努力，可能要用十年甚至更长的时间。

看到王佳俊的刻苦和身上的闪光点，舞剧《朱鹮》的导演佟睿睿邀请他出演这部剧的A组男主角，并且特意以王佳俊名字中的"俊"来命名男主人公，因为她看到了王佳俊和角色之间性格上的相似点：善良、阳光和坚持。就像王佳俊的舞伴朱洁静说的那样，王佳俊更多时候是像草原、大海那样地去包容整个环境，去包容他身边的人。

自从进入上海歌舞团后，朱洁静和王佳俊一直是黄金搭档，此次的《朱鹮》由两人领衔主演。曾经第一次担任主角就把搭档给摔了的王佳俊，经过多年的历练，已经成为舞伴心中最安全的依靠。朱洁静说，王佳俊会让她很安心，在舞台上的时候，如果王佳俊在，就一点都不会紧张。

王佳俊说，其实一直到演出《朱鹮》为止，他才第一次真正感觉到自己是舞剧的男主角。他其实还挺感谢《朱鹮》的舞剧，因为一个演员如果在舞蹈生涯当中，能够碰到一部以自己为条件排练的舞剧的话，那是特别荣幸的事情，并不是每个演员都有这样的机会。

2014年，中日关系一度走到低谷，舞剧《朱鹮》赴日本多个城市进行演出。如果说1972年芭蕾舞剧《白毛女》的访日演出是中日间的破冰之旅，那么此次《朱鹮》的日本巡演则是中日间的融冰之旅。

朱鹮是日本的国鸟，就像中国的大熊猫，每个日本人对朱鹮都有很深的感情。巡回演出在日本各地相当火爆，64天里上演了57场，剧组不是在演出，就是在去演出的路上。最后几天，剧组来到东京演出，主办方和团里商量，因为最后几场有重要的观众出席，所以每天下午场和晚上场希望都由王佳俊和朱洁静的A组演员演出，这对于演员们是体力和心力的双重考验。

如此高强度的演出安排，导致最后一天还是发生了状况。由于之前受过伤，加上一直没有休息好，朱洁静在演出马上要开场前突然就不能动弹了。据她回忆，化完妆的时候几乎站都站不起来了，她很犹豫要不要告诉领导，可是她意识到如果再不告诉领导的话，可能会影响整场演出。她先告诉了王佳俊，说她身体好像不行了。于是，在毫无其他选择的情况下，团里决定由B组女演员和王佳俊临时搭档上台演出。而在此前，他们从来没有搭档演出过《朱鹮》。

离演出开始只剩一个小时的时间了，王佳俊果断决定马上和新舞伴在舞台上熟悉起所有的搭配动作。陈飞华介绍说，其实舞蹈演员不是随便搭的，就好比滑冰，也是一样的道理，双人表演项目一定要经过两人长时间磨合，双人舞也讲究两人的配合。

演出开始了，观众们并没有察觉到什么异样。然而，除了舞台上的王佳俊、女舞伴、群舞，以及坐在侧台的导演和歌舞团所有工作人员都屏住了呼吸，所有人都很紧张，替这场演出捏了一把汗。王佳俊说，他也从来没有那么紧张过，但是他脸上不能表现出任何状况，那次演出时用的力气可能是平时的一倍以上，所以体力消耗非常快。曲终谢幕时，现场的日本观众报以热烈的掌声，演出成功了，而此时王佳俊的衬衫已经全部湿透。

演出完后，王佳俊说他整个人都已经瘫下来了，觉得自己像生过一场大病一样。但其实像这样临危受命的情况，在他的舞蹈生涯中并不是这一次。

"采花大盗"以灵感化解危机

《朱鹮》在日本的演出大获成功，三年里在日本三十余个县市，演出八十场，观众达十五万人次。上海的海派舞蹈艺术起了良好的交流桥梁作用，加深了中日两国人民的互相认识和理解。和舞蹈艺术一样，美食也是超越语言增进了解的世界语言。陆春凤在新加坡的世界烹饪大赛上一战成名之后，开启了她的中华美食大使之旅，不断去世界各地推广中式点心。

2017年，陆春凤参与到中餐申请联合国非物质文化遗产的项目，代表中国赴联合国总部，为全世界贵宾展现中国点心的博大精深。陆春凤说，他们出去的目的就是让外国人和在国外的中国人都能看到中华饮食文化的传承、发扬和繁荣。

带着弘扬中国美食文化的使命，2018年6月，陆春凤参加了国务院侨办的"中餐繁荣"计划，代表上海赴英国和爱尔兰举办"中国海派美食品鉴活动"，积极推广海派美食文化和人文交流。然而，刚刚抵达爱尔兰，却发生了一个意想不到的变化。参加第二天晚宴的人数由原先的80人突然增加到200人，而陆春凤的团队只有3名厨师。陆春凤说，这个变化实在太大，这么多人的食材，他们都是没有提前准备的。而且菜单是定好的，如何让食材从80个人变到200个人的量，其实还是很考验他们的。

有着几十年国宴接待经验的陆春凤认为，只有因地制宜才能有解决办法，她想到把其他食材加入原本的馅心里，把馅心的量最大化。然后，她决定调整原本点心的造型，并且把皮做得更薄。

国宴点心除了要美味可口，装盘艺术也大有学问，讲究味蕾和视觉上的双重享受。陆春凤在瑞金洲际酒店工作的时候，有个外号叫"采花大盗"。原来，她休息时就喜欢在这座充满着历史文化气息的酒店里钻研一花一草，陆春凤的点心摆盘风格深受平时对大自然的观察影响，她的装饰植物都采自酒店里的植物。面对食材的缺乏，陆春凤想到了用花草来装点餐具。

陆春凤认为，眼睛里看到的小景，其实就能放到餐盘上。整体的造型，色彩的搭配，都能体现在所有的装盘艺术上的。于是陆春凤的甜点由最初的花朵、树叶、小草的点缀，到后来的盆景式的呈现，一道甜点一盆盆景，让食客在品尝美味的同时，也受到美的熏陶。

陆春凤盆景式的甜点，赢得了所有宾客的高度赞誉，也为此次海外推广画上了一个圆满的句号。回到中国后，陆春凤络绎不绝地受到海外邀请，希望她能去其他国家开展中点美食交流活动。

这天，陆春凤来到自己的母校，给来自文莱的外宾讲授如何制作小笼包。而她现在最大的愿望，除了能让更多的国际友人了解中式点心外，还希望把自己从师傅龚惠英身上学到的技艺，传承给她的徒弟们。

工作的繁忙让陆春凤多年来只有一次和家人团聚过年，她的女儿更是由外公外婆照顾带大，她感到对家人充满着愧疚。陆春凤的父亲说，陆春凤平时大大咧咧，却是一个很好的女儿，只是平时跟家里人接触太少，回家吃饭的次数也很少，逢年过节想吃个团圆饭，是件很困难的事情。

他相信自己就是李侠

　　和陆春凤一样，王佳俊也接到了更加艰巨的任务。2019年是中华人民共和国成立70周年，也是上海解放70周年。上海作为一座红色城市，为共和国的建立作出了巨大的贡献。为了纪念这个重要的历史时刻，上海歌舞团决定推出舞剧《永不消逝的电波》，而男主角定的是王佳俊。

　　中国人民解放军八一电影制片厂在1958年摄制的电影《永不消逝的电波》成为中国的银幕经典，孙道临扮演的中共党员李侠的形象深入人心。重拍经典作品，这本来就是极大的挑战，更何况要让现在的年轻观众产生共鸣更是难上加难。

　　舞剧《永不消逝的电波》以主人公李侠的故事展开，有许多是独舞，而独舞恰恰又是王佳俊的弱项。王佳俊说，独舞部分不能只达到及格线的水准，一定要让观众觉得流畅，并且能从中感受到一些精彩的亮点。

　　上海歌舞团独舞演员毕然回忆说，王佳俊刚开始并没怎么进入状态，所以看他琢磨的时候也挺痛苦，他一直在角落里想戏，一直在练。如果某段时间没有见到他，那么在下一阶段再见到他的时候，眼前就会一亮，因为从他的表演可以看出他下了很大功夫。

上海歌剧团舞剧
《永不消逝的电波》

　　王佳俊在剧中有大量的舞段——独舞、双人舞、三人舞、群舞，每天13个小时的排练，长达100多天，很多演员都是带伤训练的。对于王佳俊们来说，不只是体力上的透支，更要把握好每个角色的灵魂和表演风格。在他们面前，有一座座山需要去翻越。

　　王佳俊渐渐悟到了舞蹈的奥秘，他认为，舞蹈演员的职业寿命并不长，因为身体的衰弱是没有办法避免的，这是自然规律。因此，他希望通过自己的努力加强对人物的表演塑造，锻炼在舞台上的掌控力、渲染张力来延长自己的艺术生命。

　　为了更深入地了解主人公李侠的内心世界，王佳俊一次次走访人物原型李白的故居，买来大量谍战书籍钻研。渐渐地，他开始认识李侠、明白李侠，甚至在舞台上的那一刻，他相信自己就是李侠。朱洁静回忆说，这么多年来，她从没看过王佳俊在练功房里掉过眼泪，但是在排这部剧的过程中，看到他掉眼泪了，是被剧情打动了。在他掉眼泪的那一刻，相信他已经真正进入了角色。

　　《永不消逝的电波》首演当晚，老中青各个年龄层的观众前来观看，其间观众们看到感动处潸然泪下。上海歌舞团的年轻艺术家们，用新的海派舞蹈艺术，生动诠释了发生在这座城市里70多年前的英雄故事。

王佳俊阅读原著了
解主人公李侠内心

妙手打磨 | 蓝金康　徐培成

本篇人物

蓝金康　上海市眼镜配镜验光专家
徐培成　上海市口腔美容专家

播音界疯传的妙手牙医

　　每天清晨6点，在徐汇区的一家室内游泳馆，徐培成开始了他每天的早间锻炼运动，几十年如一日，雷打不动。徐培成是上海市口腔美容专家，也是全国劳动模范。他的单位在寸土寸金的徐家汇，在上海市徐汇区牙病防治所里，他的办公室狭小而拥挤。但他似乎对艰苦的工作环境都不太在意，几十年如一日潜心打磨着自己，执着而专注，终成大家。

　　国庆前夕，徐培成专门邀请上海市著名电视节目主持人曹可凡来诊所进行每十年一阶段的牙齿复查，同时了解十多位全国电视节目主持人牙齿修复、矫正后的恢复情况。

　　1995年，饱受牙齿病痛困扰的曹可凡，经华山医院一名老医生的推荐，慕名来到徐培成的诊室。由于曹可凡本身就是医学院毕业，所以对牙齿修复的意见既专业又苛刻。徐培成经过认真检查，认为曹可凡职业特殊，与一般的牙齿功能修复不同，他的口腔修复不仅要解除病痛，还要考虑不影响发音，更要加入美学的元素。

　　据徐培成介绍，每个病人的口腔情况不同，在治疗中，牙医还要针对病人的脸型、职业习惯等方方面面的因素，综合考虑再定方案。

由于曹可凡几乎每天都要录制节目，没有太多的时间配合检查和修复治疗。徐培成经过反复试验，决定把刚刚兴起的数字化技术引入口腔治疗，利用电脑二维成型图像，取代繁琐的人工检查和制作，既提高了效率，又减少了患者反复跑医院的麻烦。仅仅用了三天时间，就解决了困扰曹可凡十多年的牙疾。

曹可凡回忆："徐培成当时就像一个大师，拿着一个小榔头，一个小锤子，在我的牙齿边上左敲敲，右敲敲，来回敲了几下，然后好像不费吹灰之力，在笑谈之中一下就把牙齿拔掉了，你甚至不觉得有任何的疼痛。"

既根除了牙疾，又美化了牙齿，还不影响发音，曹可凡的这次治疗简直成了徐汇牙防所和徐培成的活广告。一时间全国各地的主持人纷至沓来，徐培成也没想到，几乎在一夜间，自己成了这些播音主持界"大腕"的口腔专职保健医生。

徐培成谦虚地说："我医治牙病的故事被传来传去，尤其是在播音主持界，他们对牙齿的要求比较高，对我提出过很多问题，我回去就要钻研，这对我的工作来说，也是一种促进。"

小镜片里的大学问

当许多人还沉浸在甜蜜的梦乡中时，蓝金康已经来到地处黄浦区的人民公园进行晨练，一年365天，天天如此，从未间断过。

蓝金康是上海市赫赫有名的眼镜配镜验光专家，和徐培成一样，他也是全国劳动模范。徐培成和蓝金康，同是热爱锻炼，不过两人个性迥异。徐培成幽默风趣，蓝金康儒雅谦和。如果说徐培成能给人们健康的口腔和牙齿，让他们用嘴更好地品味人生百味，那么蓝金康的职业就是让人们用眼睛更好地去观察世界。蓝金康的工作单位在热闹繁华的南京路茂昌眼镜行，工作环境局限在不到10平方米的验光室。`

当徐培成为沪上著名主持人曹可凡进行复查时，几乎在同一时间，茂昌眼镜的高级验光技师蓝金康也把90岁的著名指挥家曹鹏接到眼镜行进行复查。也是在10年前，深受眼疾困扰的曹鹏慕名找到蓝金康，希望能配一副多功能眼镜。

曹鹏说他的情况很特殊，他要配三副眼镜，改谱、写谱、检查谱子都要用到不同的眼镜，换来换去非常麻烦。排练的时候，因为既要看近又要看远，所以他就得再用另一副眼镜。

蓝金康认真地对曹鹏的眼睛进行了验光检查，根据曹老眼睛的状况，配制出了一副适合散光、近视和老花的多功能渐进片眼镜。同样仅用了三天时间，就解决了困扰曹老十多年的眼镜问题，这让曹鹏和他的家人感慨不已。

曹鹏的女儿说，如果你不知道什么最好，你也不会觉得哪个最差。主要是有对比，所以以前父亲觉得自己配的眼镜也不错，但是自从找蓝师傅配了眼镜，才会有戴上眼镜后舒服、清楚的感觉。

曹老佩戴的多功能渐进多焦镜，是蓝金康在国外多功能渐进片眼镜的基础上改良、创新的产品。

20世纪90年代的中国，正经历着巨大的变革，国有企业的改革改制同样冲击着蓝金康所在的企业。几乎在一夜之间，上海市的四五十家眼镜企业只剩下为数不多的几家。市场的开放让国人眼界大开，对配镜的要求已从过去简单的能看清楚，变得开始注意美观和功能性。

百联集团的工会副主席李书鸿说，渐近多焦片，相对于原先的单焦的眼镜片优势很大，让人们实现了一镜走天下的愿望。然而引进渐进多焦片，还是引发了一些内部人员的质疑，他们认为原先需要配两副眼镜的人，现在配一副就行了，这是在自己降低自己的市场份额。

虽然备受争议，1993年，茂昌还是基于发展趋势，顶住了巨大压力，在全国率先引进了集近视、散光、老花于一体的渐进片。而就是这样一块昂贵的镜片，在引进初期，不仅没有获得预期的效果，反而造成了产品的滞销。

据蓝金康介绍，渐进片在一副镜片里面，上面三分之一是看远，中间是一个过渡的部分，最底下是看近。但是戴上这副眼镜，会产生头晕的感觉。

蓝金康用加减薄棱镜的方法，指导技术人员对进口镜片进行改良。当厚薄进行过调整的渐进片再次推向市场的时候，根本上解决了这种进口镜片存在的先天不足，也彻底解决了中老年人出门得带两三副眼镜的问题。产品一经推出就备受市场欢迎，其销售收入占当期营业收入的比例，从以前的不到0.1%升至30%。

书法家王讯谟回忆，自己在济南工作的时候，看到一些老同志一会儿就要换一副眼镜，非常麻烦，他认为眼镜就应该只配一副，这样一副眼镜能帮人们解决眼睛的所有问题。老同志们很好奇，问他哪里有这种眼镜，他说在上海有一位技术非常好的验光师，可以配出这样的眼镜。后来，经过王讯谟介绍的老同志，每个人都在蓝师傅那里配了眼镜，从此以后，老同志们出门不用再带两三副眼镜了，他们都感叹蓝师傅技术确实厉害。

一件事和一本书

对于已是全国著名口腔修复专家的徐培成来说，真正促使他走上口腔修复这条路，并在数十年的职业生涯中不断完善和磨炼自己的，却是他年轻时的一件事和一本书。

1977年，徐培成以优异的成绩从卫校毕业被分配到徐汇区牙病防治所，其实刚开始徐培成并不热爱自己的职业，他说每天看着各种各样溃烂的牙龈，闻着从患者嘴里喷出的各种气味，连食欲都没了。

徐培成说："对于口腔保健，我们传统上的观念还是比较落后的，很多人认为其他脏器比牙齿更重要。那个时候没人愿意做口腔医生，学医的要么学西医要么学中医，口

工作中的徐培成

腔医学好像是冷门。"

　　然而，一个寒冷冬天的深夜，徐培成办完事后途经单位，发现许多人为了给自己的孩子和老人看牙，带着铺盖卷到牙防所连夜排队，队伍从牙防所院内一直排到了马路上。徐培成震撼之余感到的是惭愧。

　　当时的场景历历在目，徐培成感受到医疗资源的紧张。病人都要被编号，他们得提前预约，经历漫长等待后才能过来接受牙齿矫正。

　　20世纪70年代，各种新科技的应用，使世界口腔医学得到了飞速发展。然而，国内的口腔矫正依然停留在手工作业上。青少年佩戴的是需要反复摘取的活动矫正器，这种像假牙一样的东西，经常会出现矫正偏差，导致牙齿矫正的失败。徐培成心想，既然决定要干，就一定要干好，干出名堂。

　　据徐培成介绍，七八十年代，国内关于口腔医学的资料确实比较少，一些专业的知识，只能去国外的教科书里查阅。他的英文还可以，就自己买书翻译资料，70年代的时候曾买一本书花了73元，相当于几个月工资，为了这件事他和父母吵了几个月。

　　知识改变命运，知识创造价值。1981年，徐培成经过反复试验，在充分利用国外矫正器原理的基础上，推出徐汇区牙防所里第一台牙齿固定矫正器，结果比预想中还要成功。

　　徐培成回忆说，当时有一个15岁的病人，第一次给他装固定矫正器时他并不相信，经过一段时间的治疗有了好转，便介绍他的同学也去做，结果都得到治愈。

"磨"出来的功夫

　　蓝金康十分珍惜自己的工作。1973年，蓝金康与众多经历过那个时代的青年学生一样，经历了"上山下乡"的困苦磨炼。在安徽天长县的七年知青岁月，让蓝金康变得腼腆却坚强。1979年返城后，蓝金康怀着那个时期青年人特有的激情，参加了有关部门组织的招工考试，并被分配到了茂昌眼镜店，跟着老师傅吃起了"磨镜片"的"萝卜干饭"。

　　蓝金康带我们参观加工镜片的模具，并向我们介绍老式磨镜工艺。他告诉我们，镜片的两个面一面是凸出来的，一面是凹进去的，磨镜时就要用到

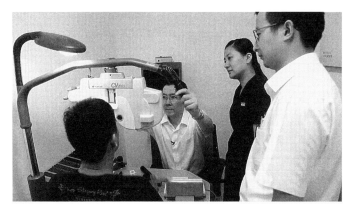

验光室里工作中的
蓝金康

两个不同的模具，一凹一凸的两个磨具搭配起来使用，就能加工出不同的镜片度数。磨镜的机器，从原理设计到现在大概已经有三百年历史了。师傅带徒弟，徒弟再带徒弟，就这样把老式磨镜工艺传了下去。

创建于1923年的上海茂昌眼镜公司，目前是国内唯一一家拥有自主生产车间的眼镜销售商。在当时，三百多人的公司里，就有一百多人从事打磨镜片的工作。一天工作八小时，一天做十副眼镜，他们虽是技术工种，做的却实在是枯燥又累人的活儿。而对于蓝金康来说，"打磨工"的日子已然比在农村当知青的日子好多了，在镜片的打磨声中，蓝金康踏踏实实干了三年，打下了扎实的光学基础。

1982年，蓝金康获得了上海市百货行业内举办的眼镜磨片工技能大赛的第一名，这对蓝金康来说，至关重要，它让蓝金康恢复了自信，认识了自己的价值。此后，上夜校、拜师傅，从镜片打磨到眼睛验光，蓝金康把整个配镜流程搞了个清清楚楚、明明白白。茂昌也开始注意到这个勤学好问、技术过硬的年轻人。三年后，他被调到了配镜的关键部门做了验光师。

验光是配眼镜过程中的第一步，因为后面的镜片加工要根据验光师验出来的数据来进行，假如这个数据错了，镜片加工得再好也没有用。

能从车间磨片调到门市验光，许多人都十分羡慕蓝金康，但他们不知道，验光的要求远比磨片要高得多。80年代，因为技术高超，上海眼镜行业四十家左右的门店承担了江浙沪地区80%以上的镜片加工。一些高难度的加工和验光，几乎都集中在茂昌。

蓝金康回忆，那时候上海的验光师很少，总共只有约四五十人，平均每个验光师一天就要验六七十人，碰到假期尤其是寒暑假的时候，一般一天要验一百多人。南京东路上的验光队伍，从茂昌眼镜店门口一直排到第一百货商店。

坐在不足10平方米的验光室里，蓝金康不厌其烦地接待一位又一位顾客，像医生积累临床案例一样，孜孜不倦地在实践中打磨自己的技术。

求取"真经"引技术

而此时的牙医徐培成，却并没有在已相当有水准的固定矫正器上停滞不前。徐培成向单位请了长假，收拾行李，自掏腰包到当时口腔矫正处于世界领先水平的日本求学。

徐培成说当时他在东京求学，看到牙科诊所里有烤瓷牙，非常精细、美观。他想到上海那个时候虽然也有牙科诊所，但是口腔矫正水平方面还是比较落后。

80年代末，烤瓷牙在日本已被广泛应用于临床。烤瓷牙是一种理想的牙齿磨损、坏死、缺失修复体，不仅具有金属的高强度和瓷的美观性，且外观逼真，表面光滑，耐磨性强，属于永久性修复体。这种牙科修复新技术让徐培成激动万分，他第一反应便是要将这一技术学到手，引入国内。在长达三年的留学生涯中，徐培成几乎将业余时间全部泡在了日本著名的几家牙齿修复诊所里。当他学成回国时，那些备受留学生推崇的日本酒吧、娱乐场所在哪里，他不知道，但他却把烤瓷牙的精华技术，带回了上海。

徐培成说，牙医治牙不用开处方，而需要动手操作，动手操作是精细活，要细致，要不厌其烦地反复练习，要对它热爱。

在融会贯通日本烤瓷牙制作技术的基础上，徐培成还将X线投影测量分析应用于烤瓷美容修复中，他发明的不拔牙、不戴矫正器、截取歪牙、保留牙根、再镶装烤瓷牙的嫁接式矫正方法，目前成为国内牙科医院的标准。而徐培成用这一技术很好地解决了奚美娟、潘虹等影视明星因角色而需要的牙齿矫正等问题，被医学和影视界传为佳话。

享有"艺术常青树"美誉的奚美娟，从艺三十多年，出演过许多话剧及影视作品，在2014年与孙俪、张译等新生代演员合作的《辣妈正传》中，奚美娟精湛的演技给年轻观众留下了深刻的印象，成为90后、00后热捧的"大妈级"演员。

奚美娟在采访中说，有一次她在北京开会，有一颗牙牙根发炎，完全是凭意志在坚持着。俗话说，牙疼不是病，疼起来要人命。在业内以谦和、敬业著称的奚美娟，一直饱受牙疾的困扰。为了不影响工作进度，也为了不给别人添麻烦，奚美娟经常忍痛工作。她的敬业精神在感染工作伙伴的同时，也感动了徐培成。在朋友处得知奚美娟的情况后，徐培成决定主动为她解决牙病困扰。

徐培成回忆，当时奚美娟的牙齿正好在发炎，还在疼痛，一般这个时候不能装牙，但是他们觉得奚老师平时那么忙，一定要抓紧给她治疗。但是此时治疗技术上有难度，可他们有团队精神，于是一起一边治疗，一边给她装上了烤瓷牙。

奚美娟评价徐培成："我觉得他身上有一种特别耐心和细致的职业精神，让你觉得你特别信任这个人，而我们现在的社会，可能缺少这种工匠精神，也很呼唤这样的精神。"

小细节赢得大口碑

蓝金康的徒弟黄莹珏说，师父很注重细节，一般的散光轴位是5度一档，蓝金康会根据每个顾客不同的需求，调成2度一档。一般验光度数都是25度一档，蓝金康也会根据每个顾客的眼睛对度数的敏感度不一样，调整成12度一档。

一位孩子的妈妈专门从七宝赶来陪儿子配眼镜。采访中她说，蓝金康是茂昌眼镜店的一块招牌，不少人都是慕名而来的。上周她认识的三四个孩子，都是在这里配的眼镜，孩子的同学，也全都是找蓝师傅配的眼镜。

　　蓝金康从事的验光工作，在国外叫眼视光学，是需要在完成了眼科学课程后再攻读数年视光学理论才能最终进行独立操作。验光师在专业知识和技术含量上都远高于普通的眼科医生，而在国内该领域仍属空白。

　　高超的技艺，让蓝金康成为全国众多眼科专家的眼疾辅助治疗的不二人选。

　　蓝金康的顾客路乐回忆说，大概是七八年前，突然有一阶段他的眼睛不太舒服，不能比较持久地看电脑电视，这样的症状会影响到平时的工作学习。当时只有26岁的路乐，严重时连下楼梯都得小心翼翼，更别提像同龄人一样去工作。为了治好眼睛，家人陪同路乐辗转在北京、上海的各大眼科医院，试过了许多种方法，症状却丝毫没有得到缓解。于是，小乐被多位眼科专家推荐到了蓝金康这里做辅助治疗。说实在的，路乐其实最初并没有抱太大希望，但是当蓝金康耐心为他做测试和分析，反复为他调整镜架的时候，他对这个文雅沉静的验光师萌生了信任。路乐说，他是我配眼镜到现在，见到的工作最认真的验光师，整个验光配镜持续了七八个小时。

至精至美至善的追求者

　　精益求精、追求极致、创新超越是上海工匠的共同特质，徐培成更是如此。作为医生，他的医技可以用精湛来概括，他镶的牙齿可以用极致来形容。然而，他并不满足。创新超越成了他的下一个目标，为了实现这个目标，徐培成又多了一个爱好——陶艺。

　　徐培成在双休日又一次驱车来到地处松江大学城的陶瓷工作室，徐培成与这里的师傅一起烧瓷，一起交流，了解陶瓷的性能和强度。一年52个周末，他有一多半是在这里度过的。

　　窑主祁和亮说，徐培成曾在工作室参与陶瓷的全程制作，包括淘泥、摞泥、拉坯、上釉、烧窑等。他最关心的问题，就是陶瓷牙经过高温煅烧后在口腔的长久性，比如它的稳固性能、摩擦性能、损耗程度等。

　　徐培成说，他做的是烤瓷牙，师傅们做的是陶瓷，制作陶瓷是一种工艺美学，而修复烤瓷牙离不开医学美学，因此，做陶瓷和修复烤瓷牙，两者也有相通的地方，如果能结合起来，就更能提高治疗的层次。

无论是徐培成，还是蓝金康，由于精湛绝伦的技艺，他们都拥有一大批明星、富商的顾客或朋友，但他们从来没有轻视或者拒绝过普通顾客的需求。用那个年代流行的话来说就是：他们始终把百姓的疾苦放在心上，把为人民服务的宗旨嵌在心底。

在蓝金康不厌其烦地为一个又一个普通患者验光配镜时，徐培成将爱心的触角延伸到了公益慈善活动。

2012年，徐培成在一次活动中了解到地处江西黎川贫困山区的孩子，于受水质、饮食等多种因素的影响，许多孩子从小满口的牙都坏掉了。加之家庭贫困根本无钱治疗，孩子们长期遭受牙疾痛苦的折磨。

徐培成说，城市中的孩子得到了比较优越的保健，但革命老区的儿童缺医少药，他们心里非常难受，所以获知这一消息以后决定上门为他们服务。

一个月后他便与牙防所的十多名医生踏上了援助之路。一路上，大家克服水土不服、饮食不习惯等困难，走进江西黎川的大山深处，为当地少年儿童免费补牙，并开展了预防牙病的科普活动。

徐培成说："我们一方面，是给他们治疗牙齿，重点还

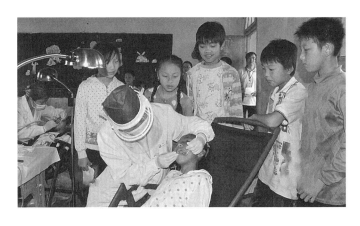

徐培成为山区孩子们公益治牙

要宣传，因为我们走了以后，假如他们没有预防知识，还会犯龋齿。所以我们要关口前移，一定要把宣传工作做好。我们也是宣传队，是播种机。"

徐培成和同事们在江西山区的善举，通过口耳相传、媒体报道，引起了社会各界的广泛关注，许多人向江西黎川的牙疾孩子捐款捐物，希望他们早日走出病痛的阴霾，恢复孩子天真烂漫的笑容。后来，此类公益项目坚持每年开展，受益青少年超过三千多人次。

宝剑锋从磨砺出，梅花香自苦寒来。蓝金康和徐培成三十余年来打磨技术，不断前行，为心灵之窗和美丽笑容保驾护航。

锤炼精准 | 楼宇峰　张　彦

本篇人物

楼宇峰　上海造币有限公司高级手雕技师

张　彦　上海盛东国际集装箱码头有限公司桥吊驾驶员

伴随黎明的曙光出门，踩着夜晚的灯影回家。楼宇峰和张彦同许多上班族一样，都以这样最普通的方式开始了他们一天的工作。虽然身居不同行业，但是他们事业的起点都在这黄浦江畔。

方寸铜币大显乾坤

楼宇峰是上海造币有限公司的一名手雕工程师，每天开始工作前，他都要仔细检查当天所要用到的每一件工具，在他眼里，这些工具就如同他一起工作的老伙计，掂一掂、看一看、磨一磨它们，不用言语就能共事。

2015年9月2日上午，中共中央总书记、国家主席、中央军委主席习近平在北京人民大会堂向30名抗战老战士老同志、抗战将领、帮助和支持中国抗战的国际友人或其遗属代表颁发中国人民抗日战争胜利70周年纪念章并发表重要讲话。作为系列纪念活动之一，上海造币有限公司首席手雕工艺师楼宇峰和十多位同事一起精心设计制作了"东方主战场"纪念铜章，为纪念中国人民抗日战争暨世界反法西斯战争胜利70周年送上了一份厚礼。

据楼宇峰介绍，铜章很小，图案花纹也很精细，上面要刻二十几个人物。

手雕师楼宇峰在放
大镜下雕刻铜章

铜章经机雕出来后，人物的鼻子眼睛不会太清楚，因此需要
再经过手雕在放大镜下制作而成，最后达到的效果，至少得
看清第一排人物的眼睛鼻子，并在相貌上能还原真实人物。

从图纸上的设计、修改，再到机器模具的打压、调
整，楼宇峰和他的团队投入了巨大的精力与热情。繁复图
案的渐变、不同字体的凸显、精细花纹的错落，每一道工
序、每一处细节，都体现着手工雕刻技艺的最高水准。任
务重，工期紧，为了能够赶上参加这次纪念活动，楼宇峰
几乎把所有的时间都留在了工艺车间里。

楼宇峰的妻子感慨："大多数人都有双休日，可他只有
一天时间休息，平时晚上还要加班。女儿怀孕，体检时希

精美的纪念铜章

望父母陪着一起，但是他没有时间。女儿想他了过来看他，他又总不在。"

就这样，楼宇峰和他的团队在不到五个月的时间里，完成了别人至少需要一年才能完成的工作。这套纪念铜章以其大气的设计、精美的工艺，把中国人民不屈不挠、前仆后继的民族精神完美地展现了出来，也让手雕这门古老的技艺，再次走到公众面前，受到社会的关注与好评。

醉心手雕的艰辛学艺人

时光回溯到20世纪70年代，刚进入这个行业的楼宇峰，还远没有如今这般从容。1978年，18岁的楼宇峰考入上海造币厂技校，拜第三代雕刻传人龚宜亭为师，就在这面积不到一百平方米的车间里开始了他的艺术创作之路。在传统手工艺这个沿袭了几千年的行当里，师徒间的口口相传成为唯一的学习方式。

据楼宇峰回忆，当时他觉得自己入行很难，没有美术基础的他还要学习美术知识。他记得那时候画荷花，自己会先去荷塘边看一下，让脑海中形成荷花的立体形象。因为他发现先观察实物再去画，思路会更清楚。他认为有些知识要主动学，这才是关键，自己不学，师父教得再多也没有用。

上海造币厂始建于1920年，是当时中国最现代化的造币企业，到了20世纪80年代初，造币厂与所有国有企业一样经历了改革的阵痛。打开大门的中国市场如潘多拉魔盒，吸引着众多国外投资者的同时，也让许多渴望过上好日子的国企职工从原来四平八稳的工作中挣脱出来，投入到市场的怀抱。人才流失相当严重，上海造币厂也未能幸免。为了培养自己的后备人才，上海造币厂开始从企业内部公开招聘手工雕刻人员。

上海造币有限公司副总经理唐桦说："十几年前，我们企业从内部招聘了一批有意从事手雕工作的人员，我们也开展了各方面的培训，经过半年时间，不适合长期做手雕工作的人逐渐被淘汰出去，到后面人越来越少，但留下的都是精华。"

手工雕刻作品讲求形神兼备，手雕技师要达到这样的艺术高度，钻劲与韧劲缺一不可。年轻的楼宇峰生性活泼好动，但为了磨炼自己的性子，他抓紧一切可以利用的时间边学边练。午休时间，大家都在聊天、午睡，车间里他独自拿着师父的作品细细揣摩；下班后，工作台前是他孤独的背影，昏暗的灯光与他相伴。金属的光泽刺痛着他的双眼，僵硬的脖子甚至让他无法站立。

楼宇峰想起那段时光，当时买不到合适的模具，模具都要自己去做，锉刀被打成细细的一条条、一段段，打好了他们再去做模具。锉一个模具，有时就要损耗几百把锉刀。

征服高空的桥吊司机

外高桥码头，船来船往，汽笛长鸣。

张彦是上海盛东国际集装箱码头有限公司的一名桥吊司机。他每天出门很早，天还没有亮就赶到小区门口，坐单位的班车去上班。从家到单位，行程一百多公里，历时一个半小时。

正当楼宇峰还在艺术的世界里冥思苦想的时候，远在黄浦江边的海滨七村，张彦却刚刚伴随着这样的汽笛声降临人间。繁忙的货运码头，高大的装卸设备，穿梭的集装箱车辆，都在张彦的心里种下了成为海港人的种子。2004年，追逐着父亲曾经的梦想，张彦进入上海港外高桥码头，学习轮胎吊的操作，开启了他的港口之梦。

张彦说，被选中去做桥吊司机前，他也是满怀信心想

桥吊司机张彦

要去学习和尝试的。以前他当的是轮胎吊司机，作业高度只有18米，而桥吊有40多米，巨大的高度差，让他在视觉上难免有些不适应。

2005年底，洋山港规模化应用的"双起升双40英尺桥吊"，是当今世界上最先进的集装箱装卸机械，由于负载重、起吊难度高，一般的驾驶员很难驾驭这台庞然大物。而让张彦不适应的，除了轮胎吊和桥吊的高度差，还有自己的状态。一开始，在学习桥吊的同期学徒中，他成了学习进度最慢、成绩最差的那个。

据张彦回忆："那时起，每次上班哪怕知道自己没有机会碰车，也会坚持坐在师傅或优秀同事身边，观察他们的桥吊操作方式，自己一有机会就去练，然后对比和他们的差距，从中慢慢汲取经验。花了那么长时间、那么多精力之后，逐渐把之前落下的进度给补上了，甚至超越了别人。"

为了锻炼在40多米高空的目测能力，张彦几乎将班组里所有优秀司机的操作方式都观察了十多遍，相互比较和印证、取长补短。而每天下班回家后，他都会在脑海中反复回放当天上班时所看、所听、所想，寻找自身不足，在下一次操练时加以改进，这样的习惯仍保留至今。

张彦的父母心疼地说，孩子的工作是早班晚班轮着翻的，回到家后也很辛苦，有时候休息日还要去加班。日子久了也有了职业病，有时回到家腰酸背痛不舒服了就会去拔罐，拔罐后满背都是印记。

功夫不负有心人，到学徒结束阶段的考核时，张彦成为同期学员里最优秀的一个。

据张彦介绍，桥吊操作环节中的关键，一个是控制小车前后移动，另一个就是控制吊手，即控制吊具上下、起升从而选择摆放集装箱的位置。整个过程需要左右手相互配合、相互协调，达到整个行程的相对完美、精细。他说，工作这些年，针对整个操作流程中不同的步骤，他总结出了一套公司现在应用的操作方法，他也称之为操作七要领，即：稳、准、轻、活、慢、细、快。

中西合璧精益求精

如果说张彦在洋山港的工作需要的是精准和快速，那么楼宇峰所从事的手工雕刻却是精雕出细活，他们所离不开的，都是对手里所掌握的这门技艺的精益求精。

中国钱币文化源远流长，历史上主要采用浇铸的工艺铸币。从清朝起，随着西方银元的大量涌入，用机器压制钱币的工艺也开始传入中国，模具的制作就是其中非常重要的一个环节。而所谓手工雕刻模具，就是由雕刻技师使用雕刻工具直接在钢模上雕刻出钱币的图案和文字等制作而成的模具。

据楼宇峰介绍，当时他们的产品模具就是由手雕技师刻出来的，产量非常低，而且那些产品模具都是靠榔头打出来的，叫"打字模"，打到后来模具糊掉了，就得重新刻一个模具，新的模具和旧的模具会有区别。再高明的技师，也会遇到这同样的问题。

在欧洲，手工雕刻的主要工具是刀子，传入中国以后，中国技师在融会贯通中西方不同雕刻方法的基础上，逐渐形成了以凿子为工具的独具特色的雕刻手法。楼宇峰虽然师从龚宜亭学习的是民间雕刻手法，但是他们已经开始把西洋雕刻与中国民间雕刻加以融通，利用各自的特点，根据不同的创作主题灵活运用，取得了很好的效果。

楼宇峰说，西洋雕刻流派的特点主要是细腻，浮雕深度很浅很薄，而中国民间流传的技法是粗犷的。雕刻中都是先把轮廓深度全部定好，通过热处理淬火之后，翻到阳模，用刀子慢慢修整，效果相当好。雕塑一件产品，一般情况下分四步：第一步是落样，第二步是分层次，第三步是精心雕刻，第四步是整体调整。四个步骤循序渐进，讲求精益求精。根据图稿，可以判断刻的东西是否走样、是否与设计想法匹配。越薄的花纹越难刻，要想表现出立体感就越难。比如要刻一根线，一般都需要花半个小时以上。有时，刻出一件好作品，需要几年。

1994年，楼宇峰独自开始了"宋人画选铜章第二组"《出水芙蓉图》的创作。如何把平面的画作转换成有质感的立体铜章，这对缺乏美术功底的楼宇峰来说，是一个巨大的考验。荷花的花瓣该如何凸显，荷叶的茎脉又如何展示，这都是楼宇峰需要解决的一个个难题。除了发挥自己的想象力，他还经常出入公园荷塘，近距离观察荷叶、荷花的各种姿态，一待往往就是一天，有时甚至茶饭不思。这样的状态，他保持了近八个月的时间。最终，《出水芙蓉图》以其大气的设计、精巧的雕刻，把西洋雕刻和中国民间雕刻进行了完美整合，逼真地演绎出宋人画选的意境，成为他个人的巅

峰之作，也把"宋人画选系列铜章"的创作推向了一个
高潮。

《手雕的传承》的作者曾成沪说，楼宇峰用的雕刻手
法是写实的、细腻的。铜章中衬在荷花后面的荷叶是深色
的，原作也是如此。铜章整体画面、色彩、风格都相当接
近于原作，几乎看不出手雕的痕迹。五十多岁的楼宇峰，
他的水平基本达到了手雕技艺的顶尖水准。

把桥吊开到极致

1843年，上海口岸开埠通商，成为近代中国最早对外
开放的国际贸易口岸之一。百年老港，风雨沧桑，如今的
上海港已经实现了从黄浦江挺进长江，再从长江迈向东海
的历史性跨越。

2005年12月10日，洋山深水港区一期工程建成投产，
洋山保税港区同时启用，标志着上海国际航运中心建设取
得重要的阶段性成果。也就是在这个时候，张彦从外高桥
保税区调入洋山深水港区，成为这里操作"双起升双40英
尺桥吊"的第一代技师。

2007年5月18日的晚上，一艘名叫"中海泽布勒赫"
的当时世界上最大的集装箱轮船靠泊到了张彦所在港口。

张彦的荣誉证书

这艘船能够一次性装载9 500多个集装箱。当时的张彦刚上桥吊工作还不到两年，他和同事一起接受挑战，经过7个半小时的作业，顺利地完成了5 182个自然箱的装卸，平均每小时装卸690个集装箱。正是这次作业，打破了之前每小时装卸545个集装箱的单艘船舶装卸世界最快纪录。

张彦介绍，桥吊操作过程中会受到诸如天气等外界因素的影响。每一关作业，每一个集装箱的起吊，都得考虑好小车如何运行、集装箱的起降、着箱落位各个节点等问题，这样才能够把每个细节做得比较精细、精致。

这一次，张彦以每小时97个集装箱的装卸效率一举刷新了当时每小时80箱的世界纪录，而平时一名普通桥吊司机的作业效率是每小时装卸30至35箱。

张彦谦虚地认为，对于一名普通一线的工作人员来说，不管从事什么样的岗位，更多要靠平时的用心，去把自己工作中的细节、要点做实、做细了，不断地总结提高自己的能力。

功夫在手上，责任在心里。张彦所操作的"双起升双40英尺桥吊"自重就达到1 500吨，而他的操作空间只有3平方米，在工作时只能透过脚下的玻璃观察下方作业环境。为确保观察清楚集装箱和船舶的情况，他的身体必须始终保持向前倾斜60度的姿势，这一固定姿势正常倒班也要坚持4个小时。同时，他必须时刻保持高度集中的注意力，在40多米的高空精确控制设备将集装箱摆放到预定位置，误差不能超过一个拳头的大小。

一个寒冷的冬天，张彦所在的港口有一个突击任务要完成，不巧的是，他平时驾驶的设备出现了故障，唯一剩下的一台可以使用的设备驾驶室的空调还无法开启。

张彦回忆说，那天晚上他想尽办法把自己裹得厚实、暖和一点，然后坐在操作台上开桥吊。他的身体基本上是不动的，始终保持一个姿势。那天气温只有零度，没有空调，铁皮操作间里非常冷，一晚上下来，他的鼻子都快冻僵了，手也快冻僵了，又冷又累的滋味确实不好受。

就是在那样严酷的环境下，张彦坚持了整整12个小时，没有因为高强度的操作而遗漏一个集装箱。当结束一晚的工作，回到地面，张彦的双腿几乎已经无法站立了。正是这样的坚守，让张彦和同事们在4年的时间里7次打破个人和团体的集装箱装卸的世界纪录，而他个人在10年的工作中，没有发生一起责任事故。也就是在这10年时间里，上海港的集装箱吞吐量从2003年的1 000万标准箱，快速提升到2010年的2 907万标准箱，首次跃居世界第一，到了2011年，这个数据再次刷新为3 173万标准箱，上海港成为全球首个集装箱年吞吐量突破3 000万标准箱的港口。

创新工艺提效率

2011年，张彦和他的同事们成立了"张彦工作室"，2015年8月29日，由张彦工作室参与首创的双吊具边装边卸工艺规模化作业，在洋山港区成功实现。在世界上最大的3E级集装箱船舶"美腾·马士基"号的作业过程中，张彦和同事们仅用4台桥吊，在4个小时内共计作业双吊具边装边卸2 172标准箱。双吊具边装边卸的作业台时效率达到每小时135.75标准箱。

张彦介绍，通过每个岗位之间的协调配合，这一工艺缩短了作业时间，提高了效率。经测试，在同等箱量和工况下，双吊具边装边卸工艺比单纯的双吊具作业桥吊节能19.8%，大幅减少了桥吊、集卡等资源的投入，同时降低了船舶在港等待时间。

通过这个平台，张彦和公司内几名最优秀的桥吊操作能手组成辅导小组，开设劳模课堂，传技带徒，加强技能培训辅导。张彦带头组织司机开展技术攻关，总结提炼先进操作法，形成系统性的操作理念，编印成《张彦操作法》口袋书在员工手中推广。2014年，张彦劳模工作室被上海市总工会命名为"上海市劳模创新工作室"。张彦先后获得"上海市劳动模范""上海市五四青年奖章"等荣誉，2015年，他被评为"全国劳动模范"。

张彦的同事袁苗芬说："我觉得他是很神圣的一个人，也不愧是全国劳模。我发现我们公司的人才是一批一批出来的，数量不少！"

他的徒弟陶杰说："有一句话其实师父一直跟我们讲：开桥吊，首先要胆大心细。这句话虽然说起来简单，听起来容易，但做起来难！胆子要大，心思要缜密，这考验的是一个人的素质涵养。"

张彦认为，对于一线工人来说，更需要依托企业的发展平台、立足自己的岗位，不断通过自身的努力，去钻研、去学习、去提升自己的能力，这样才能在职业道路上走得更快、更好。

他说："我们生产团队就是一个整体，我们每个人发挥自己的力量，才能完成共同的生产任务。我从一些老师傅身上，学到了吃苦耐劳的精神，我们要传承延续他们的精神，这样我们整个行业才能有更好的发展。"

海滨六村张彦的家，孩子的嬉闹声不绝于耳，那是张彦在家陪女儿游戏。他说，现在大多数家庭都是独生子女，孩子一般都由家里的老人带，可是老人们确实会比较累，都那么大年纪了还要带孩子。所以，每次夜班回来他基本都睡不踏实，休息片刻待精神缓过来之后，他会主动去带女儿，帮自己的父母分担一些家里的事情。

张彦的妻子徐硃说，丈夫是一个勤劳本分又很负责的人。别的家庭丈夫上班如果累一点，下班回到家会尽可能去休息。但她的丈夫一般是稍微休息一会儿后，尽量地去陪女儿玩。而且女儿的事情，从小到大也都是她丈夫一手包办了。

在父母眼里，他永远是需要照顾的孩子；在妻子眼里，他是值得托付的丈夫；在女儿眼中，他就是顶天立地的男子汉。这是张彦的小家，一个温馨的港湾。每天，他就从这里出发，以坚定的步伐，迈向令他魂牵梦绕的洋山港区，那个承载他辉煌与荣誉、挥洒青春与热血的大家庭。

张彦说："从开港到现在，我们是伴随着港区的发展，慢慢成长起来的一辈，也很有幸地见证了它的从无到有。不管是面对多么困难的作业，不管面对什么样的环境，我都能够去接受它、去克服它，做好自己工作。这都是我这些年来的收获，所以我觉得十年青春在今天并没有什么可以后悔的。"

"老手艺"需要"新力量"

对于技艺的传承，楼宇峰似乎并没有张彦那么从容，相反，他还显得有一些忧虑。随着3D打印等先进技术的普及运用，手雕这门传统的技艺受到了越来越强烈的冲击。同时，社会发展的步伐越来越快，年轻人的心态受到越来越大的考验。

楼宇峰说，手雕是个很冷僻的行业，现代社会那么发达，知道它的人很少。美院毕业出来的人，有的看重名分、有的想要出名、有的想当艺术家，他们的想法都是很现实的，很少有人愿意做手雕师。

在造币行业，手雕这门技艺已经从台前走到了幕后，市场需求决定从业规模，目前上海造币有限公司从事专业手雕工艺的员工只有10人，而在全国范围内，这个数字不超过20人。后继人才乏力，同样考验着它的未来之路。

上海造币有限公司副总经理唐桦说，手雕师的培养得耐得住寂寞，可能起码是以10年为单位，才能够初步培养出一两个技术方面比较过关过硬的手雕师。单位里现在许多年龄偏大的手雕师，从事手雕工作基本都已经30年左右了。

2007年，"钱币生产中的手工雕刻技艺"分别被列入上海市和普陀区的非物质文化遗产名录，为这门传统技艺的传承与发展提供了新的契机。

目前，除了通过内部岗位竞聘活动挑选后备人才，上海造币有限公司还利用楼宇峰等富有经验的高级技师加以帮带传教，同时请来退休的高级技师和雕刻大师前来指导，希望年轻的技工能够得到快速成长。

楼宇峰说，一定要培养手雕方面的人才，把精湛的技术一代一代传下去，所以他的想法就是把他知道的、学到的全部传给下一代，不在他们那一代流失。倘若手工业消失，对国家真的是一个很大的损失，就像珍稀鸟类一样，某个品种一旦灭绝，就不会再有。

楼宇峰的徒弟王志昊说："我是厂里最新一批大学生里的一员，初来乍到其实是觉得有些苦，因为一些简单的动作可能要反复地做几百次、上千次，但是师父会循循善诱地指导我，让我把基本功打扎实。"徒弟王峻松说："希望通过自己的学习和努力，为我们这份职业和这个项目的传承尽自己的一份努力，让它发扬光大。"

方寸之间，刻刀流转，定格在时光刻度里的，不仅仅是这些美轮美奂的钱模币章，还有那荡漾在记忆深处的每一瞥温暖回眸。

楼宇峰说："我默默无闻地做了一辈子的手雕活，有的人理解，有的人不理解。到底干了那么多年，自己也很热爱这个工作，想想还有几年就要退休，真的有点舍不得。我的青春都托付给了手雕事业，我希望下一代能接替一些东西，千万别把这门古老的手艺丢掉。"

精益求精 | 陈勤泉　洪新华

本篇人物

陈勤泉　中国科学院上海光学精密机械研究所光学
　　　　精密环抛技工

洪新华　海派玉雕大师

2016年3月，国务院总理李克强在政府工作报告中提出，要"鼓励企业开展个性化定制、柔性化生产，培育精益求精的工匠精神，增品种、提品质、创品牌"。"工匠精神"首次被写入政府工作报告，一时间引发社会热议。从庄子"技进乎道"到魏源"技可进乎道，艺可通乎神"，他们所提到的"技"，指的就是工匠精神。

工匠精神体现在产品质量"从99%提高到99.99%"的过程中，它是认真、执着、精细、完美的代名词。正是一批批上海工匠精益求精、追求完美，让生产过程成为类似工艺品的雕琢过程，才铸就了上海制造辉煌的昨天、今天和明天。

为"神光"打造最强心脏

2015年2月，我国规模最大、国际上为数不多的高性能、高功率固体激光装置"神光Ⅲ号"宣告基本建成。而作为开展高能量密度物理和惯性约束聚变研究的基础，神光装置最重要的核心部件——钕玻璃的制造，就是在位于上海市嘉定区的中国科学院上海光学精密机械研究所（以下简称中科院上海光机所）内完成的。这一套钕玻璃激光装置，共有48束激光，总输出能量为18万焦耳，峰值功率高达60万亿瓦。在神光装置开始筹备和建立的过程中，作为光学中最尖端、最精密的激光部件，钕玻璃的研发和制造，在全国光学专家的通力合作下，经历了一个从无到有、从小到大的艰难过程。

中科院上海所的陈勤泉介绍说，我国于1986年启动钕玻璃激光装置研发，光机所的神光系列从"神光Ⅰ"发展到"神光Ⅱ"再到"神光Ⅲ"，一切都是从零开始起步的。作为我国自主研发，全球第二台已用于实验运行的新一代高功率激光驱动器，神光Ⅲ的"车头"是"种子"光源，"车身"是放大系统，"车尾"是如同载人太空舱般的"靶球"，能量在此聚集并射向球中心的物质。据介绍，它能在10秒内实现1万焦耳的激光能量输出。作为我国激光惯性约束聚变领域宏伟的大科学工程，我国科研人员从20世纪90年代启动"神光Ⅲ"的研究，"神光Ⅲ原型装置"2003年出光、2006年投入运行，使我国成为继美国之后第二个具备独立研制、建设新一代高功率激光驱动器能力的国家。陈勤泉自豪地说，这样的激光研究所全世界只有三家，中国就有一家，中科院上海光机所的光学工程研究在中国乃至世界都是王牌。

画龙还须点睛。在钕玻璃的制造过程中，经历了从铸造、掺料、成型到加工的所有工序后，陈勤泉和他的团队负责的是最后一道，也是最高难度的工序——在环抛机上完成精加工。应用于航天、激光等关键行业的钕玻璃，其精度需达到极为苛刻的纳米级别。陈勤泉介绍说，前期粗磨、粗刨，到他们那里需要进行精加工。加工两个大面，100公里的平面不能有超过2毫米的误差。这样的误差率别说用肉眼，就是用普通民用的精密仪器，也很难做到精准测量。然而这对陈勤泉来说，是基本要求和工作标准。

究竟如何做到100公里只产生2毫米的误差？在中科院上海光机所，先后有8位专家当选两院院士，正副高级科研人员达200余人。然而，能够在环抛机上生产出合格钕玻璃的却只有一个人——技术工人陈勤泉。其中原因，不善言辞的陈勤泉自己也无法用语言来解释清楚。对于这样一份极高难度的工作，陈勤泉谦虚地说：只要有耐心、恒心、精益求精、不断摸索，谁都可以胜任。据他回忆，2013年的时候，他们一个月要完成40~50片钕玻璃的制作，任务重压力大，倘若完成不好任务，他每天都会去思考原因所在。

项目任务重，工作难度系数高，制作完成周期长，让陈勤泉成为一个始

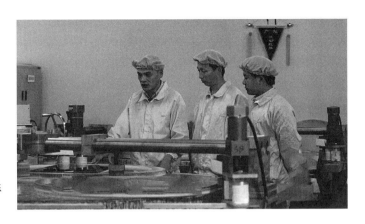

环抛机前工作的陈
勤泉（左一）

终无法离开环抛机岗位的人。陈勤泉十分愧疚和自责的
是，过去的五年里，无论是春节还是元旦，虽然家就在上
海近郊的嘉定区，他却一次都没有和家人去过上海市区。
因为设备一旦停止，重达500至800斤的矫正盘，将迅速
破坏整块由大理石制作、混合沥青涂面的环抛机表面。也
正因此，在一片钕玻璃磨制成功之前，环抛机必须24小时
不间断工作。陈勤泉说，钕玻璃装置是重要部位，就好比
人的心脏，在身体最重要的位置。

　　日复一日的钕玻璃磨制，对于陈勤泉来说是单调和乏
味的。但日子久了，陈勤泉说他已习惯了这样的工作，而
且越做越喜欢，一干就是36年。

每一件玉雕作品，都是有生命的

　　和陈勤泉十分相似，洪新华的工作同样需要精细和准
确，不能出现丝毫差错。海派玉雕大师洪新华的工作，是
使用专业钻磨工具对玉器进行打磨、雕刻。只要机器转
动，手中的玉石就会伴随着钻磨一点点发生改变。一天的
工作下来，往往连一个基本形状可能都完成不了，但洪新
华始终保持着对玉石虔诚的热爱和敬畏。

　　玉雕是中国最古老的雕刻品种之一。早在3 000多年

洪新华在工作台前
专心玉雕

前的商周时期，制玉已经成为一种专业，玉器成了礼仪用具和装饰配件。玉石历来被人们视若珍宝，在中国古代，玉被当作美好品物的标志和君子风范的象征。作为海派玉雕的代表人物，洪新华每次进行玉雕创作的时候总是不敢轻易下刀，正如洪新华自己描述的那样——每一件玉雕作品，都是有生命的。

洪新华说，做玉雕最起码的一个要求，就是要保持工作环境的安静，太嘈杂会影响思维，思想不集中的话就容易出问题，所以安静的环境很重要。一块简单的玉，有一个非常复杂的加工工程。从原料到设计，从设计到制作，制作以后还要打磨抛光，一个流程下来才能完成这个作品。所以做玉雕一定要坐得住，心中有底，手中有牌，才能做得完美。

眼前略显简陋老旧的玉雕机，曾经是打磨出无数精品玉雕的"金刚钻"。玉雕机的钻头飞速地运转，可以将玉石打磨、切割、一点点雕琢出栩栩如生的人物、草木等花样，惟妙惟肖。只是，知易行难，要想熟练地使用这台设备，却并没有想象中简单。

洪新华认为，越是好的材料，越需要被吃透，有的材料体积虽小，但它内部也有裂纹，也有毛病，所以看准材料之后，设计上要能把握住，否则很容易产生问题。

白天掌厨人，夜晚造梦家

58岁的洪新华如今已是中国工艺美术大师，也是国家级非物质文化遗产海派玉雕代表性传承人。1976年，当时只有18岁的洪新华第一次接触玉雕，从此便一发不可收拾。但是，要想追溯他与玉雕的结缘，则要从更早的小学时开始说起。

据洪新华回忆，小学毕业后他被保送到工业中学去学习，那个时候一所小学大概只保送两到三人，从几百人的年级里挑出两三人，机会非常难得。

20世纪60年代以后，国家开始重视雕刻设备的改进，海派玉雕开始乘风破浪，迅速发展。海派玉雕以上海为中心形成了别具风格的雕刻技艺，以"海纳百川、追求卓越"为精神和"温婉圆润、细腻精致"为特点的海派玉雕，在海内外享有盛誉。

在那个计划经济的特殊年代，能够通过选拔进入上海玉雕厂工业中学，就意味着拿到了令人羡慕的铁饭碗——毕业之后可以直接进入上海玉雕厂工作，成为一名工人，这是很多人都梦寐以求的事情，也让原本就喜欢美术的洪新华倍加珍惜。然而，就在洪新华从工业中学毕业，等待分配工作的时候，他却大失所望。

洪新华说，当他得知自己被分配到食堂，一下子就愣住了，心想自己成绩很好，比他成绩差很多的人都被分配到大车间去做器皿、做象牙——这类当时他们眼中很好的工种。被分配到食堂，他感觉浑身不自在，甚至不再想进这个厂工作了。

从技术工人到食堂厨师，职业规划的巨大变故如同一个晴天霹雳，让年轻的洪新华有些不知所措。在多次和领导沟通后，依然没有任何进展，巨大的委屈让洪新华甚至不止一次地哭过鼻子，闹过情绪。尽管如此，洪新华最终决定等待机会。于是，白天的洪新华是一个厨师，晚上的洪新华却依然不忘学习绘画。在他心中，从来没有放弃任何可以从事玉雕工作的机会。

功夫不负苦心人，整整三年时间里，洪新华大量的优秀绘画作品终于感动了领导，他被调到玉雕车间。此时的洪新华，既兴奋又焦虑。兴奋的是，自己三年的努力没有白白付出，终于换来梦想的实现；焦虑的是，相比同龄人而言，自己学习玉雕技艺比其他人也落后了整整三年。为此，洪新华必须后学而奋进。他说，自己加倍努力，别人休息他不休息，不断请教比他做得好的人，取长补短汲取经验。为了把工作做到位，他自愿加班，下班后吃两个馒头，晚上再继续工作。

20世纪70年代的上海玉雕厂，条件十分艰苦。因为没有空调，所以夏天闷热，冬天又非常寒冷。一天八个小时下来，腰酸背痛、四肢僵硬，尽管工作有些枯燥，可洪新华却像是"长"在了玉雕工作台前的水凳之上。为了可以全身心地投入工作，他减少上厕所的次数，甚至连喝水也极力克制和避免。

洪新华说，当时手上经常会有伤，这里一道那里一道，但也是忍忍就熬过来了。不管怎样，总归要把技术学到手，如果半途而废打退堂鼓的话，技术就学不到。

到了80年代末，海派玉雕迎来了最鼎盛的黄金发展期。仅上海地区，玉雕从业人员就超过2 000人，作品品类也高达200多种。而经过8年的学艺和磨炼，后来居上的洪新华成功出版了连环画作品《济公传》，从此在上海玉雕厂开始崭露头角。而正是凭借出色的美术基础，洪新华在玉雕创作方面的才华，也很快在全国玉雕行业内脱颖

洪新华的"第一次成功"

而出。

洪新华回忆说，1984年厂里举办了一次技术评比。他当时看中一块材料，就以"红楼梦贾宝玉梦游太虚幻境"为题材进行设计，那件作品他大概做了一年多的时间，在全国评比的百花奖上获得了创作设计二等奖。

山重水复疑无路，柳暗花明又一村。正是洪新华对于玉雕技艺的执着，精益求精，不断探索，最终帮助他收获了人生的第一次成功。

"磨玻璃"的那些事

和玉雕大师洪新华的经历相比，陈勤泉的经历也同样坎坷。从小在农村长大，当年只有初中学历的陈勤泉，因为一次偶然的培训经历，才有机会结缘钕玻璃。

1980年，陈勤泉参加中科院上海光机所的技术工人培训。每天最重要的工作，就是用金刚砂对一些特种玻璃进行粗加工。因为工作辛苦，收入也不高，大多数人都纷纷离开了岗位。

陈勤泉介绍说，培训内容就是磨玻璃，当时十几个人，后来陆续都离开了，一群人中就他留了下来。那个时候工作环境不好，进行粗加工的地方没有空调，夏天很热，冬天很冷。

1964年，我国著名核物理学家王淦昌院士独立地提出激光聚变思想。按照这一创议，我国第一个激光专业研究所——中科院上海光机所开始了高功率激光驱动器的研制和应用。1986年，张爱萍将军为激光12号实验装置亲笔题词"神光"。于是，该装置被正式命名为"神光Ⅰ号"。

正是从这一年开始，进入上海光机所不久的陈勤泉，开始了与"神光Ⅰ"最重要的核心部件——钕玻璃之间的不解之缘。

从无到有，零的突破。钕玻璃的生产并不如想象中顺利。在中科院上海光机所前期大量反复的测试和数据分析后，钕玻璃的合格率一直无法稳定，国家重点项目——神光装置的推进遭遇了前所未有的压力和挑战。为了攻克这一技术难题，陈勤泉曾经在连续一年多的时间内，吃喝拉撒住都在单位，每天的睡眠只有三个小时。

陈勤泉经常会想，为什么钕玻璃产能上不上去？精度达不到？哪里还差一点儿？左思右想没有结果，就感到很烦躁。以前他只考虑到温度控制的问题，现在天天思考如何去突破。

日有所思，夜有所梦。一个偶然的梦境，却给困扰已久的陈勤泉带来了最宝贵的线索。陈勤泉说，他有一天做了一个梦，梦到钕玻璃的生产跟湿度控制有关。如梦初醒的陈勤泉辗转反侧，立刻叫来所有同事组织讨论。让陈勤泉意外的是，梦境中关于湿度控制的线索，竟然得到了专家组的认可。随后，中科院上海光机所立即决定引进湿度控制系统，并对测试结果进行了24小时的数字化监控。

正是在陈勤泉的努力下，钕玻璃的合格率最终获得了极大提升。1994年5月，"神光Ⅱ"装置立项，陈勤泉在平凡的岗位上有力地推动了国家重点项目神光装置的顺利完成和升级换代。

"罗汉三杰"之弥勒大师

1994年，当陈勤泉参与的"神光Ⅱ"再次启动的时候，上海玉雕厂却面临着即将解体的命运。由于中国市场经济改革的不断推进，上海玉雕以往那种大规模、集中化的生产模式，逐步被个人及工作室的独立经营模式所取代。凭借着在上海玉雕厂练就的一身玉雕手艺，洪新华也开始自立门户，建立了自己的玉雕工作室。

洪新华说，当时自己选了一个地方，找了一些徒弟，买了一些机械，就开始独立地创业，慢慢地坚持了下来。

技术出身的洪新华对商业一窍不通，选择自立门户，在当时也是迫于无奈。创业之初，洪新华多次碰壁，最艰难的时候，连续几个月都没有一分钱的收入。洪新华开始思考：玉雕产品的市场机会，究竟在哪里？为了寻找答案，他几乎跑遍了全国大大小小近百个玉雕市场，取长补短，博采众长，在学习古老技艺的基础上不断创新。慢慢地，洪新华在玉雕产品方面渐渐形成了自己的风格，尤其擅长雕琢罗汉、弥勒佛等人物题材玉雕作品，被称为中国玉雕界的"罗汉三杰"。

洪新华介绍说，玉雕最主要的就是要注重人物的神态表情。要做到传神，就得把作品的主题表达出来，比如"降龙伏虎"，罗汉的动作和神态要给人

洪新华玉雕作品
《弥勒佛》

很凶很厉害的感觉，要把精气神体现出来。而有的罗汉是慈祥的，念经或者闭目养神，两者就会有差别。十八罗汉十八种神情，得把各种神情表现出来。

弥勒佛由于给人以和善、开心的亲切感，备受大众喜爱。玉雕弥勒佛作品，最难点恰恰在于如何通过弥勒佛神情的刻画，营造出弥勒佛与赏玩者之间心心相通的互动情景。洪新华通过大量资料的阅读和思考，从更深的层次去理解弥勒佛的背景、故事、不同历史时期的造型转变，最终实现了对弥勒佛玉雕神情的重新解读，风格独树一帜。

洪新华说，表情化也有很多种类，比如笑，有大笑、微笑、滑稽地笑之分。他想让自己的玉雕作品风格独特，同其他人的作品放在一起，能够让人马上辨别出哪个出自他手。

2006年，洪新华的白玉作品《弥勒佛》荣获上海市收藏家协会、上海工艺美术协会"大师玉雕精品展"珍藏奖、最佳创作奖。2008年，洪新华被评为中国玉石雕刻大师。与此同时，伴随着中国文玩收藏市场的不断升温，和田玉价格十年之间暴涨近百倍，和田玉玉雕作品不断出现百万、千万元级别的拍卖天价。然而，正当洪新华第二次走上自己的人生巅峰、全国玉雕市场异常繁荣的时候，一场突如其来的变故——美国次贷危机却悄无声息地来临了。

洪新华回忆说，那一年受美国次贷危机的影响，国内经济形势不佳，就连苏州玉雕行业汇聚之处，做中端玉器的商家都倒闭了好大一批。

尽管在遭遇了人生两次巅峰之后，洪新华又遭遇了人生两次挫折，但他不忘初心，始终坚持精益求精、认真做、慢慢做、做好作品的原则，并创立玉雕品牌"弘艺轩"，希望通过自己的努力，用品牌的力量重新恢复市场的信心。

在洪新华看来，坚持是工匠精神的核心，坚持不下去，就谈不上工匠精神。在玉雕行业里面，一定要做到极致，这样才能体现这个行业的工匠精神。

上海宝石协会会长钱振峰说，中国政府要让中国文化走向世界，大师的品牌不仅仅是作品技术品牌，更重要的还是人格品牌。

薪火不绝，衣钵相传

品牌是一种精神，体现了对完美品质苛刻追求的执着，这种精神需要坚持，更需要传承。

崔磊是洪新华最早纳入门下的徒弟之一，由于家庭贫困交不起学费，崔磊放弃了天津美院学习的机会，1993年5月，他只身来到上海打工拼凑学费。然而，就是这次打工机会，让他与洪新华相遇，也从此改变了自己的人生轨迹。

这么多年来，崔磊有感而发道：技术学习是个积累的过程，今天想要学习一门技术，明早就掌握它——这是不可能的。你需要一段完整的时间，在不断摸索和学习中去认识、磨炼、积累、堆砌、总结、筛选，到最后，才能掌握想要的技术。所以对一个手艺人来说，心无旁骛地在一种物我两忘的状态里工作，才是真正丰富技艺的过程。

工匠精神，追求精益求精、锲而不舍；工匠精神，更是有情有义、肝胆相照。由于崔磊的美术基础好，悟性高，学起玉雕来上手很快。洪新华对这位徒弟疼爱有加，而崔磊也不负师父厚待，两人情如父子。现在的崔磊，凭借自己的努力，也在上海开办了自己的工作室。

难能可贵的是，洪新华与他的徒弟崔磊，因为玉雕的精湛技艺，同时被评为中国工艺美术大师，海派玉雕的代表性传承人。师徒二人同时获此殊荣，一时被传为佳话。

　　而在上海光机所从事钕玻璃生产的陈勤泉，也不甘示弱，一直散发着自己的光和热，把宝贵的经验技术积极传承到下一代接班人的身上。

　　精益求精是一种态度，精益求精是一种精神，精益求精是陈勤泉、洪新华坚持不懈对完美的执着追求。从农民工到攻克国家重点项目难关的技术工人，从食堂大厨到中国工艺美术大师，陈勤泉和洪新华锲而不舍，用精益求精的工匠精神缔造了一个又一个属于他们自己的传奇，属于这个时代的传奇。

巧夺天工　顾　军　张品芳

本篇人物

顾　军　上海建工集团园林工程公司园林工匠

张品芳　上海图书馆文献保护修复部主任

　　中华传统文化源远流长、博大精深，为世界文明进步作出过杰出贡献。在几千年后的今天，中华优秀传统文化依然是中华民族的精神命脉，是建设文化强国，实现中国梦的时代需求。上海，作为国际化大都市，用她海纳百川的城市精神，兼容并蓄、博采众长，对中国优秀传统文化不断古为今用、推陈出新。一代又一代文化工匠用他们巧夺天工的技艺，不仅让中华美学精神的精髓深入普通百姓生活，而且发扬光大到世界各地，成为传播中华文明的文化使者。

大观园泥瓦匠的八年

　　比利时天堂公园里的中国园占地4.5万平方米，是目前欧洲最大的中国园林。2014年春季，一对中国大熊猫"星徽"和"好好"漂洋过海，从中国来到这里落户。大熊猫园在比利时开园之际，中国国家主席习近平和比利时国王菲利普共同出席了剪彩仪式。

　　两国元首夫妇沿着回廊曲径，穿过青翠竹林，前往大熊猫园，沿途亭台楼阁、雕梁画栋、鸟语花香，宛如一幅恬静祥和的中华水墨画卷。室内，大熊猫"星徽"正独自调皮地玩耍；室外，大熊猫"好好"躺在草地上悠闲地晒太阳。看到它们憨态可掬、怡然自得的模样，习近平主席笑着说：看来它们已经适应了这个新家哦！"星徽"和"好好"的新家，是由来自上海建工集团园林工程公司园林工匠顾军和他的团队建造的。据顾军介绍，熊猫馆占地2 000多平方米，涵盖熊猫生活区域和展示区域。建馆时遇到一个难题，难在哪里呢？难在新建的熊猫馆不能像是新造的风貌，而要给人以千百年前遗留下来的那种感觉。

一名中国泥瓦匠将中国的园林文化艺术传播到欧洲文明古国，并得到了认可和接纳，这个过程，顾军用了38年的时间。对于只有高中学历的他而言，其中付出的泪水和汗水，是旁人无法看到的。

出身古建筑修复世家的顾军，自幼受父辈影响，对红砖青瓦有着浓厚的兴趣。高中毕业后他就子承父业直接进入园林工程公司，从泥瓦匠学徒开始做起。给瓦匠师傅提灰桶子、搬砖打下手，真正动手的机会少之又少，即使这样，顾军心里还是抑制不住地兴奋。顾军回忆说，儿时一进这家单位，就感觉自己置身于一个非常满意的环境里，这是园林工程公司给他的第一印象。

心高志远的顾军，把每天做的琐碎杂活当成了磨炼自

上海大观园

己心智的课程，他白天跟着师傅干活学习，晚上回家苦练技艺，两年间累积了古建筑修复的丰富知识。恰好在这个时候，公司接到了建造上海大观园的项目，顾军作为有培养前途的青年技术工人，被选派去参与这个项目的建设。

顾军介绍说，他当时才20岁左右，真正开始从事古建筑行业实际上还是从参与大观园的项目开始的。70年代末，结束"文革"的中国，重新将弘扬和继承中国传统文化列入文化复兴的国家战略，一时间对古典名著的研究和利用方兴未艾。1979年，上海园林部门决定根据四大名著之一的《红楼梦》，在青浦建设一个大型仿古建筑群和现代园林——上海大观园，以此带动上海旅游文化事业的发展。也正是这一年，导演王扶林也向央视领导提出将《红楼梦》搬上荧屏的想法。有所不同的是，电视剧是将文字转变为生动的画面，而上海大观园则是要把文字升华为栩栩如生的建筑，其挑战性更大。

顾军所在的施工队承担的是林黛玉居住的潇湘馆的建设任务。在拿到设计图纸的那一刻，顾军和师傅们都傻眼了。设计图纸上只标出了大体的建筑尺寸，但对诸如"飞檐翘角"等细节却没有任何的数据来作为参考。对于整天按照图纸数据施工的建筑工人来说，要想将潇湘馆"宝鼎

顾军挑灯计算建筑施工数据

茶闲烟尚绿，幽窗棋罢指犹凉"的建筑风格和林黛玉高贵脱俗、典雅幽静的性格表现出来，确实难上加难。顾军说，大观园里大多数都是南派的建筑，江南园林风格小巧玲珑，不同于现在机械化的工程，是根据模板一套一套建成。

没有退路的顾军只能背水一战，白天与师傅们一起研究琢磨，晚上回家挑灯计算，他重新拾起丢弃多年的几何和代数。40多个夜晚，顾军几乎没有睡过一个好觉，在他和团队的努力下，根据他们的理解，最终将潇湘馆主建筑建造了起来。可万万没想到的是，设计专家一句"比例不对"，辛辛苦苦一个月的工作成果就被全盘否定。

顾军和师傅们二话没说，按照验收组的要求推倒重来，开始了第二次施工。又是一个多月的紧张施工，这次的建筑比第一次的更加精细，也更加贴近原著的描述，就连监工们都不由得啧啧称赞。当顾军和师傅们满怀希望等着验收组专家的赞扬时，专家又是一句：建筑戗角不对，没有灵气。工作成果再次被否定，大家一下子蒙了，这确实对顾军打击不小。顾军说，平时忙了一整天，到了晚上就很容易入睡，可那天晚上他失眠了，他一直琢磨着怎么去突破难点。

原本一个月的工期，来来回回折腾了三个月，顾军内心有些自责。他决定不再凭经验闭门造车，于是就和师傅们一起到苏州著名的四大园林沧浪亭、狮子林、拙政园、留园去观摩学习，有时一待就是一整天。临摹的草图装了满满一包，回来后，他们仔细与前两期的图纸进行对照，终于解决了一直困扰他们的建筑戗角问题。顾军介绍说，俯度、圆度、直度，包括戗角的高度，要根据传统文化中的经验和方法去设计。

又是一个月，顾军和他的团队终于交出了第三份答卷。这次验收一次过关。"一带粉垣，数楹修舍，有千百竿翠竹遮映"的潇湘馆，终于通过顾军和他的师傅们巧夺天工的妙手，呈现在了世人面前。这无疑给王扶林执导的电视连续剧《红楼梦》锦上添花。电视剧里的潇湘馆、梨香院、怡红院等场景均在上海大观园取景，87版《红楼梦》也成为迄今无人超越的经典剧作。上海大观园仿古建筑群，还获得国家建设工程鲁班奖。

顾军说，在大观园里待了8年，就像在黄埔军校里生活了8年，从里面培养出来的人才，都能直接上战场了。

让古籍里的文字"活"起来

如果说顾军的工作是"修旧如新"的话，那么在上海图书馆与古籍修复打了30多年交道的张品芳，她的工作就属于"修旧如旧"了。目前，上海图书馆馆藏文献5 095万册，包括古籍170万册，亟待修复的有40万册之多，然而上海图书馆当前拥有技艺精湛的古籍修复师仅仅十余位，每人一年最多修复100册，以现有的修复速度，在数百年内都无法完成。很多古籍修复专业人才因为任务艰巨、工作枯燥、收入低而纷纷换了工作，张品芳却一直坚守在这个清贫寂寞的岗位上，默默地为古籍修复贡献着一己之力。

张品芳是上海图书馆文献保护修复部主任，在她看来，从事古籍修复，有的时候感觉如履薄冰，因为上海图书馆老馆长、著名古籍版本目录学家顾廷龙说过：只纸片字都不能丢。所以每次修复只能做加法，决不能做减法。要把原来的东西，哪怕是原来没有文字的纸，都要保留下来。

上海图书馆历史文献中心主任黄显功介绍说，每年都会有一定数量需要修复的文献，经过他们的修复后，重新入库。从总量来讲，上海图书馆所完成的修复总量，占到

古籍修复师张品芳

了全国文献修复总量的十分之一。

1985年，年仅18岁的张品芳进入上海图书馆从事图书借阅验证工作，满怀抱负的张品芳并不甘于待在清闲岗位，只有高中学历的她拼命地参加各种学习培训充实自己。这样的日子持续了整整四年，直到1989年，文化部图书馆司委托上海图书馆举办一个古籍修复技术培训班，迫切想要提升自己的张品芳得知这个消息后，毫不迟疑地报了名。张品芳回忆说，其实刚开始她对这个工作是很陌生的，就觉得只是学门技术，学点知识，挺感兴趣，就去参加了这个培训班。进入培训班以后，才慢慢了解古籍修复是什么样的工作。

抱着技多不压身的心态进入了古籍修复培训班的张品芳，并没有意识到这是一份长期坐冷板凳的工作，求知若渴的她一开始只是希望快点把技术学到手。然而古籍修复技艺细腻多样，工序繁复，一招一式极为考究，想要熟练掌握这门技艺，并非一朝一夕能够达成。张品芳说，当时老师做了示范，她觉得挺简单，但是感觉双手做不到心里要想达到的那个效果，老师安慰她说暂时肯定是达不到的，但也不用着急。张品芳的师傅赵嘉福说，古籍修复的手艺活至少需要十年功力，十年后徒弟应该就可以独立操作。

古籍修复是一门繁杂精细的手艺活，而古籍保护又有

张品芳修复纸碎字
散的古籍

着与时间赛跑的紧迫感，更需要耐得住寂寞，耐得住性子，更像是在修心养性。张品芳渐渐地放下内心的浮躁，心平气和地面对各种残缺不全的古籍善本，随着时间的推移，她的古籍修复技艺也在不断地提高。

2015年，当研究部主任捧着用纸包好的破损古籍《潘祖荫戊子日记》交到已经成为文献修复部主任的张品芳手中时，看到眼前一堆揉在一起的细小的纸屑，有着20多年古籍修复经验的张品芳顿时一筹莫展。书页里的文字七零八落，无法确定是否已经有笔画遗失。如果在修复的过程中不小心弄丢哪怕一个字的笔画，不仅修复工作受阻，更是与破坏文物没有什么两样。从一个修复者变成一个破坏者，是古籍修复的大忌。这本古籍无疑成了"烫手的山芋"。张品芳回忆说，书中所有的笔画都散架了，找不到哪一笔在哪里，可能会混在一起，但是大家都不敢动。看到纸张是这种状况，她就能够想象到今后修复过程中会遇到什么样的问题，会有什么样的结果。

张品芳接下任务后并没有急着动手，而是像医生诊断病情一样，了解古籍的病因，对症下药。张品芳凭借经验判断出《潘祖荫戊子日记》纸碎字散的情况是由于发霉而非虫蛀，霉菌腐蚀及纸张老化是书籍的致命伤，修复难度大大增加。张品芳介绍，因为修复肯定要碰水，粘糨糊直接点上去的话，纸张可能卷起来，一点儿就可能破坏了纸张。

张品芳和其他古籍修复艺人一样，视书籍为孩子，当她一个人静静地坐在书桌前，轻抚着满目疮痍的古籍文本，心里只有一个纯粹的想法，就是将其恢复原貌。散落的笔画杂乱无章，张品芳需要反复比对蚊子腿般大小的笔画之间的联系，小心翼翼地用沾有极少量糨糊的毛笔将其粘合，糨糊的用量全凭张品芳从事古籍修复工作20多年来的经验。少了，粘贴不牢固，多了，形同破坏。张品芳说，当初修复的时候连气都不敢喘，因为呼吸的气流会把碎片吹走。也不能有人路过，因为走路带来的风是会让纸片飘动的。那段时间，张品芳时刻保持紧绷的状态，在她的匠心修复下，《潘祖荫戊子日记》终于起死回生。

《潘祖荫戊子日记》的成功修复给了张品芳莫大的勇气，她带领团队一鼓作气，对馆藏的大量濒临损毁的珍贵古籍善本、碑帖、盛档等珍贵历史文献进行了抢救性修复，使许多珍贵古籍、字画善本重获新生。这其中就有翁同龢专藏、慈禧亲笔题款的清末旧画等珍贵古籍。

"把简单的工作做得不简单"

　　同样化腐朽为神奇的园林工匠顾军，通过水泥和瓦片的拼接，赋予亭台楼阁新的生命力。

　　载誉而归的顾军，自以为回来后可以独当一面，承担更宏大的古建筑修造任务，而公司交给他的却是上海动物园改造项目。动物园改造与古建筑建造相差甚远，这让顾军产生了很大的心理落差。

　　心高气傲难成大事。顾军思前想后还是决定接下任务，一方面可以积累更多的工艺经验，另一方面，这也是对自身心智的磨炼。他决心要通过自己的努力，把人人都不愿接手的动物园改造项目，打造成一个经典之作。顾军说，他对动物不太了解，便利用空闲时间去动物园观察动物的习性，他认为动物的栖息地除了美观，还要让小动物感到舒适。这项看似简单的工作，里面却有着大学问。他说，他遇到什么问题都喜欢想得复杂一点，想得细致一点，做起来会更深一点，这也是他平时工作对自己的要求。

　　把简单的工作做得不简单，秉承着这一理念，经过认真调研，顾军决定先从猴馆入手，把普普通通的猴馆建造成既可观赏又实用的艺术品。他根据猴子生性顽皮的习性，专门设计了土木结合的攀爬架，既保证了外观美观，也不会影响到猴子的安全。猴馆建成后得到了动物专家和游客的一致认可。上海动物园改造项目里的这段历练，让他声名远扬，2013年他又应邀为比利时天堂公园建造了大熊猫馆。而他为避免大熊猫初到比利时出现"水土不服"的情况，模拟大熊猫在"天府之国"四川的生活环境，搭建的仿洞穴式大熊猫馆，不仅得到比利时动物和建筑专家的认可，更得到了中国国家主席习近平和比利时国王菲利普的赞扬。

让古代石碑焕发生机

　　"镂于金石，传之永久"，中国古人有喜欢将重要的事记录在碑刻上的文化传统。千百年来，很多古物经风吹、日晒、雨淋日渐损坏，无论是人像还是碑文，只能靠拓片或拓本传世。在上海有一座始建于南宋嘉定十二年

（1219）的孔庙，距今已有约800年的历史，由于年代久远，孔庙里留存的碑刻和墓志碑风化损坏严重。用传统的传拓复制下来，把珍贵的史料和艺术流传给后人，这一艰巨的任务落在了张品芳身上。据张品芳介绍，传拓者不仅要经验丰富，技术也要成熟，还必须是文物工作者，才能承担石碑的复制任务。

拓片看似容易，却很有讲究，要将古代碑文、石刻等文献，清晰地复制下来，要求等大、精确，并且不能破坏文物。在捶拓过程中用力稍大都会造成脱落，因此对于传拓者的技能要求非常严苛。张品芳说，动作要轻缓，不可以拿木锤拼命地敲打，因为震动可能会给石块表层造成破坏。

张品芳常常独自一人带着鬃刷、打刷、墨板、大小不一的扑子等专业工具来到孔庙体会传拓的要点。每当她使用一个工具，都会在手中摆弄很长时间，揣摩最佳的操作力度，以免因用力过大而一不留神给孔庙碑廊带来二次破坏。她始终保持着日常工作的一丝不苟和对中国传统文化的敬畏之心，小心翼翼地在呵护中传承，最终以零失误将一张张精美之作拓制了下来。张品芳说，每次她会细细地看，可能也会拍照，然后放大了再细看。她总想从中吸收一些精华，看古人是怎样去做这个工作的。

张品芳忍不住惊叹古人碑刻传拓艺术之神工鬼斧的同时，也在为古碑所经受的岁月风霜和人为破坏而感到惋惜。虽然她目前所能做的只是将碑上的雕刻艺术浓缩成一件拓片艺术作品，但她也希望能够通过自己的技艺修复侵损严重的石碑，重现古碑的精妙绝伦。古碑的修复需要更高超的碑刻技艺，张品芳暗下决心要学习石刻技艺，为此她到处拜师求教，在短短的两年中就掌握了石刻的要领，并在许多小物件的雕刻中小有名气。

张品芳认为，石刻中只能做减法，不能做加法。刻掉了也就补不上去了，不能刻错一个字，哪怕是一个笔画。

2015年，华东师范大学决定在建校65周年之际，修建一座励志石碑。华师大负责人找到上海图书馆请求帮助，馆里把这个任务交给了张品芳。这是张品芳第一次独立完成如此规模的石雕工程。由于石碑已经固定放置，不可轻易移动，碑刻姿势更不能像往常一样自由决定，要在这样巨大的石头上被动完成碑刻工作谈何容易。上海图书馆副馆长周德明说，这种情况下刻石者就会去研究，怎样进行一些二度创作，使得刻石上的书法艺术跟原本的内容更加接近，但又不是100%模仿。

张品芳以深剔方式
进行石刻

　　为了完美地展现字迹的风韵意态，张品芳大胆突破自我，采用从未尝试过的深剔刻方式让石碑文字凸出立体，增加浮雕感和视觉冲击力。然而，在一块远高于自己的石碑上完成深剔刻，对力度和精细度的要求都极高。每天十几个小时的工作，常常累得她手腕麻木、腰腿酸痛，但她依然坚持了下来。

　　一个月后工程完工，张品芳完成的石碑雕刻获得华师大校方的高度认可。张品芳也表示，每刻完一个字，尤其是在自己特别满意的情况下，就会很有成就感。

　　华师大碑刻项目的成功给了张品芳极大的信心，已经成为上海市非物质文化遗产古籍修复项目代表性传承人的张品芳，又把目光对准了古石碑的修复上，她要改变以往的传拓方式，让古代石碑重新焕发生机。她说，现在古籍修复技术和传统技艺都得到了社会大众与国家的关注、重视，有越来越多的人加入这个行业中。

绿波廊重现往日辉煌

　　与张品芳古籍传承修复的理念不谋而合，顾军接到豫园绿波廊的修缮任务时，也将对古文物建筑的保护与传承融入到整个工作中。

建于明嘉靖年间的豫园绿波廊是上海著名的古建筑。因年久失修，急需抢修。古建筑的修缮与重新建造完全不同，此次修缮，必须遵循"修旧如旧"和"精致绿波廊"的宗旨，画栋雕梁、飞檐翘角、朱栏灰瓦、木质地板等有历史沉淀的硬件依旧保留，且修缮后的明清元素要表达得更加丰富细腻。在此之前从未接触过古文物建筑修缮工作的顾军，感到了前所未有的压力。顾军介绍说，由于不知道修缮的构造原来的样子，所以需要拆下来再看，有些构造如果太老，不行就要改造它了。

绿波廊坐落在豫园九曲桥畔，南临繁闹市井，北傍园林景观，与湖心亭相映生辉。同时它也是上海的招牌餐馆之一，以接待世界政要、国宾名流而享誉海内外。豫园每天游客流量达数十万人次，且入口狭小车辆无法进入，运送施工材料成为摆在顾军等面前的第一道难关。顾军说，车子开不进去，一般都只能是在晚上10点以后把材料送到豫园里，再用小车人工拉。

整个修缮工作在冬天进行，每天晚上抢运进去的材料，必须在当晚用完，否则，不仅会影响到豫园白天的营业，更会给第二天晚上的施工带来麻烦。但这些对于顾军来说并不是什么大问题，问题的核心在于如何将修缮方案中要求保留、但损坏严重的部分建筑结构保留下来。顾军介绍说，重新造一个古建筑跟修旧如旧有很大区别，新造的古建筑，施工整体肯定有一套完善的施工图和施工计划等，修旧的话，就要考虑有些情况是无法估计的。

经过400多年风雨洗礼的豫园绿波廊原始的木质结构已经严重老化，如果直接更换仿制的结构，省力省心，但会降低古建筑的文物价值。本着文物修缮"修旧如旧"的原则，顾军决定用粘合的方法来加固原有的结构，虽然这样费时费力，但他觉得很值得。顾军说，用钢把结构先稳固住，然后用电焊将新的材料与它连接，螺丝固定、螺栓固定等这些方法是经常用到的。

白天修复施工，夜晚搬运材料，日复一日，夜复一夜。一天只能睡几个小时，高强度的工作，使顾军和团队成员们的体力严重透支。累到极点时，有的人站着都能睡着，但他们选择了坚持。经过100多天的施工，绿波廊再度重现往日的辉煌。至今，每每来到豫园，顾军都会驻足举目凝望，内心的感慨常人无法理解。

古建筑自拔地而起时就见证着中华民族的文明，而文字自发明之日起就记载着中华文化发展的历史轨迹。古建筑和古文献是中华民族智慧的结晶。上海工匠用他们精湛的技艺和极致的追求，保存了从史前文明至现代文明的深刻印记，留下了无数文人墨客的佳话诗篇，留下了许多体现中华先民勤劳智慧的园、亭、楼、塔等建筑，为上海这座现代化大都市注入了深厚的文化底蕴，使其始终散发着无限的魅力。

火眼金睛 | 耿道颖　蔡能斌

本篇人物

耿道颖　复旦大学附属华山医院放射科常务副主任
蔡能斌　上海市公安局刑警大队痕迹专家

　　改革开放以来，中国在科技强国的快车道上走了近40年。从"科技是第一生产力"的提出，到科技兴国、科技创新、科技强国再到科技惠民，中国正以极大的勇气，将一个个高精尖的科研成果，转化为一件件惠民的科技产品，让广大人民群众共享科技创新和改革开放的成果。

　　上海作为全国的科创中心，把科技创新、科技惠民的理念深深镶嵌在每一个市民心里，让科技创新成为一种常态。而上海的产业技术工人多年来坚持岗位创新，开发出一大批领先世界水平的民用科技产品，惠及百姓，为绿色上海、平安上海、美丽上海保驾护航。

有温度的黑白影像

　　位于北京天安门广场西侧的人民大会堂，是中国政治活动的重要场所。在此神圣之地举办的仪式，代表着国家最高等级的荣耀。而对于接受表彰的人来说，也是其一生中最荣光的时刻。从1999年开始，国家科学技术奖励大会每年都在这里举行，会上，党和国家领导人将亲自给获奖代表颁奖。2016年1月8日上午，来自复旦大学附属华山医院的耿道颖教授以课题第一完成人

几十年如一日坚守
在岗位的耿道颖

的身份，荣获2015年度国家科技进步奖二等奖。

　　每周二上午是耿道颖医生的专家门诊时间。与很多专家门诊有专门分类不同的是，耿道颖的门诊需要综合病人五花八门的病情，从脑部肿瘤，到肝脏、心肺疾病等，针对放射疑难杂症读片，找出病症所在。从一清早到中午时分，整整四个小时，耿道颖医生窝在一把小小的椅子上，不断从一张张X光片中，找出疾病的蛛丝马迹，对症就医。四个小时，病人一个接一个，她没有起身上厕所；四个小时，渴了也只是呡上一口水。

　　耿道颖自信地说，她是上海市第一个开疑难杂症门诊的医生，她习惯直接面对病人，一边问病史，一边为病人解读影像。虽然是冰冷的黑白影像，解读起来却是有温度的，她强调：带着人文关怀去解读，病人会释然很多，通过影像，对自己的病情也会一目了然，基于这个想法，就有了影像诊断。

　　来看耿道颖专家门诊的病人，其实大多已经在其他医院就诊过，要么病情严重，需要寻求良好的治疗方案，要么实在难以确诊。慕名来到耿道颖这里，而耿大夫往往通过病人提供的X光片会在短短几分钟内给出一个非常明确的判断，丝毫不拖泥带水。

　　一位病人在采访中说道："我们那边的医生给我建议，

让我去上海华山医院找耿教授，一定要去找耿医生，无论如何都要把耿医生找到，耿医生会讲得清清楚楚。"

实际上，在整个华山医院，凡是争执不下的疑难病症，都会请耿道颖出面，通过X光片进一步确诊，这已经成了所有医生约定俗成的规则。但耿道颖说，医学从来没有百分之百这一说，尽管她在30多年的行医生涯中，对病症的判断准确率已超过90%。

分配进放射科，她曾哭了很久

然而，眼前这位被患者和同行称为长着一双"火眼金睛"、诊断疑难杂症的"神探"，回到30多年前，却对自己现在从事的专业深恶痛绝。

耿道颖回忆道，大学毕业时她以全年级排名第一的成绩留校，当时她首选的科室是心内科，总觉得那个时候心内科医生非常神气，能够直接抢救病人的生命，而当时放射科的地位，要远远低于现在。

然而，命运仿佛在跟人开玩笑。当时徐州医学院最优秀的学生，毕业分配时却被安排进放射科，这个在常人眼里常年接受过量辐射，可能会与癌症相伴终生的地方。耿道颖得知这个消息后，难过地哭了大约两个星期，总觉得命运不公。最后还是放射科的党支部书记，包括科室主任，几次去找她谈心，他们的话让耿道颖非常感动。首先，他们希望耿道颖成为青年人的先进代表，其次，希望耿道颖能够干一行爱一行，接受这样的挑战。

医院的工作在当时是铁饭碗，医生是众人羡慕的职业。耿道颖服从了命运的安排，走进了放射科。那个时候，医用X光机刚刚在中国的医院开始普及，由于工作条件非常恶劣，对从业人员的防护措施更不到位。加之对X光辐射的不了解，许多从业人员对放射科的工作充满了恐惧，耿道颖也不例外。连续两周，她请假在家，把所有的担心都写在了日记里。她想，既然不能改变命运，就先解决好自己的事。马上成家，生儿育女，她做出了超乎常理，但却在情理之中的人生抉择。耿道颖回忆道，当时她在日记本上，把平时跟她关系不错的几个单身男孩子罗列出来比较了一下，最终选择了一个教数学的老师，他性格比较内敛。两人很快就结婚了，婚后也马上有了孩子。

结了婚，有了孩子，没有了后顾之忧，耿道颖开始琢磨起自己的工作来。

她不愿意让放射科的工作仅仅成为医疗诊断中的配角。她开始跑图书馆、找老放射医生求教，如饥似渴地充实自己在放射诊疗方面的知识。

一天，医院的普外科送来一个20岁出头的消化道大出血的病人，说是组织了全院所有科室的专家会诊，都没有查出病源，只能用尽医院的先进设备对病人进行全面检查，也算是给病人的一种安慰。20岁出头，正是风华正茂的年龄。耿道颖用自己掌握的放射知识，对病人进行了全面检查，发现病灶并不在肠胃部位，反倒是胰腺区出现了疑似肿瘤的阴影。耿道颖回忆道，当时她就建议病人做一个CT检查，结果出来后，发现病人胰头区有个巨大的占位，后来病人去普外科接受手术，开好刀之后，发现有一个很大的恶性胰岛细胞瘤，胰岛细胞瘤侵犯到十二指肠的内侧壁，所以引起大出血。因为通过消化道胃镜只能看到十二指肠球，球后和十二指肠降段看不到，所以每次做胃镜，都没有发现病人的问题。

由于诊断准确，为治疗赢得了宝贵的时间，病人的生命才得以延续。这次案例，对耿道颖触动很大。她发现，只要用心，放射科医生就能在关键时刻挽回病人的生命，救人的梦想在无意间竟然变成了现实。耿道颖因此受到莫大的鼓励。

上海在医学方面的顶尖优势深深吸引了她，"学霸"出身的她，重新捡起丢弃了多年的综合专业书籍，通过一路的严格考试和筛选，她终于成为上海医科大学影像医学和核医学学科的硕士研究生，毕业后又攻读博士、博士后，这些年的艰辛，只有她自己知道。

让罪恶"纤毫毕现"

2017年9月11日下午，上海市虹口区华昌路上的一幢公寓楼发生一起盗窃案。一名犯罪嫌疑人破窗而入，卷走了卧室大衣橱里价值五万元的首饰。接警后，上海市公安局刑警大队的蔡能斌警官赶到了现场，他是痕迹提取专家，在全国赫赫有名。

据蔡能斌介绍，如今的犯罪嫌疑人大多具有很强的反侦察意识，他们会想尽办法消除自己在作案现场的蛛丝马迹。蔡能斌的工作是要不断提高在刑事案件现场的痕迹提取能力，他潜心钻研特种照相技术，把很多肉眼看不到的指纹痕迹都一一显现出来。作为上海市的领军人才，他跟耿道颖一样，也多次参与国家级的重点科技项目的研发。

蔡能斌是土生土长的上海人，20世纪80年代，科技产品一直是崇尚时尚的年轻人的最爱。拍拍照片，摆弄摆弄无线电，成了大家最大的业余爱好。那时的蔡能斌是青浦朱家角中学的一名学生，是他的同桌把他引进了神奇的摄影天地。

蔡能斌回忆说，当时他的同桌有台相机——海鸥DF1，他经常会借同桌的相机玩，也会和同桌一起出去拍照。拍好照之后，他们自己显影定影，最后还会跑到学校附近的河边，在流动的水里漂洗胶片。这样做的目的，一是洗得干净，另外也可以节约自来水。

当时的朱家角中学就在今天朱家角镇的著名景点课植园。课植园优美的景色，给了年轻时代的蔡能斌无穷的创作灵感，也让他对摄影产生了浓厚的兴趣。蔡能斌说，他喜欢将眼睛看到的东西变成照片，他认为这非常神奇。

这样的经历，对蔡能斌填报高考志愿时的选择很有影响。他翻遍了招生目录，把所有和摄影相关的专业都挑了出来，最后中国刑警学院的刑事照相专业成为他的第一志愿。蔡能斌回忆说，当时他对专业所学内容理解得也不是很透彻，就看到"照相"两字，而照相正是他喜欢做的事情，所以他就填报了这所学校。而对"刑事"，当时的他根本就没有什么概念。

对警察职业还很懵懂的蔡能斌进入了中国刑警学院。在这里，他学到最多的不仅仅是专业知识和团队精神，战友情深更让他感到震撼。这种震撼在毕业时得到了喷发。分别时，大家相互紧紧拥抱，互道平安，因为他们知道，自己今后所从事的刑警职业充满了危险，这一别有的恐怕就是永诀。所以，在车站的分别场面，不亚于生离死别。

蔡能斌回忆道，分别前同学们手拉着手，那种离别之情很难用语言表达，大家拉着的手不肯松开，火车开动了，也不肯放。

"用好好工作来回报战友情"

大学毕业后，蔡能斌被分配到上海市公安局，成为一名技术警察。他的工作职责主要是在犯罪现场拍摄指纹痕迹，为破案提供技术支持。现实中的凶案现场远比电视剧中表现的要残酷得多，四处充满着死亡的气息。尽管蔡能斌已在警校接受过严格的训练，可真正到了现场，他仍然不太适应。

原上海市公安局刑侦处照录像室主任唐良成举了个例子：一座小小的碉堡里有一具尸体，尸体腐烂发臭，地上都爬满了蛆，人闻了味道之后都几乎要晕倒，可像这种情况，蔡能斌也能进去把现场拍下来。

从小把摄影当成艺术的蔡能斌，自穿上警服的那一刻起，肩上就挑起了责任，从此与恐惧绝缘。他克服心理障碍，义无反顾地投入各类案发现场，认真取证，为被害人伸张正义。

当时刑侦总队已经从海外进口了红外光、激光等特殊照相设备，但在实际应用中，这些设备最大的缺点就是不能带到现场，因为它的终端是大型电脑，并配有一个大型的制冷设备。可对于破案来说，时间就是一切。蔡能斌认为，进口的设备，既需要花费大量资金，另外维护起来也不方便，出了毛病也不能马上修复。

蔡能斌萌发了一个念头，用自己所学的知识，对现有的器材进行改造升级，以便带到现场取证。当时蔡能斌的家在青浦，到市区要两个小时的路程。为了节省时间，他索性就住在了单位，没日没夜地开始捣鼓起这些器材。他

蔡能斌用相机采集指纹

白天跑现场，晚上钻暗房，节假日又去泡图书馆，到相关高校请教专家，忙得不亦乐乎。而就在此时，又传来外省当刑警的同学追捕逃犯时牺牲的噩耗，让他的心情雪上加霜。蔡能斌说他有不少同学、战友都牺牲在了一线。他不努力工作的话，对不起已经离开的那些同学。

正在这时，上海浦东康桥地区发生了一起凶杀案，犯罪分子从卫生间的窗子进入室内，在瓷砖上留下了指纹，因为是下雨天，他手上淋过雨了，所以指纹很淡。很多老专家用普通的照相方法去拍指纹，效果都不是很理想。怎样取证，让大家犯了难。据蔡能斌回忆，后来领导就决定把整块2平方米的墙给切下来了。但是光切这堵墙当时就用了三天时间，回来以后还要拍摄，所以花的功夫很大。

时间拖得越久，留在现场的痕迹就会被破坏得越多。蔡能斌愈发觉得自责，研究了许久，对设备改良升级一直没有重要突破。所谓自助者天助之，蔡能斌的钻研精神打动了业内很多学者，他们纷纷为蔡能斌提供帮助。复旦大学首席教授、工程院院士王威琪在采访中说道，把一个东西转移到另外一个新的领域上，蔡能斌的想法是具有突破性的。

在专家的启发下，蔡能斌转换了方向，在普通数码相机的感光元件CMOS上加上特殊涂层，就能拍摄到肉眼看不到的指纹印记，这样就解决了大型拍摄设备不能搬到现场的问题。而此时案件又陷入了另一个难题：原来在案发现场，痕迹大多处于非平面的环境中，而要拍摄到完整的曲面指纹，一直是公安系统想要克服的难题。在千百次的试验失败后，蔡能斌突然从办公室的扫描仪中发现了灵感。据他介绍，曲面灵感来自他们平时扫文件时用的扫描仪，拍摄时不再受到反光的影响，搜集到的指纹也不会变形。

从在别人的基础上升级，到发明出别人没有的设备，蔡能斌践行了对战友们的承诺：用好好工作来回报战友情。

三十年练就"火眼金睛"

如果说蔡能斌的工作常年和尸体打交道的话，那么耿道颖的博士后生涯，却是从"背尸体"开始的。当时，上海准备引进世界先进的伽马刀技术来开展脑部手术，而耿道颖的研究课题选择的正是"伽马刀在人脑手术中的应用"。要让伽马刀发挥更大的效能，必须对人脑的结构有深入了解。于是，到相关单位去"背尸体"成了博士后耿道颖的重要课程之一。

担惊受怕地背了几年的尸体，耿道颖对人脑的构造也了然于心。耿道颖回忆说，把新鲜的尸体放在解剖研究室，然后给它做磁共振，磁共振做好之后再回到解剖研究室去，把颅骨、脑膜打开，看脑沟回的结构。

凭借优异的成绩，耿道颖博士后毕业后被华山医院录用。然而，在人才济济、名医辈出的华山医院，要想脱颖而出谈何容易，更何况，当时的放射科依然是个不起眼的小科室。机遇造人，一个罕见病例的诊断让耿道颖在华山医院崭露头角。

耿道颖入职后不久，医院收治了一名韩国患者。这名患者反复癫痫发作，并伴有抽搐等症状。在做了CT磁共振后进行专家会诊，诊断结果为脑内恶性胶质肿瘤。可耿道颖凭借自己多年的临床经验，认为X光片中出现的阴影不是肿瘤，而是寄生虫。据耿道颖介绍，当时从磁共振上看，她发现那是裂头蚴的典型特点，而不是胶质瘤的特点。在她的引导下，患者一直服用针对裂头蚴的药，后来发现这只虫在往体外跑，跑到最表面的皮层，经过手术开掉了。很长的一个虫体，足足有21厘米。华山医院外科主任钦伦秀说，假如说术前诊断错了，不该开刀的地方开了，对病人来说是一次新的创伤，对医生来讲也是一件非常尴尬的事情。作为临床外科来说，要尽可能降低这种风险。这就基于影像专家的判断，为他们提供各种各样的帮助，是至关重要的。

就这样，当时资历尚浅的耿道颖推翻了权威下的定论，拯救了患者的生命。从那时起，耿道颖在华山医院名声大振。此后，许多科室的医生碰到疑难杂症，总会找耿道颖咨询一下。

华山医院院长毛颖说，在脑神经科的医生中有一句话，意思是能够掌握控制时间窗的话，就会有挽救患者的机会，这个时间窗实际上只有6个小时左右。从一开始，放射科医生所起的作用可能就是最大的。

在耿道颖的从医经历里，经常遇到这样的病人，他们很多是家庭里的顶梁柱，一个人生病，会影响到整个家庭的经济来源。在脑外科手术中，病灶区的开刀，有时会影响到功能区，这样就会给患者带来比如偏瘫和失语这样严重的后遗症，严重影响到今后的正常生活。耿道颖希望通过自己的技术，把这种风险降到最低。在多年的临床经验中，她终于摸索出一套"术中磁共振"新技术。耿道颖说,她希望患者手术成功身体恢复后,又可以像正常人一样生活。

当了30多年的放射科医生,在治病救人这个医生最大的职责上,耿道颖已经走到了第一线。

日光灯灵感助破凶杀案

1995年8月,为了更好地发挥蔡能斌在科技创新方面的优势,刑侦总队还专门成立了由蔡能斌领衔的特种照相实验室。

1996年初,蔡能斌的实验室刚刚成立不久,上海发生了一起恶性杀人案。路人在当时的上海南汇县下沙镇向阳河桥下发现一具用床单包裹的女尸。现场遗留的物证除了床单没有别的线索,而用肉眼从床单上根本看不出任何蛛丝马迹。一筹莫展的刑警把目光移向了蔡能斌。蔡能斌利用了一切能够动用的设备和手段,仍然没有找到线索,案件侦破陷入了僵局。

蔡能斌疲惫地回到家里,突然,他的眼睛紧紧地盯在了日光灯上,久久不能离开。他回忆说,他的灵感其实就来源于家里用的日光灯,日光灯发亮,是因为日光灯灯管里是有荧光粉的,射线照到它后,荧光粉发亮,日光灯就

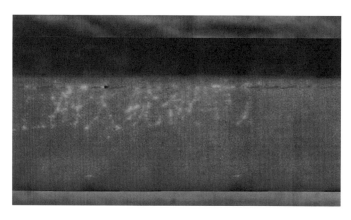

通过探射灯在显微
镜下发现的字

亮了。然后他想，一般的相机对于紫外线不能感光，那么是不是也可以利用荧光粉，将紫外线照上去之后使荧光粉发亮，相当于以前映像的那种效果。

蔡能斌连夜赶回实验室，根据日光灯的原理，研制了一盏探射灯。在探射灯的帮助下，蔡能斌通过显微镜观察，在床单的一角发现少量红色印痕。通过短波紫外反射相拍摄放大，还原了"上海大统被单厂"的字样。蔡能斌的发现，让案情有了重大突破。蔡能斌回忆道，侦查员立即去现场调查，发现大统被单厂的那批等外品只生产了五条，而且全都卖到了浦东的某家宾馆，这样就大大地缩小了侦查范围。办案人员顺藤摸瓜找到了那家宾馆，了解到就在前两天有一对小情侣入住这里，而离开时，房间的床单确实少了一条。于是蔡能斌再次出动，在宾馆房间里拍到了犯罪嫌疑人的指纹照片，最终破获了这起情杀案。

从警30年，创新30年。蔡能斌在刑事案件现场勘查技术的研究领域脚踏实地、默默耕耘，成为人民警察科技创新的典范。近年来，他还主持和参与十余个科研项目的研究，包括国家"十一五"和"十二五"科技支撑计划、公安部应用创新项目、上海市科委科研项目等，获得多项国家专利。

不同的岗位，同样的坚守

蔡能斌和耿道颖最得意的地方，还不只是自己的科研成就。如今，蔡能斌的女儿蔡里叮也选择了和爸爸一样的职业，成为了一名警察。她在上海市公安局经侦总队工作，跟爸爸工作在一个大院里。

蔡里叮说，父亲非常热爱他的工作，也非常热爱研究、钻研技术。有热爱才会做得好，才会做得精。

有意思的是，耿道颖的女儿也选择了和她妈妈一样的职业，成为了一名医生。眼下，她在华山医院的皮肤科工作，跟妈妈也是同一个单位。

耿道颖的女儿说，母亲和她说了一件非常小的事情，就是每到工作日下班的时候，母亲很想体会那种下班后骑自行车回家的感觉，因此每天下班都会骑辆自行车回宿舍，虽然不能骑回家，虽然只有医院到宿舍这样一段短短的距离，但是母亲仍会天天骑车，跟着路上的人流，体验着下班回家的感觉。每当想起母亲的话，她都非常感动，体会到母亲的不容易。

每天上午七点，比正常上班时间提前一个小时，耿道颖医生都会准时打开她办公室的门，开始读片。而下班后的一个小时，也是她读片的时间。尽管已经获得了中国最高等级的科技奖，耿道颖依然认为，她最大的成就还是救死扶伤。

而在出警之外，蔡能斌依然花费大量的时间用于警用设备的研制。最先进的无人机三维地形拍摄，是他的团队最新的科研方向。为战友们提供尽可能多的技术支援，三十多年来，他一直为此努力着。

蔡能斌通过为死者伸张正义，让他们沉冤得雪；耿道颖通过为生者提供准确的诊断，挽救病人的生命。正是有了像蔡能斌和耿道颖这样的生命卫士，在基层岗位上以工匠精神几十年如一日地默默付出，自觉自发地进行科研创新，并应用于工作中，才使得老百姓的生活有了依靠和保障。

海阔天空 | 周恩杰　张　良

本篇人物

周恩杰　上海卫星装备研究院卫星总装组组长
张　良　上海海事测绘中心首席工程师

改革开放以来，中国在迈向科技强国的道路上，用坚实的脚步向世界证明了自己的科技实力，并在航空航天、海洋勘探、高温超导、量子通信、高速铁路等一系列领域走在了世界科技的前列。上海作为中国的科创中心，在"成为世界科技强国，成为科学中心和创新高地"的国家战略中，占据着重要位置。而上海的企业已经成为科研"倒逼机制"的主体，一大批技术工人在科技成果的转化中，用自己的聪明才智不断完善科技成果，实现了由技术工人向科技工匠的华丽转身。

"炸药包上走钢丝"

2017年1月5日，我国在西昌卫星发射中心用长征三号乙运载火箭，成功将通信技术试验卫星二号发射升空，中国航天2017年首次发射实现"开门红"。

当人们欢呼雀跃庆祝发射任务圆满成功时，上海卫星装备研究院卫星总装组组长周恩杰终于长舒了一口气。作为最后一个离开火箭发射塔的技术工人，周恩杰的任务，是在发射前的30分钟爬到火箭的最顶端，取下卫星的防尘罩，并仔细检查卫星与火箭的衔接部位。这项工作看似简单，危险性却极大。而留给他逃生的时间也就几分钟，周恩杰形象地把它称为"炸药包上走钢丝"。

发射前的空气，紧张到让人窒息，加满了燃料的火箭，就像一颗随时都可能爆炸的炸弹。周恩杰却偏偏要在炸弹上面"动刀"，压力可想而知。对此周恩杰介绍说："卫星已经跟火箭对接起来，整个运载火箭高度在50米，像我的话当时就是趴在整个操作平台上去操作，然后下面一眼就望得到火箭的助推器，下面是空的。"50米高的发射塔架，相当于18层楼的高度，普通人站在上面都会晕眩，但周恩杰还要手拿工具完成最后的调试和装配。这是卫星发射最后的临门一脚，每个动作都不能有半点闪失。万一周恩杰的手上有什么误操作，有个小东西掉下去的话，那整个发射计划就可能被迫中止。因此他需要把每一个动作都做好，每一个细节都把握好，千万不能出错。

一颗普通的卫星上至少有上万颗螺丝钉和几千条导线。与汽车、火车等批量机械化总装方式不同，卫星的零部件都是非标准化生产的。无论是直径小到2毫米的螺丝垫片，还是大到14公斤的太阳翼，都需要总装技工一个一个手工安装完成，装的位置、角度、精度都关乎卫星发射的成败。周恩杰的工作要负责卫星从一无所有，到壳体、

周恩杰手工安装太阳翼

单机装配，模拟太空试验，直到护送卫星到发射基地的最后过程，而整个过程短则三年，长则七年。

周恩杰说："卫星到底装得怎么样，到天上去以后能不能适应恶劣的环境，这就要考验我们装配的水平。而且它是一次性的，是不可维修的，所以你必须要保证它100%成功，而且不出任何的问题。"

奔着兴趣就来到了海测大队

2014年10月30日，我国开始对南极进行第31次科考，这次科考首次在南极进行高精度全覆盖海道测量工作，并在罗斯海找到了中国在南极的第一块新锚地。这一重大历史突破是由"双模"第二代无人艇成功完成的，它的研发者是上海海事测绘中心首席工程师张良。

张良认为，大海既是人类生命的摇篮，也是他们这个行业的归属地，而人类对海洋的了解其实少之又少，海洋有太多深层次的秘密，是需要人类去挖掘和探索的。

张良出生在一个军人家庭，从小的耳濡目染让他对"责任"和"担当"有着特殊的理解。由于父母工作的原因，张良常年不在父母身边，他从小被爷爷带大，孤独的童年让他爱上辽阔的大海。

中国在南极的第一块新锚地——罗斯海

张良和他从小热爱
的大海

90年代初，张良毕业于中国地质大学无线电专业。当
其他同学都选择了高收入的工作时，张良却选择和大海打
交道，进入了上海市海事局，从事技术设备维护和海道测
量工作。张良说："我当时毕业，也不知道自己以后会干
嘛，只是因为这个单位跟海有关，我觉得这应该挺有趣的
吧，当时也是奔着兴趣，我就来到了海测大队。"

谁知凭着兴趣加入东海航海保障中心的张良，等待他
的却是10年漫长而枯燥的测绘生涯。但张良并没有因此而
气馁，他把这种等待当成了锻炼自己心智的机会。

不被牵着鼻子走，就得掌握核心技术

21世纪初，随着中国加入世贸组织，对外贸易迅猛
发展，海运成为一种重要的运输方式，地处长江出海口的
上海，面临着新的发展机遇。为了将其打造成国际航运中
心，上海决定在洋山建设中国最大的集装箱深水港。

2005年11月，张良所在的上海海事测绘中心奉命进
驻开港前的洋山深水港口做最后的扫测工作。根据国际惯
例，大型港口开港通行前，都必须出具一份水下三维水深
地形图，确保港口能够安全通航，否则无法开港。然而就
在扫测临近尾声的时候，多波束探测仪突发故障，扫测工

作被迫停止。但是由于该设备从德国进口，核心技术长期被德国垄断，要想修好，必须等待国外技术人员的档期，并承担每天3 000欧元的昂贵人工费。张良回忆道：国外工程师表示目前没法过来，并告知他们，如果排计划来，至少在几个月以后，但工程已经进行到一半，不可能等到几个月后，洋山港开港时间也不容许延误几个月。

洋山深水港是国家重点工程，设计年吞吐量近300万标准箱。晚开港一天，都将为国家带来百万元人民币的经济损失。上海等不起，国家更等不起。张良深深地感受到了技术受制于人的无奈，于是他决定自己想办法找出毛病，解决难题。

张良对多波束探测仪里里外外进行仔细排查，最终发现问题出在一块石棕板上。石棕板是多波束探测仪上最重要的信号同步装置，由于长时间使用耗尽了电池，导致整个探测仪无法工作。

张良说："我们就向厂家提出，把电池模块一块儿寄过来，我们自己更换。厂家就告知我们，说不是简单换一块电池的事，里面集成块需要重新写固件，这个固件你们自己肯定搞不了。"

一句"你们自己肯定搞不了"深深伤害了张良作为中国人的自尊心，他暗自下决心一定要证明给德方厂家看。张良想到用另一性能相近的部件暂时替代石棕板，但两种部件的接口电子线路不同，必须对集成程序进行改造，难点在于缺乏详细的电路图和技术资料。张良和同事找出了德国厂家全部的原版说明书，一边翻字典，一边上网查资料，翻译打印的纸质文档装订起来足有一人多高。整整在办公室住了一个多星期，经过了无数次的失败，他们终于啃下了这块硬骨头，只用了不到10天的时间，就成功修好了多波束探测仪，为洋山深水港一期如期开港扫清了障碍，避免了因延误开港而造成巨额损失。张良介绍说："我们也是尝试性地自己把程序写进去，然后修改一些DIP开关，最后通过实践发现，我们这个方法是可行的。"

然而，张良并没有因为这次偶然成功而沾沾自喜，通过这件事，他更清醒地意识到，要想不被别人牵着鼻子走，就必须把核心技术牢牢地掌握在自己手里。在上海海事测绘中心的支持下，张良领导他的团队，仅仅用了不到三年的时间，就用中国人自己的聪明才智，彻底解决了包括各类多波束系统、侧扫声呐系统、水下机器人等共计40多个大类900余台（套）进口测绘设备安装、调试及故障排除难题，为国家节约了上千万元的经费。

"装得准，测得精，干得快"

与军人家庭出身的张良不同的是，周恩杰来自农民家庭，由于父亲长期生病，学习成绩优秀的周恩杰只得放弃考大学的梦想，进入上海纺织机电工业学校。由于家里穷，上学的钱都是亲戚凑的。周恩杰的妻子说："他们家小的时候住的是草房，而我们是砖瓦房。他们家的稻草房，下雨的时候外面下大雨，家里下小雨。"

20世纪90年代初，能够进入纺织机电学校，相当于一条腿已经迈进了国企的大门，手上捧着摔不碎的铁饭碗。然而，令周恩杰万万没想到的是，四年苦读下来，上海的纺织厂几乎在一夜间关门倒闭，一心想毕业后挣钱养家的周恩杰一下子蒙了。

有人说：世界在给你关上一扇门的同时，会为你打开一扇窗。随着国家经济结构的调整，在纺织国企大规模关停并转之际，中国的航天事业迎来了春天。成绩优异的周恩杰被老师推荐给了来招人的上海卫星装备研究院，并幸运地进入了卫星总装车间。

周恩杰回忆道，1998年到1999年刚进车间的时候，工资只有四五百元一个月，他记得自己有一个月大概吃了两三个星期的方便面。但农民出身的周恩杰从不抱怨，并异常珍惜这份工作。正当他撸起袖子想要在总装车间大干一场的时候，谁知师傅根本不让他碰卫星，而是安排他去缝制卫星的防护罩，这一缝就是整整三年。周恩杰记得自己当时很不理解，"我说我搞卫星总装的，怎么让我踩缝纫机啊？有一句话叫'男做女工，越做越穷'。后来我师傅跟我解释，说造卫星其实它不是光拧拧螺丝钉这么简单的事情，它要你学会很多的技艺和本领，你现在所学的踩缝纫机，只不过是你所有技艺当中的一项。"

上海卫星装备研究院汇聚了许多高精尖人才，学历不高的周恩杰知道，要想在自己的岗位上有所作为，就必须从知识上做好储备。于是他从不高的工资中挤出学费，报考了上海交通大学夜大。他白天在闵行的总装车间上班，晚上下班后啃着冷馒头，坐2个小时的公交车到徐家汇去上课。周恩杰就这样风雨无阻地坚持了五年，完成了在上海交通大学计算机专业的全部课程。

机会往往是留给有准备的人的。周恩杰终于被调到了"能摸到卫星"的岗位上，参与安装了"风云"系列卫星。有心的周恩杰在长期的工作中发现，"风云"卫星存在精测数据采集不规范的现象。卫星在离地球三万六千公里远的太空中要"站得稳"，才能让卫星的相机镜头"看得清"，任何一个单机的安装都必须要保证精确性。但目前对卫星精测数据的采集，是靠手工录入数据的老方法。

有好几次，由于现场环境比较嘈杂，报的人报完之后，听的人没听清楚，他用手去记，记完之后结果数据是不对的。周恩杰认为这个问题不能老是这样，总归要想办法去把它解决掉。后来他就想，能不能用计算机编个软件，实现自动采集数据的功能，自动计算，这样就不会出错。

周恩杰充分运用了在大学学到的知识，白天正常完成装配工作，总结精测数据采集规律和计算方式，晚上一回到家，他就坐在电脑前查资料编写程序，经常废寝忘食到深夜。他的妻子一开始对他意见很大，因为他到家已经很晚了，却经常捧着电脑，还在那里苦思冥想的。面对妻子的不理解，周恩杰并没有在意。作为一名没有软件开发背景的普通总装工人，周恩杰只有付出比别人更多的努力。但他坚信只要肯下功夫，就没有干不成的事。周恩杰有时候突然一个灵感来了之后觉得睡不着了，一下子就来劲了，可能工作到半夜两三点。

就这样没日没夜地加班加点，半年后，周恩杰真的写成一套完整的卫星精度测量软件。让他自己也没有想到的是，这套软件竟然得到了院里专家的一致认可，还开创了卫星精度测量数据自动化采集的先河。

周恩杰有一个称号，叫"装得准，测得精，干得快"。他还自己编制了一套用于数据采集以及测量后计算的软件，具有三个优势：一是提高测试精度，二是提高测试过程的速度，三是提高测试后的处理速度和准确度。

把难题留给自己

2001年4月1日上午，中国空军飞行员王伟奉命执行对非法进入我国领空的美国军用侦察机的跟踪监视任务，美侦察机不仅多次无视中方发出的警告，还在飞行中撞毁中国战机,致使飞行员王伟光荣牺牲。

王伟落海后,海军及地方有关单位和人民群众展开了大规模的搜救行动。由于海上搜索设备落后,加之气候环境恶劣等因素,搜救工作推进缓慢。这件事深深刺痛了有"军人情结"的张良,于是他萌生了研发一艘在任何气候环境下都能正常工作的深海无人驾驶勘测艇的想法。张良说:"我们到处去调研,一些科学院所我们都去调研过,人家问我们能投多少经费来研发,我们只能坦白地告诉人家,目前一分钱都没有。"

没有经费,只有几个年轻人满腔的热情。经过无数次碰壁后,张良和他的伙伴用真诚打动了同样想为中国的海洋勘测做些事的研究部门,最终由上海大学负责自动化远程操控,青岛北海船舶重工担任船体设计研发,张良所在的海事测量队则负责船体任务载荷搭载等总体设计,从设备调试到下水试验,张良几乎都亲力亲为。

张良回忆说:"当时我们开玩笑说,你每天出差,哪怕啥也不干好歹也有补贴,但这个任务每天都在干活,到头来可能还得自己贴钱吃饭,但哪怕是在这种情况下,大家都干得特别高兴,因为能看着自己研发出来的无人艇慢慢地在走向成熟。"

历经千辛,张良终于迎来无人艇下海测试了,但第一天测试无人艇就失控撞到了码头,船体受损,实验被迫中断。而一旦在使用过程中发生故障,可能不单单是撞码头,如果撞到其他的船,比如油船,那可能对他人的生命财产安全会造成更大的损害,这样的损失大家是没有办法承担的。

失败了就从头再来。三年时间里,通过上百次的试验,在没花国家一分钱的情况下,张良及其团队硬是靠着技术和激情让梦想变成了现实,成功研制出了我国第一艘拥有完全自主知识产权的水面无人测量艇,填补了我国海洋测绘远程操控无人驾驶测量领域的空白。

更让张良没有想到的是,无人艇的首秀竟然是在新中国成立以来最大规模的南海巡航任务中。近年来,南海局势紧张,而我国对南海的大规模测绘还停留在20世纪50年代。没有海图这双"眼睛",中国在南海就很难施展拳脚,彰显主权。

2013年2月,张良所在的"海巡166号"奉命开赴南海展开南海海域的测量工作。在首站西沙群岛,张良和他的团队就接到了来自海军某基地的紧急求助。张良记得，当时基地军港竣工半年左右，但是在第一次靠泊大型船舶的时候，就发生了搁浅触礁的险情。刚建好的军港下有暗礁，这让大型驱逐舰、登陆舰无法靠港。港口方请求张良所在的"海巡166号"测量船帮忙测量水下暗礁的具体位置。当时张良和"海巡166号"的严明元船长去实地一看，大家觉得这个地方"海巡166号"测不了。因为"海巡166号"有将近80米长，而码头才120米长，也就是说"海巡166号"虽然能开进去，开进去之后只能靠泊，没办法在里面掉头。严明说，大船肯定是进不去的，唯一依靠的只有无人艇，但对无人艇，大家没有接触过，怎么运用，心里都没底。

在大家怀疑的目光中，这艘6米长的无人小艇搭载着最先进的探测设备，仅仅用了一个下午的时间，就出色地完成了军港池底的测量。收集回来的数据更让人惊喜，港口方最初反映有5处暗礁，但经过无人艇的精确测量发现了8处。

为期20多天的南海巡航，张良所在的东海保障中心完成了对南海海域环礁的勘测和复核，为稳定南海局势、彰显我国在南海的主权以及之后南海的航海保障设施建设打下了坚实的科学基础。

"不可能完成的任务"

而此时，周恩杰所在的上海卫星装备研究院遇到了一个史无前例的难题：通信试验技术2号卫星由于特殊技术原因，要求太阳翼水平展开。太阳翼就是俗称的太阳能帆板，它是卫星动力的重要来源。国际上几乎所有卫星的太阳翼都是垂直展开的，没有水平展开的先例。由于设计安装难度太大，研发周期长，连专门做太阳翼的单位都婉拒了这个任务。"求人还不如求己"，上海卫星装备研究院决定自己搞，他们找到了有着丰富装配经验的周恩杰。

周恩杰解释了其中的技术难点："垂直展开的话很简单的，上面挂一个弹簧震，把太阳翼的重力给抵消掉，就可以了。但是水平展开不一样呀，你要考虑的问题就多了。"

想让太阳翼在失重的太空环境下水平展开，除了要考虑摩擦力、风阻对太阳翼展开的影响，同时还要对太阳翼的展开进行精准配重，设置有效的刹车装置，一环扣一环，每一环都对装配的精度有着极高的要求。就这样不断地试验和总结，周恩杰终于使太阳翼水平展开达到了50%的成功率。太阳翼虽然能水平展开，但却始终无法在点位刹停，研发工作遇到了瓶颈，周恩杰为此感到心力憔悴。

卫星发射的时间早已定好，不容更改。距离发射时间越来越近了，周恩杰和他的团队只能加班加点通宵干。但是连续的失败，让很多人开始怀疑，甚至质疑太阳翼水平展开的可能性。周恩杰记得那时的争论，他说："好多人都提出，说这个怎么办呀？没法搞的呀，能不能想想别的办法，不要搞太阳翼水平展开了，还是跟对方商量商量，要求他们搞垂直展开算了。"周恩杰坚定地说："这不可能啊，已经这样子定了，硬着头皮也要上，再怎么苦再怎么累，你还得要坚持下来。"

那段时间应该是周恩杰最难熬的一段时间了，身上的压力到底有多大，只有他自己知道。他经常走路恍惚，坐车常常坐过站，整个人都有些神经质了。周恩杰说自己可能早上4点多钟的时候就已经醒了，之后就再睡不着了，他一直想努力克服这种状态，但是好像这么多年来一直克服不了。

即使在最难的时候，周恩杰也没有想过放弃，他始终没有忘记自己是一名共产党员，在这个时候他必须带领大家克服心理和技术上的障碍，共同闯过难关。善于总结的周恩

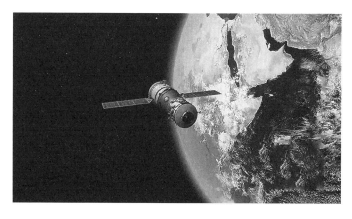

卫星太阳翼水平展开成功

杰发现，不能总是钻牛角尖，需要另辟蹊径才能找到解决办法。他回忆道，"自己灵光一闪，就想能不能搞个挡板，我给它个提前量，太阳翼一展开以后，直接碰到那个挡板再反弹回去，然后正好是在太阳翼处于水平的这个状态"。

把复杂的事情变简单，把简单的事情做完美，周恩杰就是通过这样一种简单的方法，既节约了成本，又提高了效率，终于攻克了太阳翼水平展开这个"不可能完成的任务"。

2017年1月，通信技术试验卫星2号如期来到了酒泉卫星发射中心。周恩杰作为总装主岗，又一次爬上了50米高的发射台，进行最后的装配。但这次可能由于心系太阳翼，他在最后时刻花了比原来更多的时间，导致来不及撤退，只能在发射前钻进了地堡。周恩杰还记得自己当时复杂的心情，他说："我对我装配的太阳翼是非常有信心的，我们也是经过了这么多的磨难，才把它装配出来，但是我得看到结果呀，结果看到了我才能放心，才算成功。"

卫星发射后，周恩杰从地堡里回到宿舍等待消息，整整两个小时，他如坐针毡，直到手机收到"太阳翼成功展开"的消息。周恩杰说，他当时一下子就释怀了，当时在宿舍，还有几位同事，因为没有酒，就拿水，拿杯子，大家干杯庆祝，又是跳又是叫，非常高兴。三年的辛苦，三年的委屈，三百多次失败，终于在这一刻化作泪水都烟消云散了。

国际上从来没有太阳翼水平展开成功的先例。而周恩杰这个农民的儿子，一位中专毕业的上海工匠，却凭借他的坚定意志和聪明才智，感染着同事们，并带领大家做到了。

"不孝"的他选择了为国尽忠

与周恩杰三年磨一剑的研发任务不同，张良的任务往往突如其来，让人措手不及。2014年3月8日，马来西亚航空公司MH370航班在起飞后不久突然失联。机上239名乘客和机组人员下落不明。为了尽快进行海上搜救，张良所在的上海海事测绘队接到命令后，在第一时间内组织人员和设备，踏上了寻找马航客机的漫长旅程。谁也没有想到，这一走就是157天。

这场说走就走的任务从泰国湾开始，最后到达了"世界的荒漠"南印度洋。张良和队友们一路向南，探寻同胞的下落。张良说："我们去寻找马航，真是目的地未定，归期未定。45天，没有见过除了我们船之外的任何一条船，没有见过其他任何一个人，也没有见过陆地，整整45天在海上漂，到最后补给都没了，吃的菜都没有了。"

然而，谁也没有想到，当张良远在海上搜寻祖国同胞的时候，抚养他长大的爷爷也突发心梗离开了人世。张亮说："我和我爷爷奶奶的感情特别深，我从小是在我爷爷奶奶身边长大的，我爷爷奶奶，事实上就是我的父母。"家人希望张良回来看看，送爷爷最后一程，尽长孙最后的孝道。单位通情达理给他准备好了回国的一切条件，但张良犹豫了。他不想在这个时候，占用宝贵的资源，给国家添麻烦。

同事李永奎说："过了几天，我才知道他家里出现这么大的变故，但之前我们在搜寻的时候，他还是连轴转，一天只睡三四个小时。"同事韩磊说："他爷爷走了，我当时陪他哭了，我觉得很委屈，我说你干嘛不去说？这也算大事情，你爷爷从小把你养大，连最后一面都见不到，这算什么？"张良说，"与寻找200多名乘客相比，个人的事就变得十分渺小了。我想还是以任务为重，不孝也只能这样了。"

作为长孙他必须尽孝，作为共产党员他必须尽忠。"不孝"的张良最终选择了对国家尽忠，他说这是一名共产党员的担当。他和他的团队航行两万多海里，完成了面积25万平方公里海域的搜寻工作，并出色完成了中、马、澳三方联合搜寻的技术协调工作，展现了中国海事搜救水平。上海海事测绘中心党委书记刘瑾说："海事测绘的行业特点和工作特性，要求我们的一线测量人员，在工作当中不能有片刻的懈怠。正是因为有这种工作要求，造就了尺幅千里、追求卓越的海事测绘的工匠精神。"

张良又重新启航拥抱星辰大海；周恩杰望着卫星冲上云霄，探索着人类未知。无论是面对浩瀚无垠的宇宙，还是变幻莫测的深海，中国人从未停止过脚步。

正是因为有无数个像周恩杰和张良一样的科研工匠的身先士卒、默默无闻、精益求精的付出，用智慧和汗水攻破一个个核心技术难关，才使我国在重要前沿科技领域实现跨越发展的脚步更加扎实、有力，让中国的航天兴国梦、海洋强国梦变得越来越清晰、越来越明朗。

自我跨越 | 王曙群　张翼飞

本篇人物

王曙群　中国航天科技集团公司载人航天交会对接
机构总装组组长、特级技师

张翼飞　沪东中华造船集团公司电焊工

从一线工人到航天匠人

2015年9月3日上午10点，伴随着70响礼炮鸣放，纪念中国人民抗日战争暨世界反法西斯战争胜利70周年大会在京隆重举行，天安门广场举行盛大阅兵仪式。千余名来自全国各行各业的优秀基层代表应邀见证了这一伟大的时刻，王曙群因为获得"中华技能大奖"，成为上海航天系统唯一的技术工人代表，也在天安门观礼台上观摩了阅兵仪式的全过程。

作为一名基层职工，王曙群感到非常自豪，能够参加这样的观礼活动，充分体现了国家和社会对他们行业劳动者付出的认可。

1970年出生于上海的王曙群，是目前国内唯一的载人航天交会对接总装组组长，也是中国航天科技集团公司最年轻的特级技师。

1989年，王曙群从新中华机器厂技校毕业后，便被分配到上海航天设备制造总厂从事钳工工作。王曙群回忆说，那是他人生中特别重要的几年。上海航天设备制造总厂严格的培训，让他在工装模具、零件制造的操作方面受益匪浅，也为日后"太空之吻"的实现，打下了坚实的基础。

20世纪90年代，中国载人航天"921工程"正式上马，并确立了中国载

上海航天"921"
团队先进事迹报
告会

人航天的"三步走"的发展战略：第一步，发射载人飞
船；第二步，掌握空间飞行器的交会对接技术；第三步，
建造空间站。

　　1995年，空间飞行器交会对接机构的研制项目正式启
动。王曙群开始参加我国航天对接机构原理样机的研制工
作，从模样阶段、初样阶段，到正样产品赴基地接受实践
考验，每一步都艰难曲折。但是他凭借对航天事业的热爱
以及不服输的精神，坚持下来了。

　　厂长陆海滨说，半夜里厂里有什么事情，只要给王曙
群打个电话，他骑辆自行车马上就会赶过来。现在回想起
来，觉得王曙群实在不容易。

精密小零件，助推航天梦

　　作为航天对接机构小组组长，王曙群负责交会对接关
键产品——对接机构的装调。对接机构有118个测量动作、
位置、温度的传感器，291个传递力的齿轮，759个轴承组
合，11 000多个紧固件，数以万计的导线、接插件、密封
圈和吸收撞击能量的材料。林林总总的接插件，密密匝匝
的电缆线，看起来都眼花缭乱，装配难度可想而知。

　　两个重达8吨多的飞行器要在太空中实现对接，关键就是对接机构中的12把对接锁，它们主要的功能是实现两个飞行器刚性的连接。这12把锁的锁钩必须同步锁紧、同步分离。对接、分离相关各舱室的气体不能泄漏，而且舱与舱之间要"天衣无缝"，结合时必须保持平稳，不能剧烈晃荡。

据王曙群介绍，电路浮动连接器插头的针很细，直径在1毫米左右，如果对接的位置或姿态有所偏离，插针就可能受损，从而导致信号大量消失，倘若信号消失，地面就无法判断两个飞行器的姿态或控制状况，最终导致对接任务失败。

王曙群带领团队经过多次试验后发现，对接的分离姿态与设计要求产生了较大偏差，而且找不到相关规律，大家一下子陷入了迷惘之中。设计人员经过反复核算、反复评审，确认设计原理和方案都没有问题后，判断问题可能出在了装配过程中，倘若这一问题得不到解决，交会对接梦想就无法实现，航天科研人员多年付出的心血，也会白费。

王曙群说，当年美国"挑战者"号航天飞机的爆炸，只因一个密封圈导致。密封圈的价值可能也就几十美元，但它造成价值几十亿美元航天飞机的爆炸、七名宇航员的丧生，实在让人痛惜。王曙群认为，人命关天的事情，容

为攻克难题而在车间忙碌的王曙群

不得半点马虎。

从发现问题的那天起，王曙群就较上了劲。为了早日攻克难题，他走路时想、睡觉前也想。在他心里，对接机构甚至比儿子还要亲。一个星期天，王曙群的爱人临时加班，嘱咐同样加班的丈夫早点下班去接在学校补课的儿子。然而，王曙群忙起来就忘记了时间，当他想起接儿子这件事时，天色已晚，天空下起了大雨，站在雨中的王曙群不知所措，因为他不清楚儿子的学校在哪里。那天，儿子冒着雨独自回到家中，妻子大发雷霆，王曙群非常惭愧。妻子表示，儿子在哪个班级丈夫都不知道，她和儿子实属无奈，但一想到丈夫的工作确实很忙，也会尽量体谅他。

通过近一年的反复试验、摸索，王曙群终于找到了问题的症结。他发现，钢丝绳延展性好，但也会导致张力减小，张力一旦减小，就会造成12把对接锁运动的不同步。他马上提出改变钢索旋向以及对钢索进行预拉伸处理的工艺方案，同时将判断锁钩同步性的测量方法进行调整，一举解决了困扰对接机构团队近两年的对接锁系同步性协调难题。

王曙群感慨，很多时候和设计者争执的内容，就是工艺流程、工艺方案或是设计图纸上某些不合理的地方。王曙群的徒弟赵杰说，一般人只知道跟着设计去装配，而王曙群发现不太合理的地方，就会据理力争，他不惜千辛万苦解决问题，就是为了确保对接机构上天运行能够万无一失。

"免检'焊神'"炼成记

而在地处黄浦江畔的沪东中华造船集团公司，也有一个人在为着同样的万无一失而努力。

这一天，公司承制的运送化学品的巨型货轮，在舱体的过油泵和船体焊接的过程中却发生了意外状况。

根据建造要求，整个过油泵从甲板到舱底12米的高度必须完全垂直，总体误差不能超过10毫米，这就意味着甲板上过油泵的顶端焊接，变形误差只能控制在1毫米之内。现场的焊接工人不论怎么做，也达不到技术要求。

在现场不断大声指导的人，就是全国劳动模范、全国技术能手，业内大名鼎鼎的"焊神"张翼飞。摸清现场情况后，张翼飞提出利用激光校准的帮

"焊神"张翼飞现
场指导工作

助，采用对称焊和后退焊结合的方式，果然控制住了焊接
变形。现场的工友无不为他准确的判断和精湛的技艺竖起
大拇指。

　　张翼飞认为，焊工要有追求极致的精神。焊接过程中
鳞片交替，形成了很漂亮的鱼鳞片，这个过程像是在打造
最美的工艺品。追求完美，是张翼飞对自己的要求，若有
一点瑕疵，他自己心里会很难受。一口气焊接8米的钢板，
焊缝没有断头和接口，是张翼飞曾经创下的纪录，至今没
有人能打破。在他看来，尽管电焊工作又脏又累，但也要
把活干漂亮了。做到钢板上绣花，才对得起追求极致和完
美的工匠精神。

　　20世纪70年代，人们对于资深技术工人总会刮目相
看，坊间相当流行的一句话是"学会车钳刨，走遍天下都
不怕"。初中毕业后，渴望为父母分忧解难的张翼飞，放
弃了上高中的机会，来到沪东造船厂技校电焊班学习。
1977年，张翼飞以优异的成绩正式进入沪东造船厂工作，
如愿以偿地成为一名技术工人。他给自己确定的目标，是
做一名"免检焊工"。张翼飞说，别人眼里的自己心平气
和，但他内心其实从来都很要强。比如在一个班组里，别
的焊工烧得比他好，他就一定会过去学习，取长补短。

　　造船属于脏、累、苦、险的行业，艰苦的施工条件和
作业环境，对于身高1米9、戴着深度近视眼镜的张翼飞

来说，更是难上加难。被电弧光灼伤眼睛、吸入有毒粉尘、腰部扭伤、忍受船舱近60度的高温等电焊工作带来的职业病和艰辛，张翼飞在入行初期就都有过体验。这些困难不但没有吓退他，反而激起了他研究焊接工作的兴趣。他把每一件焊工产品都当作工艺品来完成。经过反复操作，他不仅能够确保质量合格率，还动脑筋在提高效率、减少耗材上下功夫，很快就在厂里的技术比武中脱颖而出。他把所有的焊缝转到不好烧的位置去烧，别人不愿意干的活他去，经验越多，技术也提高越快。

1987年，张翼飞参加上海市工人技术业务比赛六级焊工决赛，获得第六名成绩的他仍不服气，回来后更是一门心思放在"练活"上。一有时间就查阅资料、请教师傅，不放过任何学习机会。功夫不负有心人，两年后，他终于获得了这个项目的第一名。凭借这股不怕吃苦的钻劲，张翼飞以无可争议的技术水平和生产实绩破格晋升为焊接技师，成为全厂最年轻的工人技师，此后又晋升为全厂第一个焊接高级技师。谦虚的张翼飞认为，大概是因为自己初生牛犊不怕虎，要求比较高的活他愿意去干，久而久之也就形成了良性循环，干的活难度提高了，工作进度也就跟着变快。

1997年亚洲金融风暴席卷全球，国际间的货运业务急剧减少，国际航运业因此受到不小的冲击。而此时，沪东船厂为国外船东承建的4艘集装箱货船已到了交货时间。但船东为了减少自身的损失，多次以建造质量不过关为由拒绝收船。据张翼飞回忆，当时船体部分全都造好了，验收三个星期，可国外船东几乎每天都让他们修船。沪东中华造船厂的书记孙伟民也说，当时的情况对企业来说简直是灭顶之灾，因为国外船东如果知道货船频繁维修，焊接水平如此之差，企业成交订单就会越来越少，没有订单，企业就面临着生存危机。

4艘集装箱货船压着沪东船厂所有的流动资金，而船东的借口更是让企业雪上加霜。关键时刻，张翼飞挺身而出，主动请缨负责所有后续的焊接。

张翼飞介绍说，货船最上方是驾驶室，当年造船的时候，里面有一个类似箱体的结构件，四块板都能烧，烧好之后在上面盖好盖板。外面好烧，但里面不好烧。根据经验，他确定好位置后就在外面观察，里面焊外面就会红，他就看着这个红点盲烧。

看不到的地方都能依靠观察钢板的发红程度盲烧，且没有任何瑕疵，这让同行的外国专家不得不折服。国外船东一直吹毛求疵的驾驶室内部的焊接点，经张翼飞的一双手，化腐朽为神奇。国外船东纠缠了一个月的问题终于得到解决，5分钟验收时间都不到，他们就把合格报告交给了张翼飞。从此，张翼飞名声大振，中国有个"焊神"，连国外同行都知道了。

坚守16年，盼来"太空吻"

当张翼飞通过一件件焊接工艺作品证明自己的"焊神"地位时，王曙群却依然无法得到产品成功的反馈。因为对他来说，唯一真正的成功只在于最后对接机构上天的那5分钟，之前只能是一次次的测试。这个过程已经持续了十几年，从无到有，从设想到图纸再到样机，王曙群的较真和执着，甚至发展到了偏执的地步。通过模拟各种极端环境，进行的不断试错和完善的过程，他对自己的要求更为苛刻，更是不允许有一点点的瑕疵和疏漏出现。

王曙群说，他们会设定不同的俯仰角度、偏航角度或是滚转角度，也有可能会调整撞击速度，模拟出两个飞行器在太空中可能会撞击的初始条件。捕获测试，就是通过人为设置不同角度，来模拟两个飞行器在真空漂浮状态下能否准确"找到彼此"的测试。而缓冲测试，则是在确定它们"找到彼此"的情况下，研究如何避免"硬碰硬"带来的损伤。据王曙群介绍，两个飞行器飞行时，绝对运动速度达到每秒7.9公里，相当于两辆汽车在高速行驶的过程中进行一次撞击，撞击的能量是相当惊人的，所以在地面上要精确地控制撞击的能量，要把这些能量通过内部的一些机构释放出去，才能保证机构正常运动。

仅仅完成捕获加缓冲这个类型的测试，王曙群团队就花费了整整两年时间，一共进行了2 000多次测试，平均每天至少要测试3次。除此之外，需要模拟各种极端情况，进行高低温、连接分离、热真空等多种测试。所有测试得到的相关数据，都会被记录下来，进行分析研究，以便确定最终安全的受控范围，确保最终对接万无一失。

然而，就在所有分类测试即将收官，他们准备到北京进行总体联合试验的前一个月，在最后一次试验中却突然出现一个故障。

据王曙群回忆，那天在真空状态下做对接试验，完成对接之后，在解锁分离的状态下，突然就没法解锁了。进行总船联试的时间不能变，一面是迫在眉睫的时间节点，另一面却是突如其来从未遇到的一个故障点。巨大的压力之下，王曙群根据多年经验，三天内就迅速排查出故障原因——锁驱动中的一根传动轴发生了断裂。王曙群认为，他们得证明自己的设计和加工工艺不存在问题，总装过程和试验过程都没有人为的差错。最终，故障被及时处理，对接机构也得以按时进行整船联试。而当时，王曙群已为这套设备的研发整整付出了16年。

2011年11月3日凌晨，等待了16年的时刻终于来到——"天宫一号"和"神舟八号"对接成功。王曙群的徒弟陈方旻回忆当天的场景，对接前几秒非常安静，就算是绣花针掉在地上也能听见声音。而王曙群在那一刻觉得时间过得很慢，他说，"天宫一号"和"神舟八号"对接成功时振奋的心情，相当于苦读十几年最终考上了自己最满意的学校。

"天宫一号"与"神舟八号"的成功对接，标志着中国成为继美、俄之后全世界第三个自主掌握空间交会对接技术的国家。这是我国载人航天事业发展史上的又一重要里程碑。

16年的风雨兼程、16年的坚守阵地、16年的酸甜苦辣、16年的成功渴望，只为短短5分钟的"太空之吻"。王曙群和他的团队用整整16年无怨无悔的付出，靠一张张图纸、一个个数据、一次次测试、一遍遍重复，终于实现了中国航天空间交会对接的世纪性跨越。

用创新设计传承"中国制造"

就在王曙群享受着16年磨一剑的成功喜悦时，张翼飞却还在潜心研究焊接原理和工艺革新。

一天，自动焊接设备的生产厂商专程从南京赶来，向张翼飞请教几个型号的焊接机器人究竟该如何设置参数的问题。尽管船体规模巨大，每艘船结构不一，造船焊接无法完全依赖自动化生产，但张翼飞还是希望尽可能推行半自动化的焊接机器人，这样不仅减少了对人工焊接的依赖，更能提高焊接质量与效率。此时，他多年积累下来的焊接经验就派上了用处。焊接机器人的生产厂家表示，如果没有张翼飞提供的参数，他们的自动化就很难实现。

张翼飞在工作中推
广半自动化焊接机
器人

　　厂里使用的第一台自动焊接设备，张翼飞记得是2003
年从日本引进的。而13年后，凭借自己多年钻研的焊接经
验，沪东造船厂能够反过来向日本等焊接技术强国输出焊
接技术，这一点让他感到格外自豪。张翼飞激动地说，我
国的焊接方式、焊接工艺、造船理念，大多都已走向世界。

　　从一名普通的电焊工人，到攻克世界级焊接工艺难题
的"焊神"，张翼飞走过的路，背后有着坚定信念的支撑。

　　张翼飞回忆说，那年获得"中华技能大奖"的30名
获奖者被召集到北京，劳动部副部长给他们每个人颁发了
一块纯金金牌，并告知颁发金牌就是为了证明他们是"足
金"匠人。

　　张翼飞的徒弟说："张师傅一直都在鼓励我们要充实自
己，现在国家一直在提倡技术型人才，我们蓝领总有一天
能凭自己的手艺，创造自己的价值。"

　　孙伟民书记评价道，张翼飞一直参与工厂重大焊接工
艺的研制，作为沪东中华的核心焊接技师，他会通过自己
宝贵的实践经验，提出操作工艺上的一些标准。

　　传承、解惑、授艺，是张翼飞这几年来始终坚持的
工作。目前，他带出的众多徒弟已经成长为船厂的技术
精英，奋战在造船焊接的第一线。和张翼飞一样，王曙
群同样非常重视技艺的传承，因为他们都知道中国船舶

梦和航天梦，绝不是仅仅依靠一个人的力量就能够实现的。

平凡"螺丝钉"的伟大梦想

2012年，王曙群首席技师工作室成立，工作室里的年轻技师每隔两个月就会接受一次技能比拼。将一个包括125种408个零件的对接锁在最短时间内装配合格，这是王曙群布置的装配技能常规考核内容。考核非常严格，有些零件在安装时，偏差1毫米也会被判定为不合格。

王曙群说，在他们团队里，"你一定要行，不行也得行！"看似不讲理的工作态度，实际上是为了航天事业不停地朝前赶，不浪费一点时间。

此后，王曙群和他的团队已经迅速投入到为建立空间站进行"一对多"的转位对接机构的研制过程中。转位对接机构样机将被运往实验室，开始新一轮连续三天三夜的测试。为此，王曙群特意赶回了家，抽出时间陪妻子吃上了一顿饭。在妻子看来，丈夫为祖国航天事业尽了一份力，他的工作是神圣的，看过阅兵仪式，她感受到中国正不断强大，这里面也凝聚着很多像丈夫一样的人的牺牲和努力。所以作为航天人的家属，理应支持他们。

而张翼飞的妻子虽然偶尔会抱怨丈夫，但仍会给丈夫做饭，为他按摩以缓解腰伤疼痛。尽管心疼丈夫为了电焊工作而落下各种职业病，但当她看到丈夫每一次在工作上的突破，依然会倍感自豪。她希望丈夫退休前能再为造船事业作出一番贡献，这辈子开开心心从事热爱的事业，不留下任何遗憾。

为了中国的航天梦和船舶梦，王曙群和张翼飞不断追求极致、不断创新。

在张翼飞看来，这辈子他就想把这一件东西做完美。他认为，个人只不过是一个点、一枚螺丝钉，只有所有螺丝钉都合格了，机器才会良好运转。王曙群也认为自己是一枚螺丝钉，他这枚螺丝钉在大系统中是不可缺少的一部分，但在这大系统中，还有更多像他一样的人，在不同行业参与着不同设备的研究，他们都是推动航天发展的力量。

精练手艺，坚守一枚螺丝钉的阵地，在实现自我跨越的同时，更为中国强国梦的每一次跨越添砖加瓦。这正是每一位上海工匠每时每刻都在践行的标准，也是他们最朴素而美好的梦想。

千锤百炼　杨　磊　罗开峰

本篇人物

杨　磊　运-20发动机涡轮轴锻造师

罗开峰　中国核工业第五建设有限公司首席技师、

　　　　焊工班班长

19世纪40年代，电力的广泛使用和钢铁技术的突飞猛进引发了第二次工业革命，人类社会进入高速发展时期。钢铁和电力行业成为国家工业发展不可或缺的基石。然而长期以来，拥有高附加值的特种钢材和作为新能源领跑者的核电技术，始终被西方国家所垄断。

随着《中国制造2025》行动纲领的全力推进，突破技术封锁，成为国家经济发展日益迫切的需求。作为中国最大的综合性工业城市和核心技术策源地的上海，肩负起开拓创新、打破技术壁垒的重任。在高温和烈火的炙烤下，上海的产业工人经历千锤百炼仍不忘初心，他们用智慧和汗水铸就了见证国家实力的国之重器。

运-20背后的故事

2017年7月30日，在内蒙古朱日和的莽莽高原大漠上，一场盛大的阅兵仪式正在进行。中国人民解放军以前所未有的磅礴气势，自信地向世界展示中国自主研发的最新军事装备，以此庆祝自己90岁的生日。

随着阵阵轰鸣，空中作战部队穿云破雾来到阅兵现场。在呼啸而过的空军编队中,有一架被军迷们亲切称为"胖妞"的大型军用运输机运-20格外引人注目。作为我国自主研发的新一代战略军用大型运输机,运-20拥有超强的运载能力,能迅速将装甲车甚至主战坦克运至一线战场。

而此时,远在1 700多公里外的上海,有一个人正在紧张地关注这场阅兵仪式。他就是杨磊——运-20发动机涡轮轴的锻造师。杨磊表示,生产的产品能运用到国家重点的军用装备上,他感到非常自豪。

低压涡轮轴是运-20发动机中的核心部件。由于航空发动机的特殊要求,涡轮轴的形状被设定为一根一头粗一头细的同心圆柱体。目前世界上还没有一台锻压机能自动锻压出符合精度要求的异型件,只能依靠人工锻造。杨磊介绍说,作为特殊的军用装备产品,操作误差必须控制在10毫米以内。

国际上通用的办法是分别锻造出两根不同粗细的同心圆柱体,再将其焊接起来。但是低压涡轮轴必须在高温高速的状态下运转,一旦焊接出现问题,那么极有可能出现机毁人亡的惨剧。要彻底消除这个隐患,就必须将涡轮轴一次锻压成型。作为宝钢特种钢材有限公司锻压事业部的首席操作,杨磊决定凭着自己多年的经验和技术攻克这个难题。然而当他把自己的想法告诉同事们时,所有人都惊

杨磊给涡轮轴做模型

呆了，同事们纷纷表示：杨磊是不是疯了？竟然敢夸下这样的海口！

不服输的杨磊直接把铺盖搬到了车间，带着他的团队开始了夜以继日的钻研。白天他们在锻压机上不断测量数据，晚上则寻找资料，为第二天的实验做准备。

由于涡轮轴采用的是高温合金钢材料，价值上百万元人民币，无法进行重复实操，这让所有人都犯了难。从小就爱动手做模型的杨磊灵机一动——既然实际的钢材不能锻压，那不如做个模型进行模拟。

模型有各种形状，一个形状代表着一个火次的完成状态。为了让模型更接近锻造的效果，杨磊还特意在木头外漆上了红漆，这不仅代表着 1 200 摄氏度锻造炉中火红的钢铁，更是上海钢铁工人为实现强国梦、强军梦而不断探索的决心。经过十多个昼夜的不断钻研和研究，杨磊终于拿出了一整套的涡轮轴锻造数据。第一根一体成型的低压涡轮轴顺利在宝钢特钢的车间被锻造出来。杨磊不服输的性格和对锻造的痴迷，再一次征服了所有人。

"快乐的打铁匠"

对于杨磊来说，对锻造的喜爱，30 年前就深深扎根在了他的骨髓里。杨磊说，他是 1987 年进厂的，刚进厂那会儿，他看到如此先进的设备，脑海里唯一的想法，就是要做好这份工作。

20 世纪 80 年代，上海工业正处于飞速发展的时期，钢铁行业大规模引进了国外先进的自动化锻造机。杨磊所在的班，就是上海为定向培养锻造人才专门设置的班级。而在此之前，中国的锻造工人大多没有经过系统培训，手艺也都是老师傅手把手教出来的。经过系统培训而获得满心优越感的杨磊，当他带着满腔热情走进锻造车间，迎接他的却是一盆冷水。师傅递给杨磊一把榔头，在锻压好的钢材上敲钢印，成了他在车间最主要的工作。这一敲就是三年。和杨磊一起进车间的同学，因为没机会摸到设备按钮而心灰意冷，有的甚至选择了转行。可小个子的杨磊却坚持了下来，不仅如此，他还另辟蹊径从单调的敲钢印工作中得来了学问。

杨磊介绍说，同样的温度，同样的力量，敲得深浅不一样，是因为钢的合金比不一样。在这个过程中他依此类推，变相地掌握了钢材的变形量，对以后的操作也有一定帮助。

锻压车间是宝钢特钢有名的高温作业岗位之一，负责敲钢印的杨磊常常要留在现场，直面1 200摄氏度高温的锻件。在这样的高温下，即使站在几米开外的地方，皮肤都会一阵发烫。

师傅在锻压钢材时，杨磊会仔细观察操作流程。三年中他愣是靠着勤学苦练，将136个操作按钮的位置铭记于心，闭着眼睛都能准确找到所有按钮。

1991年，杨磊被推荐参加全厂的大比武，并一举获得第二名的好成绩。正是在这个时候，宝钢特钢接到了一个新项目——为核电站的主管道锻造筒形钢板。杨磊介绍说，板皮的开配任务，就落实到他们特钢的锻造上，开发这个新品，就显得尤为重要。

在"严师"教导下迅速成长

当杨磊带着他的团队，潜心钻研核电钢板锻造技术的时候，另一位年轻人也投身于了中国的核电事业。在之后27年的职业生涯中，他手持焊枪，以出神入化的焊接技术，参与数个国家重点核电站的建造。他就是罗开峰。

罗开峰的父亲是一名核电施工一线的管道工人。作为"核二代"，对于核电事业的热爱从小就流淌在罗开峰的血液里。20岁那年，罗开峰以优异的成绩通过特招，成为核工业第五建筑公司的一名电焊工。

罗开峰至今仍记得1990年3月第一次焊接的经历。据他回忆，当时师傅把焊枪和电流调好，手把手教他烧了三条缝。他心想，原来当焊工一点都不难嘛！学徒罗开峰依样画葫芦，很快就把师傅留下的一堆T形支架全部焊完。当罗开峰找来师傅检查自己的劳动成果时，满心以为师傅会对他的表现给予夸奖。可师傅却不动声色地拿起了锉刀，将罗开峰焊接的支架一个个锉开，结果让罗开峰傻了眼，焊缝内气泡和夹渣比比皆是，甚至还有地方根本没有熔合。罗开峰等到的不是师傅的表扬，而是严厉的批评。师傅说，要做焊工，就得做好吃苦耐劳的思想准备，这样才能当个好焊工，否则就趁早转行。

所有的傲气和自大都被击退，罗开峰终于意识到，原来焊接是一门很深奥的学问。从那时候起，他就暗下决心要做得更好。不间断地学习，成为罗开峰练就一身精湛焊接技术的秘诀。

每天早晨，罗开峰总是第一个出现在操作台，反复练习焊接技术，直到晚上光线暗得不能再继续工作，他才会离开。除了每天花8个小时以上的时间练习焊接技术，每天早上罗开峰还要练习杠铃和蹲马步，让自己的手和脚在焊接的时候变得更加稳定。

锲而不舍，金石可镂，以汗水铸就的基石盘稳如山，凭借着对焊接近乎痴迷的琢磨，罗开峰参加工作的第二年，就以优秀的焊接技术夺得了公司举办的青工技能大赛第一名。

援建千日，相思万里

1991年根据中巴核能合作协定，中国将援助巴基斯坦在恰希玛地区建造一座30万千瓦压水堆型核电站。

当时中国自主研发建造的第一座核电站秦山核电站已经投入使用，然而西方国家对于中国核技术的安全性和可靠性仍然存有怀疑。作为中国核电出口的第一站，恰希玛核电站的建造工程成了证明中国核电水平最重要的环节。当时中国核工业第五建筑公司承担了核电站核岛和常规岛的全部建造任务。作为公司焊接能手的罗开峰被委以重任，带着一个五人焊接小组，负责恰希玛核电站主管道的焊接工作。一根

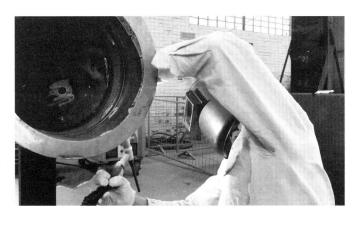

罗开峰顶着近50摄氏度的高温进行焊接

4.8米长、9吨多重、管径接近1米的主管道，焊接变形量要控制在0.8毫米内，差不多就是4根头发丝的直径。这样精确的精度要求让第一次承担重任的罗开峰犯了难。

罗开峰回忆道，第一次焊的时候，在八点钟的一个位置，出现了缺陷。罗开峰当机立断暂停了主管道的焊接。整个焊接小组和技术员用最薄的钢板开始做实验，然后再一层层地往上加码。整整三个月，罗开峰顶着巴基斯坦近50摄氏度的高温，每天焊接超过10个小时，即使是在休息的时候，他也拿着钢板的边角料，反复琢磨焊缝的纹路和角度。罗开峰说，因为管壁很厚，中途的检测只有三次，分别是焊接至15毫米、50%、100%时。也就是说在中途不能再出现其他的问题，特别是产生一些焊接的缺陷，比如说夹渣、气孔。

经过前期千百次的试验和反复攻关，罗开峰和他的团队终于掌握了主管道超厚壁的焊接技巧。由罗开峰焊接的主管道焊缝，在验收时全部达到100%的合格率。

很快，罗开峰到巴基斯坦工作已经满两年。按照规定，他将有一次回国探亲的机会，而这次机会对于罗开峰来说尤为珍贵。1996年，当罗开峰接到前往巴基斯坦建设核电站任务时，他的妻子刚怀孕四个月，出国前，罗开峰把妻子送回了成都老家。妻子在采访中说道，当时她刚怀

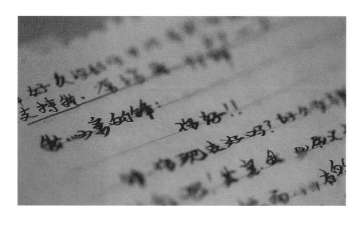

罗开峰把对家人的思念寄托在书信之中

孕，丈夫就要出国，一旦出去，时间可能会很久。当她思念丈夫，眼泪就会情不自禁，想起那段日子，如今的她内心也是说不出的滋味。

到了国外，罗开峰只能把对妻子和孩子的思念寄托在书信之中。当时恰希玛工地有超过500名中国工人，每次给家里打电话，罗开峰都要排上一两个小时的队，只为等待和妻子互诉衷肠的短短几分钟。尽管如此，从工地走到电话亭的500米，罗开峰会觉得无比快乐。妻子回忆道，老家的崎岖山路不好走，怀孕的她全身浮肿，即便这样，她也愿意步行一个小时去公用电话亭，等待丈夫的电话。罗开峰说，他第一次听到孩子的声音是在孩子一岁多的时候，当他听到孩子叫了一声爸爸，内心激动又难过。

到巴基斯坦工作满两年，罗开峰便向公司提出申请，希望能回国探望一下自己的家人，还有从出生就没有看过一眼的儿子。申请很快就被批准了，正当罗开峰满心欢喜地收拾行囊准备回国时，巴基斯坦方却提出了异议。他们说，恰希玛核电站马上就要进入验收环节，如果罗开峰回国了，验收出问题了怎么办？听到这个异议，罗开峰犹豫了，一边是对他报以信任的外国专家，一边是多年未见的家人。左右为难之际，他收到了妻子的来信。信中，妻子劝他暂时不要回国，并安慰道，自己能做的就是尽量支持他，家里的事情，让他不要操心。

罗开峰退掉了回国的机票，专心投入到恰希玛核电站的验收工作中。经过两年八个月的奋战，恰希玛核电站全面通过了巴方的验收，中国核电出口第一战取得胜利。而对于罗开峰来说，在巴基斯坦一千多个日日夜夜，相隔几万里的思念，妻子和孩子，是他工作最大的动力。

罗开峰的妻子说，她舍不得丈夫，心疼丈夫去那么远的地方从事如此高危的工作。她曾经买毛线学针织，只为给丈夫织一件毛衣，希望异国他乡的丈夫天冷的时候能够穿上，更是寄托了自己对丈夫的想念。罗开峰回忆说，那件毛衣一直陪伴着他，去了巴基斯坦、去了秦山二期、去了三门……

罗开峰表示，电焊工就要不怕烫、不怕苦、不怕脏，前期付出越多，核电运行才能越安全，老百姓也就越安心。

"钢铁工人，绝不能被温度打倒"

当罗开峰努力克服高温铁水对焊接稳定产生的影响时，在上海宝钢特钢的锻造车间里，杨磊也正在经受高温带来的最艰难挑战。自从进了特钢，有一句话时常挂在杨磊嘴边：钢铁工人，绝不能被温度打倒。然而这一次，杨磊却被温度给难住了。

2003年，一家国家级重点科研单位向宝钢特钢提出要求，需要锻造一批新型难变形高温合金产品。这种钢材的可变形温度范围只有区区50摄氏度。杨磊介绍说：如果温度过高，材料变得就像豆腐一样，一碰就会开裂；温度低了，它就根本不能变形，像金刚石一样坚硬无比。

50摄氏度的温度区间意味着锻造时间只有短短5分钟，即使是三秒钟就能锻造一次的熟练工人，在5分钟内也只能锻造100次左右。之后钢材就必须重新回炉3到4个小时进行升温。而要完成整根钢材的锻铸，这样的回炉至少需要10次，是一般钢材回炉次数的两倍。

杨磊介绍说，火次增加，会造成能源的消耗，势必还会增加锻铸的难度。怎样才能在不影响锻铸效果的情况下，增加高温合金钢的锻铸时间，杨磊再一次陷入了沉思。

时值8月，正是一年中最热的时节，锻造车间内1 200摄氏度的火炉更是让车间的温度直线上升。为了给工人们降温，厂里会在车间内的指定地点提供冷饮。一天

被包裹上防火棉的
红钢

杨磊无意间看到包裹在冷饮外的棉布包，这让他突然想到了一个办法。杨磊说，夏天保存棒冰，为什么给棒冰盖上棉毯？这是为了不让它快速融化。锻铸时的道理也是一样的。于是杨磊找来一大块防火棉，把烧好的红钢包裹得严严实实，再次测量温度，果然红钢的降温速度减缓了。

之后杨磊和团队成员更是采用预热、保温、高温锻压等一系列非常规手段，最终将原本5分钟的锻造时间硬是延长到了宝贵的8分钟，从而一举打开了新钢种锻造的光明之门。杨磊的徒弟说，包石棉从炉子里拿出来就有1 000多摄氏度，工人上去包的时候是非常烫的。他一旦看到没有包好，就会上去铲掉，重新再包，这样的温度、这样的环境可想而知有多么艰苦。

千锤百炼之下，杨磊不仅完成了对高温合金钢的锻压，将无可匹敌的"硬度之王"加冕在了国之重器上，同时也把自己锻造成了一块好钢。在这之后，他仍不断自我加压，形成了一批实用性强、操作简便、收效显著的新工艺、新技术。并总结出快锻生产的八项先进操作法，被工友们亲切地称为"工人专家"。杨磊成为公司技师队伍中的杰出代表，以他名字命名的先进操作法申请了16项专利，也累计创造了近亿元的经济效益。

挺身而出的"先锋焊将"

正当杨磊努力攻克一个个技术难关的时候，远在秦山核电站的罗开峰，也同样遇到了更为紧迫的任务和挑战。2001年，告别了恰希玛核电站，罗开峰又接到了新的任务——秦山核电站二期主蒸汽管道的焊接。凭借着在恰希玛积累的丰富经验，罗开峰带领组员在不到一年的时间里，就完成了全部12根主蒸汽管道的焊接，并且顺利通过验收。然而还没等他喘口气，一个坏消息传了过来：由其他组负责焊接的秦山二期一号核岛主管道在检查中，被发现接管座处焊缝存在线性缺陷。罗开峰表示，必须要返修，否则裂纹会随着时间的推移而发生变化，它会成为今后核电站安全运行的隐患。

经各方专家确认，缺陷位于离管道内壁约2毫米的位置，挖补修复难度极大。一旦挖穿或者缺陷处理不干净，就会导致严重的核安全隐患或者整段管道的报废。如果主管道报废重新生产，周期将超过3个月，经济损失上百万元，这无疑对当时已经装料完毕马上就要进行商业运营的秦山核电站二

罗开峰在狭窄的空间内工作

期1号机组是一个致命的打击。然而一想到要带着电焊枪爬进狭窄的主管道，在靠近主反应堆的部位进行焊接操作，很多焊接高手都望而却步。关键时刻，罗开峰挺身而出。

戴上面罩，穿上防护服，罗开峰爬进了主管道。由于管道直径不超过1米，他只能用爬行的姿势匍匐前进。在狭窄的空间内操作，不要说坐着直不起腰，就连蹲着都成了奢侈。罗开峰只能蜷缩着身子，以一种扭曲的姿态对缺陷处进行勘查。整整6个小时过去了，他终于找到了缺陷所在的位置。凭借娴熟的操作手法，罗开峰完成了对缺陷的清理。然而真正的挑战才刚刚开始。据罗开峰介绍，对这个缺陷进行返修时，缺陷距管道的内壁只有2毫米，如果一不小心把它烧穿的话，会导致整个管道的报废，这样就前功尽弃了。

摇曳的电焊火花看似微弱，却能在不经意间引发一场灾难。罗开峰一次又一次操作着焊枪，焊出一道道完美的月牙形焊缝。在罗开峰进入管道10个小时之后，凭借着娴熟的技巧和稳定的心态，他毫无偏差地完成了修补任务，最终为国家挽回了巨大的经济损失。

返修完成，罗开峰脱下防护服，此刻的他，感觉手脚都僵硬了。

"工厂比我更需要你"

"遇到紧急任务，作为党员，我不上去谁上去！"——这是罗开峰常挂在嘴边的话。从1991年入党那一刻起，罗开峰便牢牢记住了自己在党旗下的铮铮誓言。面对国家交付的重托，他时刻冲在最前面，发挥着模范带头的作用。而在宝钢特钢的锻造车间，杨磊也在重复着同样的话语。

2013年，国产大型军用运输机运-20的研发进入关键时期。这一次宝钢特钢承担了运-20发动机低压涡轮轴的锻造任务。然而一个世界级的难题又摆在了杨磊面前。世界通用的锻造教科书对于钢锭墩粗的粗长比限定在2.5左右，特钢工程师王工说，这远远超过了教科书上规定的，包括他们以前做过的对这类产品的要求。

车间再次成了杨磊的家，白天他和专家、同事反复讨论、分析，夜晚就在办公室里进行模拟操作，实在困了就在操作间稍微眯上一会儿。然而，当红钢被安置到墩粗台上进行第一次墩压时，问题出现了。杨磊回忆说，生产第一根产品时，一压就弯了，而且呈标准的S形弯曲。

正当杨磊在厂里为寻找墩粗方法感到焦头烂额的时候，另一个噩耗传了过来。杨磊的父亲因为肠癌需要立刻动手术，作为儿子的杨磊必须马上赶到医院签手术同意书。当杨磊看到病危的老父亲，这个在工作中始终坚强乐观的男人，忍不住流下了热泪。杨磊的父亲回忆说，那天儿子陪了他一个晚上，第二天他醒来后，就执意让儿子去上班，毕竟儿子工作挺忙的。杨磊不太愿意，可是执着的老父亲坚决让儿子去上班。面对刚刚苏醒的父亲，杨磊怎么也不同意回到厂里。常年繁忙的工作让他不能时时陪伴在父亲身边，这已经让作为儿子的杨磊感到无比愧疚，这一次他决定无论如何也要好好陪陪父亲。

"工厂比我更需要你"，望着作为老党员的父亲术后虚弱的身影，听着他朴实的话，杨磊再也坐不住了，他匆匆返回车间再次投入到涡轮轴的墩粗实验中。在技术专家王资兴和攻关小组的共同努力下，经历了无数次的试验、攻关，最终杨磊成功完成了粗长比超过教科书标准的钢锭墩粗，为之后锻铸出各项组织性能指标全部满足设计要求的涡轮轴锻件奠定了坚实的基础。

不久之后宝钢特钢收到了来自国家航天局的贺信，信中说"由贵单位配套研制的锻件产品在试验过程中性能稳定，工作可靠，达到了军品型号使用要求……这是贵单位为我国航空航天事业发展作出的又一突出贡献，具有重大而深远的意义"。

一手绝活，满心梦想

在上海的锻压车间，杨磊攻克了墩粗的难关。而远在浙江三门的罗开峰，也遇到了职业生涯中最艰难的时刻。浙江省台州市三门县，全球首个第三代压水堆AP1000核电机组工程正在紧锣密鼓建造中。而这一次，罗开峰和他的团队又遇到了新课题，他们必须使用窄间隙自动焊设备完成主管道的焊接。当时国内核电站的主管道焊接还停留在手工焊阶段，选择机器焊接意味着从头再来，而且成败未知。而此时的罗开峰已经是业内传统焊接技术的顶尖能手，面对全新的领域，罗开峰主动请缨参加自动焊攻坚小组。为了尽快掌握机器焊接的窍门，中国核电第五建筑公司费尽周折，花费了30多万元从美国西屋电气公司购买了相关的技术材料。然而等拿到资料，罗开峰才发现，这些数据并不能应用于核电站主管道的焊接。据他介绍，因为机械设备不一样，其性能可能是有差别的。

花费巨资买来的资料变成了一堆废纸，而此时，三门核电站的建设正如火如荼地展开，罗开峰心想，绝不能因为自己的原因影响三门核电站的建设。罗开峰和技术人员开始了一遍又一遍的试验攻关。从最简单最小的一个管子开始，一遍遍焊接，不断摸索掌握机器的性能，也不断反推各种参数。他们甚至在上海金山的焊接车间制作了一个和三门核电站主管道完全相同的模型，进行模拟焊接。然而反复实验了3次，主管道窄间隙焊接的最后部分却始终达不到完美的效果。罗开峰陷入了沉思。

就在这个时候，师傅找到了罗开峰，默默递上一把焊枪，对他说，操作和控制自动焊的，永远还是人。师傅的话一语点醒梦中人，罗开峰茅塞顿开。回到单位后，他几天几夜蜷缩在主管道的模型中，尝试各种方法，终于发现，通过人工仰位焊接，可以弥补窄间隙焊接的最后部分。

回到三门，罗开峰带着他的焊工班正式进驻核岛。历经5个月的工期，他们出色地完成了主管道的焊接任务。所有焊口目视、液体渗透、射线探伤检测达到100%的合格率，并且一次就通过了役前超声波检测。

同年，罗开峰参与的"AP1000反应堆冷却剂管道安装与焊接技术研究"项目获得2013年度中国核能行业协会科学技术奖一等奖，他本人也获得了业内"先锋焊匠"的美誉。

回到上海，罗开峰将这次三门核电站焊接的经验记录在笔记中。这本笔记里记录了他从刚开始接触焊接以来所有的疑难分析、经验总结和归纳整理，含金量极高，被大家誉为"大师宝典"。"大师宝典"闻名遐迩，公司的新进员工都会找罗开峰来取取经，而他总是耐心解答、倾囊相授。2013年，公司以他的名字成立了"罗开峰技能大师工作室"，工作室成立至今，已经先后培养出12名优秀的窄间隙焊接操作工。

罗开峰表示，作为一名焊工，作为一名核建人，也作为一名党员，将在自己今后的工作中，认认真真去焊好每一根焊条，同时还要培养更多的焊接人才，为祖国的核电建设发光、发热。

2017年7月21日，三门核电站1号机组完成了热试，即将首次装载核燃料。而罗开峰却没有休息，他马上又要奔赴巴基斯坦的卡拉奇。在那里，他将参与建设全球第二座由我国自主研发的以"华龙一号"核技术为核心的核电站。而此时，在锻造车间里，杨磊也在为新的石油钻探主轴与高温继续奋战着。

不受百炼，无以成钢，千锤百炼，终成匠心。匠心，不仅体现在工匠对工艺精益求精的追求、对产品精雕细琢的打磨上，更是要求工匠们不断超越现有的科技水平，让先进技术真正成为双臂的延展，从而打磨出属于大国工匠的精彩绝活。也正是有了追求极致的上海工匠、中国工匠，才使得中国制造在短短几十年间实现了由大变强的跨越，从制造大国逐步向制造强国迈进。

铸就辉煌 | 戴 渊 李 勇

本篇人物

戴 渊 上海飞机制造有限公司钣金车间首席技师
李 勇 上海外高桥造船厂搭载部焊接三班班组长

在中国150多年的近代工业史中，"上海制造"以其优良的品质、独特的气质占有着重要的地位。尤其是中华人民共和国成立后的70多年里，"上海制造"不仅代表着一件件走进千家万户的时代精品，更是代表国家参与国际竞争的大国重器。从古老的江南制造，到现代的中国商飞、上海大众、宝武钢铁、江南造船；从近代的小火轮、冷兵器，到现代的C919大型客机、世界级超大集装箱船舶、神州航天、气象卫星。"上海制造"以其超凡的生命力，成为"中国制造"当仁不让的开路先锋。

70多年的时间里，中国经济在世界经济的汪洋大海中，由一叶薄舟发展成为一支续航能力出众的"中国制造"航母编队。而以戴渊、李勇为代表的上海550万产业技术工人，作为这艘经济大船上的杰出海员，用自己的勤劳智慧，让"上海制造"成为"中国制造"的标杆。

C919背后的"上飞工匠"

2017年5月5日上午9点，C919大型客机首架机进入上海浦东国际机场中国商飞试飞中心停机坪。"同意放飞！"当首飞指令下达后，飞机舱门关闭，滑行、加速、离地，直冲云霄。这是一个历史性的时刻，蓝天上终于有了一款属于中国制造的大型客机，也意味着经过近半个世纪的艰难探索，我国终于具备了研制一款现代干线飞机的核心能力。

C919首飞的成功，让上海飞机制造有限公司钣金车间的首席技师、首架C919大型客机平尾前缘舱梁的打造者戴渊激动不已。他说，C919是由我国自主研发和设计的飞机，作为一名航空人，能够看到这架飞机在蓝天翱翔，内心无比激动。

C919首飞的成功，为我国大飞机的批量生产打下了坚实的基础。然而，对于许多像戴渊这样，几十年来渴望中国有自己独立研发和制造大型客机能力的航空人来说，既是鼓励也是鞭策。因为他们深知，在之后的几年、几十年中，C919的生产会面临更大的挑战。戴渊回忆说，距首飞大概只剩两个月的时候，飞机零件要得非常急，制作出来就要立马装到飞机上。而对当时的他们来说，零件的制造还是有一些难度的。

2018年12月15日，紧邻浦东机场的中国商飞公司下属的飞机总装制造中心——上海飞机制造有限公司C919客机的部装车间灯火通明，C919大型客机104架机的总装，正紧锣密鼓地进行着。104架机和之前的三架都属于

C919首飞

C919的试飞机，它们将共同承担C919大型客机共计1 000多项试飞任务。

商飞公司要求这架飞机必须在年底进入总装阶段，然而在组装中，104架机的平尾前缘舱梁却出现了和机身无法匹配的问题。正当部装车间工作人员焦急万分时，公司将首席技师戴渊紧急抽调到现场。前缘舱梁是支撑飞机平尾的重要部件，一旦无法匹配，就会导致整体零件的报废，不仅会拖延整机的组装进度，更严重的是会给C919的国家战略带来负面影响。

戴渊仔细对机身平尾的每个细节巡查一遍后，胸有成竹地提出：可以采用强度计算的方式调整前缘舱梁铆钉空隙，从而解决不匹配的问题。上海飞机制造有限公司党总支副书记许江炜评价道，戴渊过来后，大家都非常放心。不管遇到什么技术难题，只要他一接手，就不会有什么问题。

一架飞机框架的上万个零部件中，钣金工所制作或者校型的零件比例高达50%。尽管现今飞机制造业的钣金零件越来越多依赖机器完成，然而一些关键部位的零部件，在研制阶段仍需要依靠人工。因此，钣金工在世界航空制造中的地位相当重要。戴渊更是中国大飞机生产线上众多钣金工的"领头羊"之一。据他介绍，在飞机研制阶段，如果模具工装设计得不够完善，或者还有一些形状复杂机器无法制作完成的零件的话，就需要用到手工了，手工成型这个技能，也就发挥作用了。

作为上海商飞的技术能手，戴渊的一双手被同事们称为"万能设备"，他通常可以利用双手完成机器无法加工的零部件，经他亲手打造的ARJ21支线飞机的高精尖零件，就已超过100件。

为雄鹰插上"中国翅膀"

每个人在孩童时代都有过梦想，戴渊小时候的梦想就是亲手制造一架能飞上天空的大飞机。由于中国大飞机研制起步较晚，20世纪70年代，曾被世界贬损为"没有翅膀的雄鹰"，为了尽快摆脱这种羞辱，中国决定研发拥有自主知识产权的国产大飞机。许江炜认为，造大飞机是对国家整个工业的大检验，以此可判断技术工业、产品、零件配套技术能不能满足制造飞机的要求。

1980年9月，由上海飞机制造厂研制的四发大型喷气式客机运-10在上海完成了首飞。这件事让当时还在读小学的戴渊激动万分。据他回忆，当时一想到自己国家能造那么大的飞机，内心钦佩又自豪。

1985年，初中毕业的戴渊以第一名的成绩考入上海飞机制造厂技校。1988年如愿进入上海飞机制造厂钣金制造车间，成为一名飞机钣金工。从此，戴渊的人生和国产大飞机结下了不解之缘。然而，戴渊的国产大飞机梦可谓一波三折。

20世纪80年代，大型客机究竟是"造"还是"买"，这个问题在国内始终存在着较大分歧。最终，"造飞机不如买飞机"的观点占据上风。在戴渊进入上飞之前，已试飞成功的运-10，被迫全线下马。好在那时上海飞机制造厂与美国麦道公司签订了组装35架MD-90大型客机的合同，勤奋好学的戴渊在车间里跟着老师傅们学到了真功夫——飞机钣金制造技术。然而戴渊万万没有想到，这样热火朝天的生产景象，仅仅持续了不到两年时间。1994年，麦道公司和波音公司合并，戴渊记得大概在造了两架飞机后，他们公司的效益就慢慢变差了。

彼时，处于改革开放前沿的长三角，民营经济发展正兴，"抢人才"成为当时国有企业和民营企业间的生死存亡之战。而钣金工在民营企业发展初期是最抢手的人才。面对昔日在国有企业想都不敢想的优厚待遇，加之看不到国产大飞机复产的希望，许多优秀的钣金工不得不离开心爱的岗位，到民营企业谋生。戴渊回忆说，当时他的好几个同学都跳槽去了民营企业，每月工资从四五百元一下子涨到了2 000多元，当然他也有过心动。但是，戴渊的母亲和外婆都不支持戴渊换工作，她们认为十年风水轮流转，造飞机很好，因为手里有技术，有技术就不愁没饭吃。

面对不断袭来的诱惑，戴渊依然选择留下，这一留就是十年。年复一年，日复一日，没有生产任务，就没有了生活来源。为了不荒废好不容易学来的手艺，也为了生存，戴渊和他那些不放弃梦想的同事，不得不去外边打零工。戴渊说，那时候他做过地效飞机，还做过汽车备胎和底盘、坦克天线、神舟系列的降落伞舱，等等。在坚守的十年里，他一点都不后悔，因为他感觉自己真的学到了好多东西。在戴渊工作的车间一角，至今还保留着那十年里他和同事们生产过的产品零件和模型。戴渊时常会给组里的年轻人讲述这些零件的故事，讲述那十年里的坚守，讲述航空人的飞天梦。许江炜说，上飞造了第一架"运-10"——我国自己的飞机；上飞拥有这么一支强大的队伍，这

戴渊向同事们讲述
飞机零件的故事

么多老同志一直坚守、传承着。倘若没有他们的努力，大
飞机的制造就不会这么顺利。

　　整整十年，戴渊用"不抛弃不放弃"的执着信念，终
于等来了实现"大飞机"梦想的机会。2014年5月23日，
习近平总书记来到了中国商飞研发中心，登上了C919大
型客机的展示样机。面对大飞机的研制团队，习近平总书
记语重心长地提出，中国要成为一个强国，就一定要把装
备制造业搞上去，把大飞机搞上去。我们国家是最大的飞
机市场，每年成百上千亿元都花在买飞机上，过去的逻辑
是造不如买，买不如租，现在要倒过来，首先是要花更多
的钱来研制、制造自己的飞机，形成我们独立的、自主的
能力。

　　这一刻，中国大飞机研制进入了快车道；这一刻，为
雄鹰插上飞翔翅膀的梦想被列入国家战略。

在焊花中放飞梦想

　　如果说以上海商飞为代表的上海航空制造业和以戴渊
为代表的航空产业技术工人用坚守书写着上海制造、中国
制造华丽篇章的话，那么，以上海外高桥造船厂为代表的
上海船舶制造业和以李勇为代表的船舶产业技术工人，是

用创新，铸就着上海制造、中国制造的今日辉煌。

新中国成立的70多年间，上海船舶人从未间断过让中国的大船走向深蓝的梦想，并用一个个创新铸就着中国船舶制造业的一个又一个辉煌。进入90年代，高端民用船舶成为世界船舶市场的主产品。为了顺应国际市场的变化，1999年上海成立了以高端民用船舶生产为主的中国最大的船舶生产企业——上海外高桥造船有限公司，并面向世界广招贤才。李勇就是在这个时候毛遂自荐来到上海的。外高桥造船厂人力资源部周俞回忆说，当时正好是外高桥船厂建厂造船的时候，一天接到李勇打来的电话，李勇说他有一张焊接证书，想来厂里造船，只不过这张焊接证书是另外一个行业的。周俞在电话中让李勇考虑清楚，因为隔行如隔山，即使过来上班，还需要再努力练习，才能真正从事造船。李勇说，他愿意。

那时的李勇，已经是湖北宜昌江峡船舶柴油机厂的技术骨干，是一名电焊高级技师。厂里、市里和省里能获得的荣誉，他几乎都拿了个遍。但他始终放不下自己心中儿时的那个造船梦。李勇回忆说，造船的老师傅，他们在沪东造船厂都是些技术尖子，之前做的是与军品相关的舰艇，在他们口中，造船可难了，技术要求特别高。于是，造船对于李勇来说就更神秘了。

从那时起，李勇期待着有一天自己也能参与上海师傅口中大船的制造，希望能把从上海老师傅那里学到的本事，回馈给上海的造船业。很快他就被求贤若渴的上海作为高级人才引进，成为当时外高桥造船厂唯一的一名电焊高级技师。和其他大多数电焊工工作场景相比，他的工作环境更为封闭、复杂。由于货轮底舱和货舱的特殊性，每个舱室都相对封闭，舱和舱之间只有直径不到1米的小洞，可以勉强供人攀爬。每天李勇都要往返几次，爬到需要焊接的舱室。每个舱室昏暗而狭小，电焊引起的粉尘，让本来已经充满异味的空间更加浑浊和昏暗。在这样的环境下，别说完成指定的焊接任务，就是安全到达焊接部位，都不是一件容易的事情。

李勇的妻子陆臻说，有一天丈夫很晚还没有回家，她就下楼想去迎迎丈夫，等回到家的时候，才发现丈夫腿上伤了一大块，李勇说是爬舱的时候从船上掉下来摔了。妻子看到后非常心疼，让丈夫休息两天，李勇说船在赶工期，不能休息。

2008年4月28日，中国首座自主设计、建造的第六代深水半潜式钻井平台——"海洋石油981",在外高桥造船厂正式开工建造。李勇和他的团队负责的是981号最重要的部位之一——八块舵板的焊接。981号需要应对南海恶劣的海况条件,而八块舵板,更需要能经受南海200年一遇的波浪载荷。当李勇带着他的团队进入现场时,焊接工作却遇到了意想不到的难题。

据李勇介绍,当时他们所用的材料,包括关键部位的钢材以及焊材都是从国外进口的。尽管焊接小组在操作时是严格按照指导工艺进行的,但在质量自检中,李勇吃惊地发现缺陷焊缝率居然占到了整体焊缝的10%,远远超过海洋工程所规定的5%的缺陷比例,如此高的缺陷率到底是怎样造成的呢?李勇陷入了迷茫。

问题不解决就不能下枪,这是他对自己和团队下达的死规定。在停工的这段时间里,他经常独自一人坐在底舱,拿着板材反复琢磨材料的性能和焊接的参数,有时一坐就是整天、整晚。扑面的江风裹着湿气打湿了他的工装,这让李勇突然有了一丝灵感。他设想,环境会不会是影响焊接质量的关键因素?

李勇发现,由于受到现场环境和气候的影响,板材加温的温度不能够达到恒定的标准,这才导致那么多焊缝出现裂纹。于是,他决定把整块板材全部加温,保证稳定的

坐在底舱琢磨材料
性能的李勇

温度以在恒温状态下操作。当时正值八月，是上海最热的时候，露天的焊接现场温度就超过了40摄氏度。当一块块加热棉放置到钢板上时，现场的温度更是飙升到60摄氏度以上，贴近钢板时温度超过了100摄氏度，操作的艰难可想而知。李勇回忆说，当时从焊接现场走出来的工人，全身热得湿哒哒，就像刚从水里捞出来的一样。他有一位徒弟，脚上都烫起了泡，去医务室经过医生处理后依然一瘸一拐，但还是坚持了下来。

李勇经常对徒弟们说：做人做事要讲良心。船舶焊工的良心就是要对得起你手里的焊枪，这是一种责任。正是凭着这颗良心，李勇对全部焊缝进行了返工。工程完成后在接受专家探伤检查时，李勇团队负责焊接的八块釉板在拍摄的近400张X光探伤片中竟然找不到一丝缺陷。这个记录在外高桥造船厂直到现在都无人打破。

然而，在平台交工验收时，李勇和他的团队又一次迎来了挑战。由于"海洋石油981"钻井平台是当时正在建造的世界上最大的新型海洋钻井平台，在施工图纸上，对一些非重要项目的必要的技术参数并未标注，其中就包括釉板焊缝的表面粗糙度。当船东指派的美国专家对焊缝进行表面粗糙度验收时，反复要求对焊缝进行打磨。当时李勇让美国专家给他一个具体标准，美国专家憋了半天最后说了一句话，翻译过来就是——磨得跟小孩屁股一样光滑。

没有数据，只能凭借验收专家的经验操作。李勇一边叮嘱大家要尊重验收方的意见，一边一刻不停地仔细观察焊缝的厚度。在他心目中，质量代表着国家的尊严，不能有丝毫马虎。当他发现打磨后焊缝厚度已接近强度安全的限制时，立即喊停了打磨，用中国人特有的幽默告诉美国专家，再磨下去，"小孩屁股"就要裂掉了。美国专家听后马上俯下身子，拿着量尺仔细测量和计算，过了一会儿终于抬起头露出了钦佩的眼神，对李勇称赞道：非常棒，可以通过了。凭着精湛的技术，李勇征服了挑剔的国外专家，并为船厂创造了直接经济效益135万元。李勇和他的班组成为各国船商争相争取合作的对象。正是由于上海造船工人的不懈努力，才使得中国海洋石油工业的"深水战略"由此迈出了实质性的一步。

2012年5月9日是被载入中国海洋石油勘探开发史册的一天。当天上午，"海洋石油981"的钻头在南海荔湾6-1区域1 500米深的水下探入地层，标志着中国海洋石油深水战略拉开序幕。

造船是技术密集型、工艺密集型，也是劳动密集型产业，它离不开大量有经验有技能的手工操作人员，这批人员是企业的核心竞争力。改革开放40余年来，特别是最近20年来，中国的造船业异军突起，已经从韩国和日本的跟随者，变成了同台竞技者，并且在很多船型上，已经走在了韩国和日本的前面。

攻坚克难"敲铸"钣金人生

就在李勇用精湛的技艺征服国外专家时，上海飞机制造厂首席技师戴渊再次被急招救火——打造ARJ21-700型支线飞机平尾升降舵翼尖罩。平尾是飞机尾部的水平尾翼，是保持飞机稳定和平衡的重要部件。平尾通常由两个升降舵来操纵。戴渊所要完成的翼尖罩处于升降舵左右两侧的最顶端。在高空中，翼尖罩将保护升降舵免受各种恶劣天气和环境的损害，是飞机平尾的重要组成部分。翼尖罩的成型数据一直被国外制造商严格封锁，戴渊看到的仅是成型的一个零件。

上海飞机制造厂2003年开始做ARJ项目，也是在为制造C919探路。上飞进入民用飞机行业几十年，虽然给麦道做过总装，但没有造过完整的飞机平尾，没有真正开始

戴渊及其团队打造ARJ21-700型支线飞机平尾升降舵翼尖罩

自己造飞机。ARJ21支线飞机平尾升降舵翼尖罩是一个高度超过80毫米、曲率极大的难成型零件。按照正常工艺，要完成这样一个部件，至少需要5副模具，而打造5副模具至少需要两年时间。然而ARJ21支线飞机在2007年底就必须下线，也就是说上飞在两个月之内，必须手工完成4个升降舵翼尖罩的作业。

戴渊回忆说，一开始还是由那几位老师傅做模具，但是老师傅都相继失败了。于是领导找到他，想让他去做。戴渊说他去试试看，可是刚一试也失败了。戴渊调整了一下心态，拿出一块板材，使出全身解数重新敲击，看着板材一点点地弯曲成形，可就在快要完成的时候，突然嘎吱一声响，板材再次被拉裂，这种情况戴渊以前从没有遇到过，他顿时懵了。一拉伸就裂，他考虑到还是材料太薄的问题。

极度沮丧的戴渊一头扎到书堆里，翻阅各种资料，希望能从中找到解决翼尖罩焊接成形问题的蛛丝马迹。他每天琢磨到大半夜，依然没有头绪。就在他头昏脑胀无所适从时，摊开的一本书中有张插图，插图上的桶型部件吸引了他的注意。戴渊眼前一亮，这个直径90毫米、高度100毫米的桶型件，书中提示打造时必须使用收缩弯边，逐步增加弯边高度的拔缘方法才能实现。第二天一上班，戴渊找来了板材，用书中提示的方法，结合自己多年的钣金经验开始制作。戴渊回忆说，他小心翼翼地敲击着板材，因为担心一下子敲过头把它敲坏了。他沉下心放慢了速度仔细制作，大概敲了5个小时，终于把这个零件制作完成。

在那天的制作过程中，一锤、一锤、又一锤，平日嘈杂的车间一片寂静，只有敲击的声音。人们屏住呼吸，眼睛紧盯着戴渊手中的锤子，每一次击打，就像打在现场所有人的心上。整整5个小时，戴渊保持一个姿势不间断地敲打，当最后一锤敲下时，他整个人都瘫倒在了地上，浑身一点力气都没有了。戴渊却说，如果一心一意地做一件事情，是不会感觉到累的。零件做成功后他非常激动，只是手上没有力气了。

在此后的一周时间里，戴渊再接再厉带领他的团队一口气完成了4个ARJ支线飞机平尾升降舵翼尖罩的制作，在规定的时间内完成了制作任务，并为以后翼尖罩的制作留下了宝贵的技术数据。许江炜介绍说，飞机钣金零件大多是柔性的，如果用机器设备去制作完成，可能难度非常大。这时就体现出了工匠的价值，他们用手敲打几下，就能做出符合要求的相关零件。

2007年12月21日，首架ARJ21-700型支线飞机在上海飞机制造厂总装下线。2008年11月28日，ARJ21-700型101架机在上海首飞成功，这为之后C919国产大飞机的研发和生产奠定了坚实的基础。

就在ARJ21飞机首飞的六年之后，2014年9月，首架C919大型客机在中国商飞总装制造中心浦东基地开始结构总装。戴渊所在的钣金车间承担了为C919机身中段蒙皮校形的工作。机身上的蒙皮仿佛是飞机的皮肤，出现丝毫误差都会影响飞行安全。在现代工艺手段下，机身蒙皮多曲面的弧线，是机械无法精确成型的，只能靠人工校形。当时有厂商提出，为商飞提供已经校完形的机身中段的蒙皮，但是每张蒙皮的开价是1 000万元人民币。中段机身全部六张蒙皮如果全部买下，则需要高达6 000万元人民币。不服输的戴渊主动向厂里提出，他可以去试一试。

戴渊说，铝锂合金的强度更高，反弹力度比ARJ飞机的材料大一点，而且尺寸大，敲来敲去也不怕敲坏。由铝锂合金材料制成的C919中机身蒙皮塑形和成形性能较低，而蒙皮加工的误差要求在0.25毫米之内，相当于4根头发丝的直径，要一次完成成形，难度极大。戴渊回忆说，每次锤子打在点上，都要保证位置正确。这种技术是练出来的，他有空就练，练熟之后点的位置也越打越准。4个小时里，戴渊的木锤始终有节奏地敲击着，这样的敲击持续超过10 000下。第一块中机身蒙皮的校形终于完成了。经过检测大家惊喜地发现，戴渊凭借自制的校形垫料和特殊校形木锤，硬是将蒙皮的测量精确度提高了64%。

从运-10、ARJ21-700到C919，从C919-101、102、103到104架机，戴渊的命运始终与国产大型客机联系在一起。他用坚韧和执着，把"上海制造"的精髓渗透到每一个零部件中，一步步实现着"造大飞机"的梦想。

每一条焊缝都要焊到极致

从千里之外的湖北来到上海寻求"造大船梦"的李勇，在经历千锤百炼后，也成为上海外高桥造船厂不可取代的优秀工匠。

当戴渊以自己对细节的极致追求为C919大型客机的安全飞行保驾护航

时，李勇同样也在挑战着当时世界船舶制造领域最大的安全技术难题。18000TEU（标准箱），这个看似简单而平常的数据，对于上海外高桥造船有限公司而言意义重大。18000TEU集装箱船——"达飞·瓦斯科·达伽马"号，是外高桥造船公司首次承建的集装箱船，也是我国造船企业承建的最大集装箱船。作为当时国际上最新一代超大型集装箱船，"达伽马号"的建造难度极高。

李勇说，公司专门安排他参加试航。试航那天，他们在大海里进行实验，到达双层底最底部的时候，平时看上去很厚的钢板，在大海的映衬下仿佛只有皮肤那么薄。李勇说他当时害怕极了，心想要是哪个地方的焊缝稍微裂一下，整艘船上的人，逃都没地方逃。

早在2013年，由日本建造的集装箱船MOL-COMFORT号，就是因为底舱焊接出现了缺陷，在印度洋航行时船舶中段突然发生断裂。而MOL-COMFORT号的满载仅8 100多标准箱，还不到"达伽马号"的一半。"达伽马号"焊接难度之高，可想而知。

80厘米厚的钢板，一次电焊根本无法成型，需要进行反复烧焊，一层层地用焊丝将金属结合在一起。然而反复烧焊，极易产生脆性断裂的问题。李勇介绍说，这是因为合金元素烧损过度会产生金属疲劳，金属疲劳达到一定极

李勇和同事在实验室进行试验

限的时候，钢板就会断裂。

为了不让悲剧重演，李勇把厚厚的钢板搬进了实验室，再次开始了没日没夜的试验。整个焊接小组和技术员，用最薄的试板开始做实验，然后再一层层地往上加码。整整一个星期，每天焊接上百条焊缝，李勇和他的同事们硬是用这种看似很笨但非常实用的方法，终于找到了日本断船事故的根源以及厚板焊接的关键点。

李勇介绍说，熔池的金属，也就是铁水，它跟沉淀融合了，而沉淀里面有硅元素，就容易降低冲击韧性。当他们总结出这个结论的时候，现场施工时就严格控制第一层的规范，第一层一口气烧完之后，马上第二遍接着烧。可是，要在最短的时间内一口气烧完两层长度达到一米的焊缝，自动焊机根本无法做到，因此只能靠工人手工焊接。

他们以前也失败过一次。当时有人把规范调大了，认为这样速度就快了。因此其他人还没焊完的时候，那个人就已经焊完了，然后跳下船休息去了。突然听到哐当一声，焊缝裂了，钢板报废，不得不重新加工，损失很大。所以从那以后，他们就制定了极其严格的操作流程：每台电焊机的电流必须多大、每根焊条烧多久，把这些数据坚决固化了下来。李勇时常告诫大家，对工人们来说，焊接不成功可以重来，但对于大船而言，稍有差池就会葬身大海，根本没有重复的机会。

最后，在外国专家严苛的验收中，李勇团队的焊接工艺受到了专家组的高度赞扬。2017年6月，18000TEU集装箱船"达伽马号"顺利出坞，成为当时我国建造的最大集装箱船。

2018年，外高桥造船厂已累计完工交船17艘，总量达418.1万载重吨，位居全国第一、世界第三。

进入新时代，上海不仅传承着产业的优秀基因，更按照改革开放再出发、构筑城市发展战略优势的新要求，为上海制造增加新内涵、注入新活力。上海制造以一大批具备优秀品质和先进技术的上海工匠为后盾，正向着掌握产业链价值链核心环节的高端制造、满足市场多元化需求的品质制造、融合人工智能和互联网因子的智能制造、体现资源集约高效利用的绿色制造升级换代。上海，正在重铸上海制造的辉煌。

产业坚守 | 胡双钱　徐小平

本篇人物

胡双钱　中国商飞上海飞机制造厂首席钳工
徐小平　上海大众发动机厂维修科高级技师

21世纪是科学技术飞速发展的时代，信息、新材料、能源与环境等技术的广泛应用，给世界制造业带来了巨大的变革。机械化、自动化、标准化的大批量生产模式成为汽车、船舶、飞机等制造行业的发展方向。然而，千变万变，机器制造业与技术产业工人唇齿相依、相互支撑的关系却永远变不了。这一点，无论是在作为中外合资典范的上海大众，还是代表我国民航自主研发实力的中国商飞，都得到了很好的验证。正是大批技术工人的执着坚守，给中国制造业的快速发展奠定了坚实的基础。

精雕细琢的航空"手艺人"

胡双钱是中国商飞上海飞机制造厂的首席钳工，他每天总爱蹬着辆老式的二八自行车去上班，用他的话说——听着机械齿轮的摩擦声，心里就踏实。

3 000平方米的厂房里，胡双钱和他的钳工班组的工作点在一个很不起眼的角落。打磨、钻孔、抛光，那些对飞机重要零件的细微调整之类的精细活，都是他们在这里手工完成的。胡双钱的一双手，在中国商飞上海飞机制造厂称得上是宝贝。这双手，加工过数十万个飞机重要零件。

处于现代工业体系顶端的飞机制造业，手工工人虽已越来越少，但即使是生产高度自动化的波音和空客公司，依然离不开能独当一面的手工工匠。胡双钱说，一般人总认为他们生产的是飞机部件，必定是依靠高科技设备，但实际上因为机床的刀子有时不能加工到位，所以有很多飞机零件还是要依靠钳工加工，最终达到图纸要求。

制造飞机零件的材料多为精锻的钛合金，价格昂贵，飞机上的一个下缘条，成本竟与一辆宝马汽车相当。据胡双钱回忆，他曾经手过ARJ21支线飞机上的零件，拿过来加工的时候是精锻出来的半成品，价格特别高，两个零件要一百多万元。当时，这两个零件都需要打孔，孔的精度要求比较高，达到0.024毫米，相当于人头发丝的二分之一还不到。

一台传统的铣钻车床，在缺乏图纸的情况下要打大小不同的36个孔，孔的精度要求在0.024毫米以内，谈何容易。价值百万元的零件，在国外是要依靠细致编程的数控车床才能完成制作，而在上飞，当时却只能依靠老胡的一双手。

胡双钱说，那两个零件价值很高，一旦打坏一个孔，或者有一个孔的位置不对，整个产品就报废了。而且这是

胡双钱用了一个多
小时完成打孔

航空产品，也不可能用烧焊工艺来补救。最终，打完那36个孔，55岁的胡双钱用了一个多小时，零件一次性通过检验，直接被送往总装车间安装。

副总工程师余泽民评价说，胡双钱是中国商飞总装制造中心里钳工手工技术水平最高的，飞机有上万个零件是通过胡双钱的手完工然后交到总装车间的。

"汽车心脏"的"手术师"

当胡双钱在工作台表演价值百万的"钛合金雕花"时，与他同龄的上海大众发动机厂的高级维修技师徐小平，也带着他的团队抢修发动机拼装生产线。上海大众汽车有限公司发动机厂的车间里，工人们紧张有序地进行着发动机的拼装工作，在这里，一台汽车发动机的组装时间，只有短短的38.5秒。

徐小平说，一旦机床停顿，所有人都会看向自己，一时半会儿动不出脑筋的时候，那种感觉非常痛苦。所以每次遇到长时间的大故障后，他都会深刻反省，查找并杜绝问题。缸盖三线经理张宏宝介绍说，倘若机床停下来，整个生产线就会处于停产状态，从而影响到发动机的产量，进而影响到整车的产量。

在中德合资的工厂，由于采用的全是德国的技术，除了生产研发要听德方的以外，连设备的维修也是德方说了算。对徐小平这样的技术维修人员来说，突破技术上的壁垒有多难，只有他们自己知道。

曲轴是汽车发动机中重要的部件，它承受连杆传来的力，因此制作材料必须有足够的强度和刚度，而淬火这一工艺，能够大幅度提高曲轴的耐磨性，但这一核心技术的使用，却掌握在外资方手里。徐小平说，国外对他们实行了技术封锁，上海大众只能以很高的价格采购曲轴。而且曲轴是易损件，需要更换，这样花费就更高。

德方不提供制作发动机曲轴淬火感应头的图纸和参数，徐小平就摸着石头过河，他找来废旧件进行拆卸、解剖，一遍又一遍地测量测试。三年中，他经历了无数次失败的沮丧，终于换来了成功的喜悦。通过几年的努力，徐小平和他的团队不仅制定出了自己的工艺标准，而且还研发出了全套生产模具，不但能把曲轴修理好，而且有能力造出来。仅此一项，三年间就为企业节约了 1 600 万元。

徐小平走进修理车间，拿起工具、戴上手套，为我们展示发动机曲轴淬火感应头制作的手艺。他强调，由于零件结构复杂，因此无法一次成型，只能利用手工一个一个部位成型，然后焊接起来制成一个整体。由于处于高温状态，因此要保证冷却水的一定流量，所以使用之前，必须用模拟台进行测试。

钳工手捧起大国飞机梦

在上海飞机制造厂总装车间对面的草坪上，静静地停放着一架飞机，那是由我国自己研制，被上飞人称为"铭志碑"的第一架国产大飞机——运-10。它诞生于20世纪80年代初，于1980年完成首飞，和胡双钱的工龄一样。每每空闲的时候，胡双钱都要来到那里，静静地站一会儿。

早在70年代，我国就开始研制国产的大飞机，代号为708工程。全国三百多名航空技术人员，从五湖四海来到上海，艰苦卓绝地开创全新的事业。胡双钱的工匠之路，也是从那个时候开始的。

胡双钱和国产大飞机——运-10

胡双钱回忆说，当时708（大飞机）工程上马，需要从社会大批招人，他们进厂也是应那个项目所需。厂里忙不过来的时候，留下的活就交给他们技校做。在老师带领下，胡双钱他们开始着手制作框下面零件的模态。

1980年9月26日是运-10的试飞日。那天，胡双钱第一次看到工厂里年轻的女工化上了淡妆，捧着鲜花盆子站到跑道尽头等着要给试飞人员献花，整个机场人山人海。当运-10庞大的机体呼啸而过、腾空而起直奔苍穹时，人们欢呼雀跃、热泪盈眶。

那天，飞行员走下飞机的场面给胡双钱留下了深刻的印象，工人们上前去给飞行员送上鲜花。厂长宣布给飞行员加二级工资，请工人们吃饭，胡双钱感觉心满意足。

随后，运-10正式进入试飞和攻坚改进阶段，胡双钱也开始了他的钳工生涯。胡双钱说，他进单位跑得最多的地方就是工具间，他经常拿废料练手，希望能对自己有帮助。有时候他也会去买书，他认为学点东西对自己的工作有帮助。

此后，运-10进行了长时间大规模试飞，几乎飞遍了祖国的大江南北，累计飞行时间170多个小时。1980年西藏发生雪灾，试飞中的运-10又奉命紧急运送救灾物资，其以良好的性能、庞大的容载量，先后七次往返拉萨贡嘎机场，运送了成百吨的物资，实现了真正意义上的极限跨越。此后，运-10项目因为种种原因被搁置了，这架运-10飞机因为经费短缺，就这样悄无声息地趴在了那片草坪上，再也没有飞起来过。

1985年3月31日，也就是运-10项目下马一个月后，上海航空公司与美国麦道飞机制造公司签订了合作生产MD-82大型喷气式客机的协议。从此，中国踏上了利用美国技术建立民用航空工业的"借鸡下蛋"的漫长之路。

胡双钱说，当时他们只是干活，美方从不会教他们技术。引进或是合资的产品技术，主动权都掌握在美方手里。而现在生产的ARJ21以及C919都是中国自主研制的，是有自主知识产权的飞机。

在MD-82、MD-83和MD-90项目中，即使受到一定限制，胡双钱仍然如饥似渴地学习外国先进的质量管理方法和制造技术，虚心求教，仔细揣摩，逐步从一个青涩的技术工人成长为一名技术娴熟的技能能手。

"几起几落"终圆大国飞机梦

1997年，波音公司并购了麦道公司。这起并购事件直接导致运行了14年的中国民用航空"借鸡下蛋"计划的流产。胡双钱表示，当时大家比较迷茫，有的人想办法换工种换部门到别的单位去了。

当时，在上海飞机制造厂门口，停满了各企业来"抢人"的招聘专车。一些试飞员转行了，一些飞机设计师去给公交公司画交通路线图了。私企老板给胡双钱这样的技术工人开出了三倍工资的高薪，但是胡双钱拒绝了。

胡双钱坚定地说："我当时没有走，我相信厂不会倒闭，因为我本身就喜欢飞机制造这个行业，我相信国家以后肯定还会造大飞机。"

胡双钱拉开抽屉，拿出一盘录像带。他说，虽已年代久远，也不知道能否播放，但他依然舍不得扔。录像带放进机器，画面呈现运-10的首飞、合作生产麦道客机的首飞，背景音乐是命运交响曲。录像带中记录着他年轻时在车间工作的影像，那时候的他一头黑发，而如今头发已经白了。胡双钱说，像他那样选择留在单位的人也很多，他们能够坚持留下来，是坚信国家肯定会支持这个项目。

2006年，中国新一代大飞机C919终于立项，中国人的大飞机梦想再次被点亮。"中国一定会造自己的大飞机"，胡双全坚守了20年的愿望终于实现了。

胡双钱说，他当时很激动，对他的人生来说，也是个圆满的回报，他本就是因为大飞机项目进厂的，在他退休之前还能赶上C919大型客机项目，是幸运的。

副总设计师余泽民说，从运-10、麦道到C919，胡双钱特别敬业，也特别钻研，是上海飞机制造厂几十年下来，为数不多能够一直坚持干手工活的老同志。

从普通工人到技术专家

1985年3月，在上海飞机制造厂和美国麦道公司决定合作生产喷气式飞机的同时，中德合资的上海大众汽车有限公司也在上海正式成立了。1989年，徐小平以优异的成绩考进了上海大众，开始了自己的工匠之路。

徐小平是上海大众发动机厂维修科的一名高级技师，他对德国技术很感兴趣。据他回忆，当时他知道上海大众是中德合资企业，心想肯定有很多东西以前是自己没有接触过的，就想去看看。他有这种愿望，不是出于薪资的考虑，而是为了追求学习新的技术。

全自动的数控机床和机器人手臂，先进的汽车装备制造业技术，让徐小平兴奋不已，而作为上海大众第一代的维修工，徐小平还获得了去德国学习和培训的机会。

徐小平说，德国人把数据给到他，然后根据数据他一下子就学会操作了，而且非常精准。他感觉回国后技术上的进步比较大，一般的维修都能够自己独立完成了。

然而随着时间的推移，合资的弊端逐步显现了出来。十多年来没有新设备的更替，旧的设备老化程度越来越高，有些设备到了需要大修的时候，徐小平才发现，核心的技术德国人并没有教给他。

据徐小平介绍，好多设备他们没有办法自主维修，都要依赖外方，后来越来越发现不对劲，维修费用居高不下，工人们的专业素质也无法提升。因为高端的设备一直在外修理，自己人不会，如果长期干低端技术的活，怎么会培养出高技能人才？于是他们就尝试着自己去维修，一是因为兴趣所在，遇到棘手的问题，他们觉得既然外国人能修好他们就也可以；二是对高端技术的好奇，于是徐小平他们就开始了自己的摸索。

可是，真的下决心探索自己修理，会发现四周都是看不到的墙，想要突破比登天还难。徐小平说："我们自己没有资料，外国人也不会提供资料给我们，他们根本就不希望我们自己去修理。因为有技术保密的地方，涉及他们的利益，不让他们修理，他们就赚不到钱。"

约一臂长的电主轴，是上海大众车间里数控机床的核心部件。它的制造和维修长期被少数几家国外厂商垄断。每根电主轴的造价在45万元左右，使用寿命一般在8 000小时。最让徐小平难以接受的是，外方报价每修一根电主轴就要收取20万元左右的维修费，将近新的电主轴一半的价钱，而且维修时间还不能保证。

坚持工匠精神的徐
小平

徐小平说，维修时间快的需要两个星期，慢的一两个月的都有，有的甚至半年。于是他们只有买足够的备件，库存压了那么多，带来的是成本的增加。

国外公司听说徐小平想自己维修电主轴，连备件也不愿提供了，更不用说图纸和关键的参数了。

据徐小平回忆，一开始他们非常艰难，就利用报废的轴，将它们拆开后自己测绘，在电脑里面把图纸画出来，画完以后还得把尺寸标上去。所以刚刚开始的时候，他们要把电主轴国产化，自己修理，又走了好多的弯路。

经过一次次的摸索与试验，徐小平团队对电主轴的自主维修已接近国际先进水平，维修费用仅为以前的15%。

潜心钻研打破技术封锁

激光裂解是当今世界发动机制造行业流行的连杆加工新工艺。2001年，徐小平在一次修理精密激光设备时发现，由于这种激光会重创视网膜，因此调整焦距时只能"暗箱操作"，工序繁琐，一弄就是十几个小时。

徐小平介绍说，外方技术人员过来调整一次，大概需要两三万元，而且每次出问题都要请他们过来的话，成本难以估量。之前的"暗箱操作"方式只有专家可以做，可是对焦人人都可以做，为什么没有安全问题，因为它不会对人体造成伤害，操作工就能简单地完成。所以，可视对焦的普及意义很强。

实践中，徐小平大胆地提出了一个新的想法：能否利用辅助光源代替激光实现可视对焦呢？如果实现，直接对焦法变为间接对焦法，既省时又省力。徐小平向德国哈斯公司专家提出了这个大胆的设想，没有想到，外国专家以可见光和激光波长不一样的理由，否定了徐小平的设想。

被否定设想后，徐小平内心非常苦闷，就去钻研这项技术。当时他还不懂什么叫激光，于是去买了两本书学习，一本介绍激光理论，另一本介绍激光设备在工业中的应用。通过这两本书，以及在德国实验室学到的那些知识，仔细研究和琢磨。

老外说不行就不行？徐小平根本不信这个邪，没有资料他就自己看书查找，不懂就去大学请教教授；没有经验，就去生产一线摸索、积累。徐小平通过大量的实验和丰富的理论数据证明：光波长短与光学镜片的焦距根本没有关系。在此基础上，他设计出了激光可视对焦仪，这个仪器用肉眼就能直接观察焦点，把整个激光调整过程整整缩短至一小时。技术一经问世，便获国家发明专利，并一举拿下"中国机械工业科学技术奖"一等奖。

徐小平设计出激光可视对焦仪

把维修工作视为自己的事业，徐小平不断向专业领域的高端水平挑战，近十年来，他为企业攻克了30多项技术难关，进行了大胆的工作创新，减少了维修工件，降低维修成本高达4 000多万元。

由于长期接触国内外的数控机床，让他对制造业的发展有了更深的感触。

徐小平说，汽车工业发展到今天，规模已经相当庞大，为什么没能把我们国内的装备制造业带起来呢？装备制造技术倘若不能提升，就会永远受制于人。他说，其实我们国家的工业底子不差，只是这30年来，没有好好地发展这一领域，其他领域都进步了，但是装备制造技术落后了。

"我们不能总是仰望巨人"——这也是徐小平在上海大众30余年一线工作中得来的最深的体会。

执着一生，世代传承

胡双钱面临退休，他最大的愿望就是把自己全部的手艺和多年淬炼的经验传授给徒弟们。他说，毕竟自己已经这个岁数了，他迫切希望能够把年轻人带出来，在这几年教会他们技术，让他们可以独当一面。

大飞机项目的中途停滞，让一线有手艺的工人断代了。然而，几乎毫无例外，这些老工匠们身边都站着年轻人。只要做，人再老，手艺总会传下去。

胡双钱的徒弟黄鼎说，厂里四十多岁的工人都很少，要么就是年纪很大的，要么就是三十多岁的，像他那个年龄的也比较少。大飞机项目的停止，导致人才都流失了。

胡双钱说，要孜孜不倦地追求，在岗位上长久地追求完美，才能实现工匠精神，短短几年时间是达不到那种境界的，也达不到工匠精神的要求。所以工匠的目标是无止境的，得用一辈子时间，把工作当作事业来做。

胡双钱退休前最大的心愿，就是能看到我们国家的大飞机走上生产的流水线。如果有可能的话，他想为大飞机事业多做几年贡献，这是他的理想，也是精神支柱。

上海大众的徐小平，同样也在带徒弟。和胡双钱担心的不同，徐小平担心的是年轻人进了合资企业后，是否会安于优越的工作条件而失去独立创造的能力。他说，工人应该要有使命感，这种使命感会促使他们有一种主动性，

上飞草坪上的雕塑
《永不放弃》

去主动学习、主动攻关、主动创新，然后得到企业的认可，体现自己的价值。如果这名工人能随便被别人替代，那就只能叫做工。

而徐小平的维修团队，在2011年5月就被上海市总工会命名为首批上海市"劳模创新工作室"。短短的四年时间，徐小平已经带出了四名上海大众技术专家、一名特级技能师和五名高级技能师。

上飞草坪上安静停放的运-10旁，有一座雕塑，底座上写着四个字：永不放弃。它不仅是献给所有为中国民航工业奋斗的人们，它似乎也在提醒着所有人，任何时候也不要放弃自己独立自主的能力。

地下掘进 | 李建伟　李鹃伟

本篇人物

李建伟　上海隧道机械制造分公司隧道盾构车间负责人

李鹃伟　上海申通地铁维护保障有限公司车辆分公司班组长、高级技师

　　凌晨3点，上海地铁华夏东路站空旷又安静。幽深的地铁隧道内，工程车正进行着隧道的加固工作。李建伟是上海隧道机械制造分公司车间主任，行进的工程车里，他正与工人们讨论着加固方案。这样的工作，通常都是在晚上11点半到凌晨3点左右进行的。

　　清晨6点，上海地铁3号线站台空空荡荡。李鹃伟独自走向站台走进空旷的车厢，坐在车厢里，他就能敏锐察觉行进中列车的刹车系统是否正常。他是上海地铁维保保障有限公司车辆分公司制动班班长，每天都坐上最早的一班地铁，已经坚持了十几年。

　　上海，中国最繁忙的城市之一，6 000多平方公里的土地上，2 000多万人穿梭于此。每个人都希望以最快的速度从一个点到达另一个点，要实现并非易事。资料显示，为了解决城市居民出行难的问题，从2005年开始，上海市政府先后投资2 250亿元，对原有的地铁进行扩容改造并新建线路，经过多年的不断完善，截至2021年12月，已形成了由20条轨道交通线路（含磁悬浮线）组成的约831公里的庞大地铁线路。

"办法总比困难多"

上海外高桥隧道机械有限公司承担着上海市近一半隧道的挖掘工作。走进工作车间，眼前的庞然大物便是地下世界的开拓者，整条隧道都是靠它一点一点挖掘而成，它有一个专属的名称——盾构。

这庞然大物的生产车间，自然也相当庞大，成千上万个工件和设备在这里组装。李建伟是盾构车间的负责人，每天在车间里忙上忙下要走近10公里的路，监督盾构机的生产。

制造一台盾构需要将近半年时间，在他工作的40余年里，从他手上制造出的盾构机已经不下100台。

盾构机是一种隧道掘进的专用工程机械，它的掘进原理，是通过液压马达驱动刀盘旋转，同时开启盾构机推进油缸，从而将盾构机向前推进。随着推进油缸的向前推进，刀盘持续旋转，被切削下来的渣土充满泥土仓，此时开动螺旋输送机，将渣土排送到皮带输送机上，由皮带输送机运输至渣土车的土箱中，再通过竖井运至地面。盾构机掘进一环的距离后，拼装机操作手操作拼装机拼装单层衬砌管片，使隧道一次成型。

李建伟在盾构生产车间

随着城市立体交通体系建设步伐的加快，盾构机成为拓展地下空间的开发利器，一旦装配完成，就会第一时间从车间发往施工现场。从1990年上海地铁1号线破土动工开始，李建伟就跟随自己的盾构机到达施工现场保驾护航。

盾构机的推进过程缓慢而危险，没有人知道会在土层的前方遇到什么情况。李建伟在场的时候，推进才可以开始，他对于这座城市的地下，比地上更为熟悉。据他介绍，最担心的问题就是土层的不同，如果掘进时正面的土与没有掘进时探头探上来的土不一样会比较麻烦，因为每个盾构机的刀盘不同，刀头都是根据探上来的土的不同来设计的。

李建伟如此谨慎，并不是因为他胆小，而是他清楚这些年上海地铁隧道的挖掘工作并非一帆风顺。2010年上海世博会前夕是地铁建设的最高峰，全市范围内共有100多台盾构机在地下掘进，市中心多个工地同时开工，遇到最棘手的问题就是地下穿越大楼、高架废弃地下桩基、车站地下连续墙等障碍物。这时，盾构机的切割能力决定了一切。李建伟每天奔波在各个工地，哪里有险情，他就出现在哪里。

李建伟有句口头禅："办法总比困难多。"

当时地铁9号线徐家汇—宜山路的区间隧道，两台盾构机掘进时遇到了阻拦——4号线宜山路站几十米深的废弃的一米厚地下连续墙，墙体非常坚硬。由于缺乏经验，李建伟和他的工友们与专家反复论证，虽然对盾构机刀盘进行改装，但最终的切割效果仍不尽如人意，最慢时盾构机一天仅掘进2毫米。由于地下刀盘与混凝土不断碾磨产生了40摄氏度以上高温，施工环境异常艰苦。如果盾构机突然损坏，根本无法修复，甚至将导致隧道报废。他二话不说，带着工友们冒着生命危险对刀盘进行了"补强"。经过了四个多月日夜奋战，最终实现了隧道掘进贯通。

盾构机在土层中每推进1.2米，就需要工人在后方铺设管片加固。上海的地铁隧道就是这样1.2米、1.2米地推进，从2000年仅3条线路65公里，到如今位居全国之首的548公里，这其中也倾注着李建伟和他工友们的心血。

爱琢磨的"地铁医生"

隧道的延伸给了地铁更大的施展空间，每天上海有上千万人乘坐地铁列车，在500多个站点之间穿梭往复。列车的安全和稳定，同样至关重要。在城市的另一头，有另一位老李，在默默守护着这份安全。他就是李鹃伟。

李鹃伟介绍，地铁的维修一般分两种，一种是五年一修，就是通常说的架修，也是小修；另一种是十年一修，也就是大修。如今的3 500多部列车，已经陆续进入架修阶段，有的车型已经到了大修阶段，所以架修与大修是交叉进行的。

李鹃伟的车间负责维护列车转向架上的气制动设备。气制动设备控制着每节车厢的刹车和平衡，这是地铁列车的关键部位之一，其系统复杂，部件众多。一部大修的地铁列车，气制动设备的零件将近900多个，维修部件拆下之后，要被分离成多个部件送往气制动维护车间的各个小组进行保养。由于上海地铁的不断延伸，车辆也在逐年递增，李鹃伟所在的车间也变得越来越忙碌，最忙的时候，曾经一个月维修保养了12部列车。而他的班组的人数，原来有30多人，如今却减少了近一半，这给李鹃伟带来很大的压力。

李鹃伟是个爱琢磨的人，班组人数减少了，效率还要提高，那就只有从改进维修工具上下功夫了。老李在工作中发现，控制刹车的单元制动机的拆装，是工人最头疼的事。由于机器长期高速运转，制动机里的螺纹套被硬化的硅胶粘住，很难拆除，经常一个上午只能拆几个，费时又费力。李鹃伟就琢磨出了一套螺纹定位拆装工具，这套工具只需两次定位，用充气螺丝枪就可以轻松进行拆卸和安装，不仅大大减轻了劳动强度，还提高了维修质量。

解决了拆装的难题后，李鹃伟对维修工具的改造就一发而不可收。一次偶然的机会，他发现刚刚完成大修的列车，往往运行不久就出现空压机漏油的现象，伸手一摸，发现整个空压机上全是油灰，这让爱琢磨的他百思不得其解。于是，李鹃伟利用休息时间对多部运营中的车辆进行反复跟踪和检查，最终发现，原来是在人工安装空压机的轴向油封上出了问题。于是，李鹃伟又琢磨出了一套空压机轴向油封定位安装工具，便很快解决了这一问题，彻底消除了隐患，保证了车辆运行的安全。据李鹃伟介绍，这套安装工具的精华就在于定位杆，它的中心定位就靠杆上的定位，保证孔的平面与中心吻合。即使是不懂技术的人，闭着眼睛都能操作。

李鹃伟常说，这15年来他搞了许多创造发明，但并不是为了去申请专利，而是为了能让包括自己在内的一线工人工作起来更轻松、更方便、更

李鹃伟和爱人的工
作实验台

高效，才是促使他不断对机车维修工具进行改造与革新
的力。

然而，任何发明创造并非一拍脑袋就能完成，李鹃伟
每一项在常人眼里看似简单的发明革新，都经历过无数次
失败、尝试、再失败，再尝试直到成功的过程。为了不影
响正常工作，李鹃伟在家人的支持下在家里搭建了一个实
验台，下班后一有时间就在那儿琢磨，还喊来老伴一起帮
忙。李鹃伟说他很幸运，有位机械专业出身的贤内助。

三十年前，李鹃伟和他妻子曾在同一家机械厂上班，
从相识、相爱到结婚，热烈的情感源于对冰冷机械的共同
痴迷。后来李鹃伟调去做地铁维修工，又喜欢上了革新发
明，妻子就成为他的不二助手，几十年来默默地支持着老
李的工作。他回忆起最初图纸都靠手工绘制，两个人就那
样度过了一个又一个不眠之夜。

李鹃伟的妻子调侃道，丈夫的劳模奖章应该颁发给
她，因为家里的事情她从不去麻烦丈夫，自己能担当的就
尽量担当，丈夫只忙他自己的工作就好。

无论在哪儿，李鹃伟爱琢磨的习惯一直没变。上海最
初使用的地铁列车是从德国进口的，地板是木制的。由
于上海天气潮湿，列车"水土不服"的状况就显现出来
了——地板腐烂、脱胶相当严重。第一次接触地铁的李鹃

伟，开始对进口列车地板的改造动起了脑筋。

他回忆起改造列车地板的过程：将一些大面积溃烂变形的地板进行集体更换，他亲手完成放样等工序，而对于那些局部变形的地板，则采用了打孔、灌胶、加压等处理，对形变处加以固定和修复，从而让原本凹凸不平的地板变得完整无损。经过李鹃伟改造处理过的列车地板，十年之后仍然坚固如新。随后，在单位领导的支持下，他从列车门窗的拆装工艺，到车门汽缸和解构汽缸的改造革新，都进行了一系列的研究。在他看来，发明创造的契机，无处不在。

在常人眼里，李鹃伟的发明简单、直接，似乎没有什么技术含量。但正是这些看似不起眼的发明创造，却实实在在解决了地铁运营中的许多大问题，其中有8项发明还获得国家专利。2015年李鹃伟被评为上海市劳动模范，2012年获评全国城市轨道交通企业"维修能手"称号。

从"中国制造"到"中国创造"

工匠需要不断探索世界，才能将一个个不可能变为可能。在李鹃伟不断改进列车零件的同时，制造盾构机的李建伟正解决着一个世界难题。

长江隧道工程采用的是世界上最大的盾构机，直径达15.43米。作为盾构机的制造者，如何把它从图纸变为实物，是最大的难题。作为世界级别的盾构机，所有的散块盾体有将近1 000吨，从没一个机床有如此载重。作为顶尖机械强国的德国，趁机向他们推销产品，一台售价高达1 000多万人民币。当年在上海乃至全国，都没有一个机床可以加工直径如此之大的盾构壳体，而李建伟却做到了。

爱动脑筋的李建伟通过反向思维，利用报废的轴承和其他零部件做实验，经过反复实验，终于发明出一个可以进行超大工件精加工的设备，起名为"土立车"。

据李建伟介绍，普通立车的原理是工件动，刀子不动，而他发明的"土立车"是工件不动，刀子动。速度每分钟可以达到三转，还能根据不同材料和每次切削量调整速度。

成本仅30万元左右的"土立车"，研制成功后当年立即成为明星产品，

李建伟发明的"土
立车"

就连曾经向他们推销设备的德国公司，也反过来找李建伟
借设备，以协助他们完成承建的江南造船厂的项目。时至
今日，李建伟当初发明的"土立车"依然在长三角"独霸
一方"。

一台零件数量上万、重达3 600吨的盾构机，是一个
国家机械化水平的体现。每台盾构机都是一件非标产品，
没有一个工件是一模一样的。凭借经验，李建伟每年都会
根据客户的要求自行设计盾构机的管板模具，国内很多隧
道盾构机的管板模具，都出自他手。李建伟说，做出来的
东西要能拿得出去，要能为自己脸上添光。品质是尊严，
质量是自尊心。

解决了制造世界最大直径盾构机的难题，李建伟更有
信心，想做的东西也越来越多。从2011年开始，上海地
铁隧道股份公司生产的盾构机开始出口国外，从"中国制
造"变成"中国创造"。

世界的舞台上有着更多机遇，同样面临着更大的挑
战。李建伟回忆起当时为新加坡制造特式地铁盾构机，整
整四年，将近有一半时间都生活在新加坡的地下，拆装盾
构12次。而如今第二批投标的盾构机也基本完工，即将再
次被他带往新加坡。

59岁的李建伟在进行矩形盾构机的模拟试验研究，向

更新的领域发起了挑战。据他介绍，矩形盾构机比圆形盾构机能更加充分利用隧道空间，只是矩形盾构机的挖掘难度要远远高于圆形盾构机。除了要保证刀盘互不干扰，更重要的环节是隧道推进后，明确如何拼装矩形管板。世界上还从没有过拼装矩形管板的机械手，因此，所有一切必须依靠原创。

"工人发明家"

在李建伟在新加坡地下忙碌不已的时候，李鹃伟已不满足于改造原有设备，而是要开始自己研制检测设备。2011年，他根据地铁列车运行的实际，发明了空气弹簧压力测试台。空气弹簧是列车的重要制动部件，乘客的乘坐舒适度和列车的车厢平衡性都与它相关。在这之前，上海还没有测试空气弹簧的设备。

李鹃伟介绍，他把空气弹簧安装在试验台上，装上压板，压板模拟车厢的底部，试验台的高度模拟车厢的高度，进行充气后，充气的压力数值能反映空气弹簧的状况，数值如果从6.28下降了0.2，说明空气弹簧的压力已经泄露了。然后他们就对空气弹簧进行分解测试，发现这种空气弹簧压力测试台能适应上海地铁所有的车型，包括阿尔斯通、庞巴迪、西门子。

随着上海地铁建设的高速发展，需要维护的车型从单一的德国西门子，到如今的25种车型，李鹃伟除了改装工装，还必须做到与时俱进，他开始对曾经的测试机器进行了大刀阔斧的革新。

上海地铁最早的单元制动机的测试设备局限于德国西门子车型，李鹃伟针对如今车型多样化、测试设备适用类型较少的状况，有的放矢地进行了大胆的技术改造。改造后的单元制动机，只要换上不同接口，就可以测试阿尔斯通列车，甚至如今较新的11号线车型。仅这两项，就为企业节省了近千万元人民币。55岁的李鹃伟，在上海市科学技术奖励大会上获得了上海市科技进步三等奖，在满是证书和荣誉的工作生涯中，又留下了浓墨重彩的一笔。

上海地铁维护保障有限公司总经理周俊龙评价说，李鹃伟是整个申通集团维保体系员工进取形象的代表，他拥有很多维修工艺装备的发明，对进口列车零件和部件的研究开发上实现了一系列的国产化，为列车运营品质、维修效率的提高和成本的有效控制，做出了突出贡献。

培养"地铁人"迫在眉睫

整套气制动设备经过了上车前的最后测试，被重新安装到了地铁列车的转向架上，每个零件都焕然一新、性能卓越。从入厂到出厂，其间经历二十天以上，经过十几个部门工人的努力，上千次拆装、上百次检测、几十次更换，将再次被装入车厢底部，最终重新上路。设备承托着每个维护者的责任，将在地下轨道再次坚守五年。当它再次返厂之时，李鹃伟也将退休。

2013年上海地铁成立了李鹃伟技能大师工作室，该工作室2015年升级为国家级技能大师工作室。如今，李鹃伟不再是一个人，而是一个团队的代名词。他要做的不仅仅是对地铁列车的检修与维护，更重要的是将精益求精、追求极致、创新超越的工匠精神传承下去。

而与此同时，传承对于李建伟来说同样迫在眉睫。他快要退休了，可对挑选徒弟却十分谨慎。虽然车间人都叫他师父，但并不是什么人都可以拜他为师，平时和蔼的他，带徒弟的时候却以严厉著称。李建伟的徒弟杨晨平说，师父每天基本都是最晚下班的那个人，十几年如一

李鹃伟的技能大师
工作室

日，他的精神值得年轻人学习。

李建伟认为，他们这行只要肯努力，就能够成功。每当看到做事认真、好学、自尊心强的年轻人，就会主动关心给予帮助，看到他们做得不对的地方，就耐心去指正。严格要求和精心培养，让李建伟的周围成长起了一批优秀的盾构人，而他的精神，也在其中得以传承。

当我们坐上地铁畅通无阻地在城市的地下穿梭，并不曾感受到，在这份便捷的背后还有着这样一群不知疲倦的人，正在为地下交通事业不断掘进，他们正是这一奇迹的缔造者。

放飞梦想 | 刘齐山　张开华

本篇人物

刘齐山　上海磁悬浮交通发展有限公司首席技师
张开华　上海电力实业有限公司新能源项目技术负
　　　　责人

　　一座卓越的城市，必然拥有一支创造奇迹的科研团队和一批实现奇迹的产业技术工人。在中国经济发展的版图上，位于北纬31度14分，东经121度29分的上海，就是这样一座城市。

　　上海，始终怀揣着科技强国的梦想。新中国成立后的70多年里，尤其是改革开放的40多年中，上海人用勤劳智慧实现了一个又一个科技强国的梦想，从傲视太空的卫星火箭到飞向蓝天的C919大型客机，从风驰电掣的"复兴号"到魔幻穿行的磁悬浮，从洋山港全自动码头的"中国芯"到打破国际垄断的影像分级诊疗……从引进学习到打破技术壁垒再到完全自主创新，从跟跑到领跑，上海用坚实的步伐向全球影响力科创中心迈进。

　　近十年，上海的科技创新在继续领跑国际先进水平的同时，逐渐扩大为关注民生。科创成果从尖端开始走向普及，全民参与的科创研发模式，让一个又一个惠民科创成果通过上海工匠之手福及大众。

"零高度"飞行在上海

　　2019年1月21日，一年一度的"春运"正式拉开大幕，和过去绿皮车里拥挤缓慢的归途不同，如今，过年的回家路正变得越来越高效、安全和舒适。当中国铁路网每天运送着近千万人次旅客涌入春运大潮时，以"复兴号"为代表的中国高铁也凭借超乎想象的速度令世界惊叹。

"纯中国血统"的"复兴号"标志着中国高铁在技术创新等方面取得了突破性进展，在"复兴号"基础上，中国已确定了时速400公里高速动车组和时速600公里高速磁悬浮列车的新研究任务。这个消息，让上海磁悬浮交通发展有限公司的首席技师刘齐山倍感振奋。他说，正是国产化高速磁悬浮的开发，为国家今后在高速轨道交通领域的发展提供了宝贵的借鉴。

追求高速是轨道交通发展永恒的主题之一。21世纪初，随着经济的快速发展和社会的飞速进步，高速客运交通需求呈现了井喷式增长。但那时的中国，交通基础设施建设远低于发达国家水平，甚至都没有一条真正意义上的高铁客运专线。

经过多方论证，有专家提出，高速磁浮交通系统速度快、能耗低、环境影响小，将是未来大容量高速客运体系考虑的重要方案之一。但是，中国从未做过这个项目，怎么来验证其安全性和经济性？最终国家决定，先开发一段商业化运行示范线，以此来为高速铁路建设探路。而在各方面都开风气之先的上海，当仁不让地成为项目的首选地。城市公共交通协会磁浮交通分会副会长万建军说，在上海如果能以此为示范基础，建设起京沪之间时速400到500公里运营速度的线路的话，对全国经济的发展都会有重大意义。

上海要建设世界上首条磁悬浮列车示范线，消息一传出，立即引起世界的关注。建设磁悬浮列车示范线除了需要引进先进的技术，关键是解决技术人才短缺的问题，于是一大批怀揣建设中国磁浮梦想的优秀技术人才汇聚到上海磁浮公司。刘齐山回忆说，中方在引进了德国这条磁浮线以后，国内其实也有很多工程师，但缺少的是拥有一定维护经验的高级技术人员。当他看到报纸上建设磁悬浮列车示范线的新闻时，内心非常激动，就想去这家公司试试。

参与磁悬浮项目之前，刘齐山在一家世界500强企业里担任技术主管，捧着人人都羡慕的"金饭碗"，过着衣食无忧的生活，然而，安逸的环境并不能束缚住他从学生时代就渴望建造世界上最快的火车的梦想。日复一日的"鹦鹉学舌"似的重复劳动，让内心充满创新激情的刘齐山着实有些厌倦。但

刘齐山在进行设备
维护

他坚信，机会总是留给有准备的人的。

1990年从上海电机厂技校毕业的刘齐山，在工作之余完成了上海大学工学院夜校电气专业的学习，为最终实现自己的梦想储备了足够的知识能量。据他介绍，其实在外资企业也学到了不少东西，可是在外方的监督之下，即使脑子里有许多新奇的想法，很多时候也无法发挥自己的能力去实现它们，自己一直都没有用武之地。

2000年，面对飞速发展的中国高铁建设，刘齐山不顾家人同事的反对和外企公司的高薪挽留，扔掉了很多人羡慕的"金饭碗"，怀揣着自主创新的梦想进入磁悬浮公司，一头扎进这片完全未知的领域，如痴如醉。

据万建军介绍，从上海磁浮线建设运营维护的角度来讲，这是一个引进消化吸收再创新的过程。上海磁浮线，是由德国专家一同在上海参与建设的。上海磁悬浮引进的是德国技术，而德国人自己并没有实际运营的经验。"纸上谈兵"的知识传授和技术培训，让刘齐山暗下决心，一定要将德国原版技术资料完全吃透，变成自己的东西，通过实际工作创新出一套适合中国国情的磁浮列车维护手册。

要吃透德国原版技术资料，就得过英文关。为了解决自己英语底子差的问题，刘齐山没日没夜地忘我学习、自费请人辅导，查字典阅读大量英文报刊、翻看技术资料一点一点地记笔记，用了两年时间硬是将海量英文版资料啃了下来。这也为他日后成长为独当一面的技术骨干打下了扎实的基础。他说当时精神状态很好，自己也投入了不少精力，就像一块海绵，积极努力地去吸收知识海洋里的每一颗水滴，吸水的时候感觉非常痛快。

在中德双方技术人员的通力配合下，上海磁浮列车示范运营线于2003年10月11日正式开通运行。风驰电掣的磁浮列车，将又一个"世界第一"锁定在中国上海，中国也成为继德国、日本之后世界上第三个掌握磁浮系统技术的国家。

做自主维修的"拓荒者"

磁浮列车的成功运行，仅仅意味着万里长征走完了第一步。如果说通车之前，中德双方还是合作关系的话，通车之后，中德之间则变成了技术服务的供需双方。世界上绝无免费的午餐，与所有中外合作企业一样，技术合作的背后是价格不菲的配件和技术支持的明码标价。任何一个细小的零件，或者一个简单的技术咨询，都要花费大量的外币购买。据刘齐山介绍，一个国外技术人员每天的工资一般在1 000欧元左右。但他认为，有些技术问题，通过自己的学习研究就能掌握处理，倘若这种简单的事情都要请老外过来做的话，不但花了冤枉钱，而且是技术人员的耻辱。

价格昂贵、零件短缺、供货周期漫长等问题，常常困扰着上海磁浮列车的运行。上海磁浮列车是市区通往上海浦东国际机场的重要干线，一旦供货不及时，列车的保养和维护就无法得到保证，因此直接影响到每天数以万计乘客的安全顺畅出行。而被称为磁浮列车神经系统的电缆，是所有配件中最容易受损，也是最重要的配件之一，它的状态直接影响列车控制信号传递的可靠性和列车运行的安全性。

一根长度不过3到5米的电缆，价格却高达4 000到5 000欧元。由于是易耗品，每隔一段时间就要进行一次采购，而每次采购从提出申请到最后收到货，要经历长达9个月的时间，这让刘齐山萌生了自己制作电缆的想法，但在准备各种零散配件的过程中，才发现事情远没有他想得那么简单。

刘齐山说，他们去询问供应商，却碰了一鼻子灰，供应商说连接器是蒂森克虏伯公司的定制产品，要得到蒂森克虏伯公司的授权才能购买。连接器配件和制作工艺被西方国家列入对华禁售名单，这让刘齐山大感意外。为了突破技术封锁，刘齐山一遍又一遍地写报告，跑断了腿、磨破了嘴皮子，最终说服了供应商。当时，供应商再三询问采购连接器配件的用途，刘齐山说是用在磁悬浮上。后来供应商从后台查询，发现的确是作为民用供应给磁悬浮公司，最终才给予了批准。

购买到连接器仅仅是刘齐山制作电缆的第一步，而磁悬浮上使用的电缆精度要求高，选材、组装、密封，任何一个环节出了纰漏都有可能出现问题。刘齐山想到了最原始的办法，他把过去损坏的原装电缆全部找出来，一根一根地拆解、一个环节一个环节地研究。遇到技术难点，刘齐山就寻找机会，旁敲侧击向德方技术人员请教，通过每个问题中的一点点细节，总结制作方法，再根据这些零散的信息一遍遍地制作、装配。就这样，经过几百次的反复试验，他终于完全掌握了进口电缆的制作工艺和流程。当自行制作的电缆第一次安装到位，磁悬浮列车成功开出维修站时，刘齐山悬了几个月的心终于放了下来。

如今，刘齐山摸索出的这套操作技艺，已被列入上海

刘齐山拆解损坏的原装电缆，总结电缆的制作方法

磁浮列车维修的规范操作手册。目前已更换的200多套成缆，累计为公司节约采购费用80余万欧元，并在全国范围全面取代了进口产品，这让刘齐山第一次感受到了自主创新的魅力。突破了国外的一些限制后，列车部件送到境外维修的次数有所减少，他们逐渐实现了自主维修，维修成本也有了很大幅度的下降。

以创新赢得主动权和话语权

就在磁悬浮运行得如火如荼的时候，在上海城市的另一端，又一个"首创"项目——奉贤海上风电项目，也正进入关键性的冲刺阶段。十几年后的今天，在"绿色"新发展理念的指引下，中国在能源转型上取得的成就有目共睹，风电继水电、核电之后已成为我国第三大电源。而在当时，上海奉贤海湾风力发电场是我国首座建立在一座人口密集、经济发达城市的风电场。张开华，是上海电力实业有限公司新能源项目技术负责人，据他介绍，当年国外陆上风电已经风起云涌，进入了小规模工业级使用的阶段。

作为改革开放排头兵、创新发展先行者，多年来，上海始终在国家战略中承担着先行先试的重要任务，奉贤海

张开华从一名普通技术员成长为副总工程师

湾风力发电场也因此被寄予厚望，因为它肩负着为上海乃至全国新能源研发利用探路的重要使命。时间紧、任务重，这样一个关键性的工程自然需要一个技术过硬、作风扎实的人来担纲，很快，上海电力实业有限公司把目光锁定在了拥有丰富野外操作实际经验的技术骨干张开华的身上。党委书记刁晓明用这么一段形象的话评价张开华：谈到理论公式，他更像一个专家学者；谈到技术业务，他更像一个专业工程师；谈到具体的操作工艺，他更像一个老师傅、一个来自基层的班长。

20世纪80年代，随着改革开放拉开大幕，国家经济建设进入快速发展期，电力行业作为国民经济的重要支撑，也迎来了重要的发展机遇。1984年，张开华从电力学院毕业后，进入上海市电力工业局工作。面对工作，他不是机械地生搬硬套，而是凡事都要问个为什么，靠着求知若渴和刻苦钻研的劲头，仅仅八年时间，就从一名普通的技术员成长为副总工程师。张开华说，他的选择可能跟他个人的秉性有关，从小他就喜欢接触新鲜事物，家里的闹钟都被他拆了两三个，他喜欢问"为什么"。

即便已经是行业里的"老法师"，面对风电这片全新领域，张开华却是一无所知，换作一般人，很有可能就知难而退了，但始终渴望创新的张开华，几乎不假思索地就一口答应了下来。

风电站的建设，涉及发电原理、建设、检修和维护等全流程，必须全面了解并且融会贯通各个环节，才能把项目做好、做精。张开华白天泡在工地现场，晚上回到办公室埋头学习补充相关知识，那段时间的张开华恨不得把自己掰成几瓣，才能使时间够用。

然而好事多磨，中外双方的合作因为理念的不同，常常出现争执甚至冲突，张开华必须腾出精力来不断地协调。他说，工作时，中国人喜欢按照自己的习惯，而外方人员是严格按其规则来做，认为哪里不对，他们可能用一种很粗暴的态度，就说"No"。通过奉贤项目与外方的现场协作，张开华说他们也学到了很多外方在工作流程、安全、质量的制度化把握等方面的工作习惯。

作为一名严谨的技术人员，张开华并没有因为外方的苛责而感到不满，相反，他十分尊重且敬佩外方这种严谨的工作态度。就这样，大家一遍遍地磨合、一遍遍地整改，项目终于如期完工。但就在所有人都准备欢庆胜利的时候，最后的调试环节却出现了问题。据张开华回忆，施工单位铺设好光纤后，还专门用光纤电话试过，一号机双方打电话是通的，二号机也是通的。外方也觉得很奇怪，认为是光纤有问题，但后来发现是拿着外方的光纤样本来做的，外方就不承认是光纤的问题。

细如发丝般的光纤，光凭肉眼判断，根本看不出任何差别，细心的张开华提出，施工工艺肯定不会有任何问题，那会不会是采购环节出了什么岔子？于是他翻出厚厚的采购单与设计图纸，通过仔细比对，终于发现光纤的型号中有一个字母存在差异。据张开华介绍，外方提供的两公里的光纤是多模光纤，而国内那时候已经盛行单模光纤，因此判断肯定也是单模光纤，当时经过反复确认，外方说可以用。

与多模光纤只有几千米的传输距离相比，单模光纤的传输距离通常可以达到前者的几十倍，那时的中国市场早已是单模光纤盛行，这就意味着，外方提供的设备是落后于中国发展实际的。无奈由于当时国内几乎没有成熟的风机生产企业，核心部件完全依赖进口，出现问题也只能完全遵照外方的要求进行调整，尽管这样的调整可能并不合理。最终，施工方花了一个星期时间，将所有光缆予以更换，调试才获得成功。张开华说，当时买的光纤也就是十块钱一公里，价格并不贵，但是要把原来的电缆全部都挖出来，重新再放一遍，他觉得这个经历也就当交了学费。

2003年10月，上海奉贤海湾风力发电场并网发电，全年发电量达到690万千瓦时，在上海风电发展史上实现了零的突破。但这次突破并没有让张开华感到欢欣鼓舞，相反地，他产生了危机意识，他深知，要想在项目中掌握主动权和话语权，必须依靠自主创新。

核心技术为磁浮列车保驾护航

不迷信外方人员、敢于质疑权威、勇于创新和突破，是根植于每一个技术人员骨子里的秉性，这并非一种自大武断，而是对自身能力的一种自信与肯定。转眼到了2010年，上海迎来了举办世博会的关键时刻，上海磁悬浮线自然肩负起重大的保障任务。

然而，就在大年夜的前夕，多年来一直平稳运行的磁悬浮线却突发故障，好不容易抽出时间陪家人一起看场电影的刘齐山被紧急召唤去现场。刘齐山一听磁浮列车出了故障，扔下妻子孩子拔腿就走，这件事至今都没有得到女儿的原谅。

据他回忆，当时突然有一节车厢不能充电了。无法供电，列车的安全性就会降低，会导致一些安全措施无法执行，唯一的解决办法，就是安排列车回库检修。刘齐山驱车几十公里赶到事发现场，立即投入排查故障的工作。抢修队伍排查了列车可能存在的所有故障源，但直到深夜12点，依然没有查明原因。刘齐山深知，如果这辆车修不好，意味着上海磁浮示范运营线将以单轨运行的方式迎接除夕，所造成的影响无疑是世界性的。

于是，磁浮公司的总工程师翟鸣，紧急向远在德国的专家电话求援。翟鸣说，德方并没有提供实质性的意见，因为这种故障，对他们来说也是第一次碰到。对于德方给出的远程指导意见，刘齐山表示了怀疑，德国专家毕竟不在现场，怎么能给出有针对性的方案呢？尽管心里有想法，但是一向埋头苦干的刘齐山并没有当场发表什么意见，而是默默地回到办公室查阅供电网络图纸。已近深夜，刘齐山不敢有一丝倦怠，聚精会神地翻看每一个细节。

半个小时过去了，故障排查依然没有头绪。凭借多年积累的技术经验和对磁悬浮列车各个部件了如指掌的自信，刘齐山果断向专家组建议，从单一零件的排查，变为重点排查列车受流器，理由是停车可能是多重故障叠加造成的结果。

一辆列车有24个受流器，需要一个一个仔细排查，但有了故障目标后，排查速度明显变快。除夕日凌晨2点左右，刘齐山兴奋地向专家组报告，故障点终于查到了。果然如刘齐山最初的判断一样，是两个并联取电受流器的诊断行程开关出现了故障，导致列车启动保护功能，造成停车。据刘齐山回忆，当时已经排查到半夜，大家身体非常疲劳，可当列车重新通电恢复正常后，在场的工程师、技术人员心情都非常激动。成功解决问题，是对他们最大的奖励。

这次事件也让刘齐山意识到，磁悬浮列车已运行多年，有很多细小问题在日常维护中容易被忽视，于是他大胆地提出设想，对列车进行一次走行机构检修，这意味着要对所有现有运营列车进行一次全身大体检。要知道，这可是德国制造商都未尝试进行过的大修，不仅流程繁琐，而且无前期经验可参考，难度之大可想而知。

　　首当其冲的就是人力分配的问题，由于运行列车的日常维护和故障处理也不能放松，对于大多数人来说走行检修属于额外增加的任务，这让不少人心里有些不满。面对大伙的质疑，刘齐山并未为自己辩解，而是默默地研究维护计划，反复校对编排，最终通过流水作业和统筹方法，为检修期间腾出了人力空间。同时，他还带领大家一起开发各种工装设备，通过仪器来降低工作难度、提高工作效率。上海磁浮交通发展有限公司设施设备管理部物资管理员李建平说，在刘齐山的影响感召下，整个车辆管理部门都很团结，当有人遇到工作与家庭的冲突，都会以工作为重，从来没有员工因为家里的事而耽误工作。

　　看到刘齐山如此投入工作且为大家着想，整个部门的人也干劲十足。到2017年底，磁浮公司顺利完成列车走行机构检修项目，四年时间里对15节列车进行了整体维修，更换零件16 000多个。刘齐山说，通过对列车走行机构的检修，最大的收获就是获得了庞大的设备评估数据。对今后的运行维护，甚至国产化研发来说，具有重大的意义。

　　正是刘齐山十几年如一日的执着和专注，才让上海磁悬浮的运维工作从简单的模仿，开始向越来越多地拥有自己的技术和创造转变，真正建立起一套属于中国人自己的磁悬浮列车运营标准和系统维护策略。截至2018年底，这条线路已经创下了运营16年来安全事故为零的纪录，为中国正在紧锣密鼓进行的高速磁浮的研发，提供了可靠的技术数据。

"长螃蟹腿"方案破解技术难题

　　日新月异的技术革命促进新的创新项目不断涌现，也提供着发展的机遇。近年来，海上风电逐渐成为全球风电发展的研究热点，我国大陆海岸线长约18 400公里，其中东南沿海及其附近岛屿的海上风能资源尤其丰富，大力发展海上风电成为国家需求。据上海市发改委新能源处周阳介绍，他们当时考虑到海上风能资源好，不受土地资源的限制，离负荷中心也比较近，便从2006年开始布局亚洲首个海上风电场，也就是东海大桥海上风电场。这个项目当时在全国是一个标杆。

经过多年锤炼，已经成为国内风电建设领域知名行家的张开华，尽管已经有了多座陆上风电场的建设经验，但对于海上风电项目，他不敢有丝毫的大意。张开华一开始就意识到，这个项目和之前的项目存在着本质上的区别，而作为亚洲首座海上风力发电场，根本没有任何可以借鉴的先例，压力可想而知。据周阳介绍，当时在亚洲还没有任何海上风电的建成项目，也没有相关可以借鉴的标准和案例。风电场要面临海上非常恶劣的海洋水文环境，它的施工安装、风机的设备可能都面临不同的一些要求，后期的运维难度也非常大，成本也很高，所以在技术上，是一个高难度的跨越。

"开弓没有回头箭"，国内首座海上风电场就这样从一无所有起步。项目一开始就遇到了不少难题，先是项目招投标阶段，来投标的不少外方单位提出的建设费用远远超过前期的预算，其次就是各种操作要求和施工环境近乎严苛，完全不符合中国的国情和施工现场的实际。这让曾经有过惨痛教训的张开华，更加坚定了自己的想法，一定要坚持自主创新。张开华认为，如果完全按照外方单位提出的预算报价来建造的话，费用将高达30亿元，东海大桥海上风电场就失去了作为国家示范项目的意义。将来项目是建成了，但主设备、设计施工都是外方的，国内的团队得不到锻炼，也违背了国家示范项目的初衷。

当时，国内的风力发电经过几年的发展，已经培养出一批拥有自主生产能力的国产风机企业，但是面对首个海上风电项目，大家心里都没有底，企业害怕失败，担心砸了自己好不容易建立起来的品牌。原东海大桥海上风电项目总监理工程师王宁介绍，海上风电项目在中国是从2008年开始的，处于刚刚起步的阶段。面对大家的顾虑，张开华也表示理解，但他并不气馁，他开始带领团队四处奔走，细致调研，并在此基础上撰写出了一份详尽的工程方案，将各种可能出现的情况都考虑其中，最终，他凭借着自己的耐心和专业打动了合作方，项目终于进入关键的施工阶段。

海上的风力发电机个头巨大，高度超过40层楼，重量达数百吨。尽管此前张开华和他的团队已对海上作业做了详细的勘察，但在实际操作中要将这些大家伙安稳地放在海面上，一度让张开华犯了难。这个问题一天不解决，项目就要多耽搁一天，造成的损失难以估量。

被资料和数据弄得头晕眼花的张开华又一次来到海边勘察地貌，突然，他的目光停留在身旁的东海大桥上。这么长的大桥，靠什么能够稳如磐石地屹立在海面上，并能抵御海上各种恶劣的气候环境呢？用的就是群桩，以群桩为基础，在上面造了墩台，然后就建成了海上大桥。于是他想，为什么不可以用这样的墩台呢？当然风机的特性和大桥的特性是不一样的：大桥的设计是以抗压为主，风机是以疲劳循环的抗拔作为主控设计参考，只要把这些特点加进去就可以了。

茅塞顿开的张开华赶紧把自己的这个想法同设计单位沟通，并对基础荷载、桩基和承台结构进行了大量计算，最终决定采用原创的高桩承台群桩方案。先将八到十根长长的钢管打入海底，围成一个圈，就像螃蟹腿一样，随后在这些"长腿"上浇筑一个混凝土承台，相当于蟹壳，这个被形象称作"长螃蟹腿"的方案，有效解决了高耸风机承载、抗拔、水平移位的技术难题。

"巨无霸"海上安家

承台建好了，怎么让风机"站"上"蟹壳"，施工团队又遭遇了困难。当时，国外安装海上风电机，大多使用配备液压支腿的移动自升平台，但是，这种设备价格高昂，而且选址区海底淤泥很深，即使引进相应的施工设备，也可能出现"脚伸进去，但拔不出来"的现象。张开华说，他们当年要解决的一个问题是：将所有的风机在陆上组装成一个400多吨的整体，连同吊索具，安装到海上去。

先陆上组装、再海上吊装的方法，简化了海上作业的流程，可以避免复杂的海上天气状况对安装过程造成影响。不过，要将重达400多吨、高达40多层楼的风机一次性安装上承台，也并非易事。

吊装的时候万一出现失误，缓冲不成功砸了一下怎么办？张开华说，那是没有办法的，一旦砸坏了，可能价值2 000万元的基础就得重来。万一这个方案不行，吊不上去怎么办？再撤回去行不行？他说也不行。因为吊不上去，就说明方案失败，再回到原来的母船也回不去。实际就只有一条路，容不得失误，一定要在吊装之前反复验证。

抱着只许成功、不许失败的信念，张开华带领团队反复验证方案的合理性，他们甚至按照1∶1的比例仿制出高度与重量完全一致的风机，在陆地上反复进行模拟吊装试验。为了确保万无一失，他们对拧螺栓的电泵进行了改造，严格制定了操作规程，创造了20分钟安装调验完成96个大螺栓的世界纪录。经过多次成功吊装，真正做到万无一失后，张开华这才下达了开始实地吊装的指令。

2009年3月20日，整体吊装正式进行，和之前演练的方案一样，起吊、缓冲、精定位，一系列动作一气呵成，当400多吨的风机稳稳站上平台时，现场爆发出热烈的掌声。

据张开华回忆，当把风机吊装好、螺栓拧紧、现场放鞭炮的时候，已经是晚上九、十点钟了。原东海大桥海上风电项目海上标段经理顾耀华说，一名基建工人，一生可能只参与几个工程的建设，能够遇到东海风电这样的大工程，非常难得，东海风电工程让一批人快速成长。

第一台海上风机的安装成功，让张开华和同事们有了更充足的信心，随后，施工团队一鼓作气，创造出了一个月在工装船上组装10台、在海上吊装8台风机的纪录。2010年6月8日，所有风机完成安装调试、并网发电，东海大桥10万千瓦海上风电场项目顺利投入运营。从空中俯瞰，一个个风机矗立在苍茫的大海中，壮阔而静美，更重

第一台海上风机成功建成

海上风电示范项目

要的是，它的投用每年可以节约17.2万吨标准煤，为低碳环保、节能减排作出了重要贡献。

从理论开始，到设计、研发、现场的勘探，一直到具体的建设，以及建设成功以后的生产运维，张开华能够把它们全都串起来。这就是基于生产商的需求，把理论变成了实践，把设备变成了生产力，把技术变成了效益。

有了第一个项目的大获成功，东海二期项目紧跟其后，顺利建成。张开华和他的团队不仅圆满完成了我国首个海上风机发电项目工程，而且为国内其他省市的海上风电项目提供了重要参考和技术支撑。到2017年，中国海上风电累计总装机容量达到2 788兆瓦，排名全球第三，仅次于英国和德国。周阳说，这个项目之后，2011年，国家开始进行大规模的海上风电的特许权招标，揭开了中国海上风电从起步到规模化发展的序幕。

发展，永不停步；创新，永无止境。在近海风电技术取得突破之后，张开华并没有沉湎于过去的成绩，如今，他正带领团队朝着技术要求更高、施工难度更大、工期时间更紧的上海市深远海风电项目进军。

周阳认为，国际上的远海风电项目还比较少，据了解，首个海上风电示范项目，也是上海率先谋划深远海上风电，实现海上风电产业实现弯道超车、跨越式发展的一个好机会。

首条商业化磁悬浮运营示范线、首个海上风电示范项目，只是上海这座创新之城的一个缩影，在全球竞争日益进入高层次的今天，上海正在用一个个创新成果谋求突围、寻求超越。也正是有了像刘齐山和张开华这样一代又一代上海工匠的不懈努力、锐意进取，才构成富有生命力、具有核心竞争力的全球科创中心的建设基础。

兼容并蓄 | 胡振球　李　斌

本篇人物

胡振球　上海神舟汽车节能环保有限公司车间主任
李　斌　上海电气液压气动有限公司总工艺师

在许多人眼里，上海是座充满神秘、浪漫色彩的现代化国际大都市，是怀揣梦想的人一生向往的地方。它不仅拥有雄厚的经济基础，更重要的是有着海纳百川、兼容并蓄的胸襟。无论是顶尖人才，还是普通大众，都可以在这里找到施展自己才华的舞台。正因如此，上海汇聚了一大批技术熟练的产业工人，经过日积月累的积淀，成为上海制造的中坚力量和坚强后盾。

环卫工人新添"好帮手"

2010年4月30日，以"城市让生活更美好"为主题的2010年世界博览会在中国上海拉开了帷幕。来自246个国家、国际组织的参展方参加了展会，参观总人数达7 308万人次，创造了世博会历史上的新纪录。多姿多彩的展会，留给上海这座现代化大都市的除了精彩，还有繁重的垃圾清扫工作。数据显示，世博会期间，每天参观的人数突破38万人次，仅世博园每天产生的垃圾就多达200余吨。为了保持整座城市整洁美好的形象，上海市投入了一种高效的纯吸式真空吸尘车。清洁车驾驶员张辉说，以前路面扬尘非常厉害，路边都是灰尘，现在这种吸尘车开过去，车行道上的灰尘基本上都可以被带走，清理过后的路面非常干净。这极大地减轻了环卫工人的劳动强度，也大大提高了清扫的效率。

上海神舟汽车节能环保有限公司董事长陈杰介绍说，公司成立后就开发了这种纯吸式扫路车，车子没有扫刷，清理垃圾全靠吸，技术含量很高，生产难度也较大。拥有13项发明专利、可替代20名环卫工人和2台传统扫路车的这种垃圾清扫车，是公司自主研发的拳头产品，而车上的垃圾收纳系统，则出自青年技工胡振球和他的团队。

胡振球是上海神舟汽车节能环保有限公司车间主任，年仅32岁的他，单薄的身体、清瘦的面颊，一台焊机、一只扳手、一把尺子的形象，让人很难将其与全国劳动模范、"发明大王"的称号联系在一起。然而，就是这位年轻人，在上海打拼的八年间，完成了技术革新50多项，技术攻关10多项，为所在企业创造直接效益2 500万元。

成功的背后饱含着艰辛。据胡振球介绍，他们经常进行产品试验，一次不成功就做第二次，两次不行就做第三次，反反复复直到成功。有时候加班加点，甚至周末也在上班。什么时候产品试验成功，能够推出使用了，才稍作歇息。

"一盏灯"照亮失意打工仔

来自安徽农村、从小家境并不富裕的胡振球，为了减轻家庭负担，读完高中便开始了外出打工的生活。从农村到城市，从田间到车间，从一个小小的机械学徒做起，在那些四海为家的日子里，胡振球不知道流过多少汗，吃过多少苦。据他回忆，当时生活窘迫，2007年的时候底薪很低，每月只有750元左右。

进城务工人员，以前叫"农民工"，是我国城镇化进程中的产物。1978年我国在农村实行家庭联产承包责任制，把农民从土地中解放了出来。良好的政策、宽松的就业环境让大批农民在农闲时来到城市，实现他们的梦想。据统计，2015年全国外出进城务工人员达2.7亿人，其中占60%以上的"80后""90后"进城务工人员，被称为新生代进城务工人员，胡振球就是其中一员。

上海进城务工人员工作领导办公室主任赵建德介绍说，人的城镇化，首先要求人能够适应城市生活，能够有城市生活的基础，这个基础就是就业，就业必须有技能，所以新生代进城务工人员，对学习技能会有一种自觉的要求。

2007年，结婚后的胡振球决定带着妻子来上海，他怀揣着传统农民朴实的梦想，希望能在大城市找份稳定的工作赚钱养家，能让自己的妻子和孩子过上更好的生活。胡振球和众多初到上海的进城务工人员一样，每天早上六点出门，步行几十里路去找工作，因为两元一张的公交车票对他来说是昂贵的，那可相当于他一顿早餐钱。由于学历低、经验少，胡振球被无数家企业拒之门外。四处碰壁的胡振球心灰意冷，内心感受到了深深的绝望。他说，找不到合适的工作，他几乎就要放弃，差一点"打道回府"。

一天，再次被多家企业拒绝的胡振球，身心交瘁地站在天桥上，看着城市间川流不息的车辆和来去匆匆的人流，在心里无数遍问自己：我为什么要来这里？来了能干什么？偌大的上海，怎么就没有我的容身之处？那一刻，胡振球的心情跌到了谷底。可就在他绝望之际，疲惫的眼神突然被远处的LED大屏幕所吸引，屏幕上正在播放上海市劳动模范李斌的先进事迹。胡振球竟然忘记了疲劳和饥饿，傻傻地站在那里，静静地看了足足有半个小时。李斌那句"一个人如果只想着干轻松的活，拿更多的钱，那他

天桥上被劳模事迹
吸引的胡振球

就是蠢材，永远一事无成，一个人敢于吃苦耐劳，用自己的聪明才智去创造财富，才能是人才，这座城市才会真正接纳他"，让胡振球如醍醐灌顶一下子清醒过来，也让他找准了在这座现代都市的位置。

胡振球清楚地意识到，自己没有令人羡慕的文凭、更没有让用人单位信服的工作业绩，他仅仅是一名只有高中文化程度的农民，只有从最底层做起，才能找到生存的职业。经过21天苦苦地寻找，胡振球最终被现在的这家企业录用，不限学历，不限出身，就从最基层的学徒做起。胡振球说，刚进厂的时候，自己就是一名普通工人，他珍惜这份工作，老老实实地干活，从不偷懒，就想当一个好工人。

"我学习的目的是报效祖国，不是为了钱"

而彼时的李斌，对自己的先进事迹拯救了一个风华正茂却失魂落魄的年轻人，使得这个年轻人后来成为上海才俊的事，浑然不知。李斌就是这样一个默默无闻、遇事不惊的人。从第一次成为劳模到现在的30多年时间里，从地方到全国的荣誉证书足以装满一箱子的李斌，最喜欢的却依然是厂里的工友叫他"李师傅"，因为"师傅"在他眼里既是尊称，更是权威。而如今，他已是上海电气液压气动有限公司总工艺师。

"一个人如果只想着干轻松的活，拿更多的钱，那他就是蠢材，永远一事无成。"这是56岁的李斌用自己30多年的职业经历总结出的至理名言。1980年，20岁的李斌从技校毕业，被分配进入上海液压泵厂工作。中专生在当时人才匮乏的年代大小也算是个知识分子，然而李斌并没有成为他想象中的坐办公室、设计图纸的技术员，而是被分配到车间当了一名学徒。理想与现实的冲撞让年轻的李斌备感失落。

上海电气液压气动有限公司生产制造部经理俞建雄回忆，大热天，他们在普通车床边也不能穿短袖，因为铁屑一旦飞出来，落在手臂上会很烫，手上就烫得都是疤，工友们都是渗着豆大的汗珠，穿着长袖在炎热的环境中工作。

"学一手好技术，当一个好工人，比什么都强。"李斌的失落被师傅一眼就看穿了，平时不善言辞的师傅，扔下一句话就直接干活去了。愣了半天的李斌，望着背有些佝偻、一辈子与冰冷的车床打交道却从无怨言的师傅，他沉默了。于是，他决心脚踏实地从零做起。学徒三年，李斌不仅学会了车、铣、刨、磨、钳等多门手艺，掌握了金属切削加工的全套技能，还学到了师傅们吃苦耐劳、无私奉献的精神。李斌说，对待工作就要一丝不苟，自己一定要发自内心地愿意去从事这个工作。不管做什么事情，就要把那件事情做到极致，每个人都应该这样想，这个社会才会好。如果大家都争着做只对自己有好处的事情，这个社会怎么发展呢？

　　20世纪80年代初，我国国内数控机床还十分少见。1986年3月，上海液压泵厂以劳务输出的方式换取国外的先进技术，决定选派一批优秀技工到海卓玛蒂克公司的瑞士分公司进行培训，工作出色的李斌幸运地被选中。

　　李斌感慨，出国后才体会到国内技术跟国外技术确实不在一个水平上。国外先进的现代化数控车床和国内落后的技术工艺间的差距，在李斌心里留下了巨大的震撼和深深的刺痛，他暗暗发誓，一定要利用这次难得的机会，把"真经"取回家。李斌把心思全都放在了数控机床上，认真学习国外工程师的每一个调试步骤，甚至连吃饭、走路时也在默记编写和输入程序。渐渐地那些看似天书一样的程序，在李斌的脑海中越来越清晰了，成为一个个模式和产品。

　　李斌说，许多看似棘手的难题，一头钻进去后才会发

钻研机床数控程序的李斌团队

现，解决的关键重在每一次的攻关，在一次次的努力下，既定的目标会一点一点地靠近。

机会往往是留给有准备的人的。那年圣诞节，外方技术人员全部放假，瑞士分公司却接到了一个很急的订单。订单工艺复杂，客户要求第二天提货，外方管理人员心急如焚。这时，李斌主动提出由中方技术人员完成，没有选择的外方，只好把图纸交给了李斌。俞建雄回忆说，当时李斌很淡定，几个小时就把活完成了。事后，瑞士客户跷起大拇指，连连称好。

从编程计算，到准备刀具、按动电钮，再到输入程序，四大技术环节李斌几乎一气呵成，成为瑞士公司第一位中国乃至亚洲的工人调试员。培训结束回国之时，外国专家甚至提出要用一台价格昂贵的数控机床和高额的待遇来留下李斌。而李斌淡淡一笑婉拒道："我学习的目的是报效祖国，不是为了钱。"他带着厚厚的四大本数控机床编程调试资料，毅然回国。

由"工"变"匠"的逆袭路

1986年，对李斌来说是职业辉煌的开始，作为一名曾"留学"国外、喝过洋墨水的技术工人，从学徒一跃成为

刻苦研习技术知识的胡振球

全厂的技术骨干，这年他26岁；而2008年，对于26岁的胡振球来说，也是他职业生涯的重要开始。抱着"当工人就要当个好工人"的想法，胡振球应聘到民营上海神舟汽车节能环保有限公司，成为一名普通的修理工。可一走进车间，胡振球发现自己根本上不了手，因为没有经验，甚至连最基本的图纸都看不懂。密密麻麻的图样，对胡振球来说简直就是"天书"。胡振球说，当时他对零部件、图纸都不是很熟悉，所以就跟着技术人员或老师傅边思考边操作。

面对困难的胡振球，不气馁不放弃，而是勤奋学习、刻苦钻研，他常常在午休时间缠着有经验的老师傅，请他们给讲解图纸，一遍学不会，就学两遍三遍，直到弄懂为止。为了专心学习，他干脆把铺盖也搬到了单身宿舍，一有空就往单位的职工书屋里钻，把自己认为有用的技术知识，抄写在本子上，一遍遍地背，一点点地抠，直到融会贯通为止。

渐渐地，胡振球将这些日积月累的笔记转化为了浑身的本领。从钣金工到钳工、车工、打磨工，短短的几个月时间里，胡振球便掌握了车间几乎所有工种的基本操作技巧。然而，爱动脑筋的胡振球并没有因此而满足，他开始在提高工作效率、减轻工人的劳动强度上下功夫。他利用业余时间设计出了工装夹具，解决了举升油缸部位始终无法匹配等一个个技术难题，使每台车的整装工时，从原来的3天缩短至1天，为企业节约成本500多万元。

胡振球发现，当工友们劳动的强度变小了，自己就会有一种自豪感。

主动请缨攻难题

1996年7月，为了提高产品的市场竞争能力，上海液压泵厂咬着牙出巨资，进口了一台数控机床。然而，国外生产厂家派来的工程师在设备没有达到合同约定的技术指标的时候，竟然不辞而别了。进口机床躺在那里转眼就是一个多月，厂里上上下下心急如焚。

上海电气液压气动有限公司党委书记朱尽勤介绍说，在技术引进的过程中光有图纸是不行的，要在我们自己的场地上，在自己的设备上把产品做出来，其实是需要我们自己的智慧的。

这个时候，李斌主动请缨，在许多人疑惑的眼光中，李斌把铺盖搬到了车间，凭借早前在海卓玛蒂克公司学到的扎实技术知识，经过三天三夜的不间断攻关，终于编写出符合国际市场标准的数控机床生产程序。当一批批合格的产品从机床下线时，在场的所有人禁不住欢呼起来。上海液压泵厂有了自己的技术工程师，终于不用再看外国人的眼色行事了。

在李斌看来，一旦遇到困难就越感觉肩负重任，面临难题就一定得想出办法解决它。很多时候，自己的想法简单而朴实，不会去想做这件事为了什么、能得到什么好处、会受到什么表扬。

长期的满负荷工作让李斌的身体出现了状况，1997年8月，李斌被诊断患上恶性肿瘤，手术后刚在家休息一周，他便听到工友们说厂里急需生产一批产品的压板，而该零件是第一次上数控机床加工，既缺乏计算、编程资料，又没有刀具选型等经验，操作工人一时无法上手。眼看交货日期一天天逼近，但却没有丝毫进展，李斌二话没说，忍着病痛骑着助动车又到厂里去了，家里人怎么拦也拦不住。李斌的徒弟管鸿箐回忆说，当时工友们束手无策，才跟病床上的李斌讲了这件事，本来只想让他在电话里指导一下，可他听了不放心，竟说要到厂里来看。第二天他就自己过来了，说一定要看到第一个零件做出来才放心。

一到机床旁，李斌就忘记了病痛，工作成了恢复身体

带病坚持工作的李斌

的特效药。他一边查资料，一边仔细研算，不到半天时间就成功编写出产品需要的程序，保证了工厂如期交货。

30多年光阴如梭，数控机床已经成为李斌生命的一部分，李斌对每个螺丝的熟悉程度，甚至不亚于对自己身体每个部位的了解。李斌也从当年的普通技工，成长为上海电气液压气动有限公司的总工艺师。

创新引领度难关

当李斌凭借娴熟的技术一次次攻克进口数控机床难题、帮助企业度过难关的时候，胡振球所在的企业却遇到了麻烦。长期以来，清扫车的次污染问题始终得不到有效解决，市民投诉、用户投诉，让上海神舟汽车苦恼不堪。公司决定集中精力彻底解决清扫车扬尘这一环保设备的世界性技术难题。

过去把车里面的垃圾倒出来的时候，因为清扫车里没有水，全是细粉，一卸料的时候，粉尘铺天盖地的场景就像爆炸，到处都是扬尘。胡振球说，当时他有个想法，在卸料的过程中可以用一个东西罩住扬尘，这个东西又能依靠电控装置机械化地收起来。这样的想法，源于胡振球看到雨篷得来的灵感。

世上难事就是这样，看似艰难，但一个灵感可能就让它迎刃而解。胡振球"卸灰控尘装置"的发明灵感，就是在一次躲雨经历中激发出来的。然而一个新产品从灵感、实验、成型，到批量生产，谈何容易，这其中胡振球所付出的艰辛劳动，可想而知。据胡振球回忆，当时他们每天都去外面运黄沙、搬石子，称好重量，铺好，铺好以后用清扫车吸，试的过程中，越吸不干净就越着急，所以一整天就不停地试，试着试着一天过去了，第二天再继续，感觉时间过得很快。从寒冬到酷暑，胡振球和工友们不断搜集黄沙、石子、树叶等这些清扫车最难一次吸干净的垃圾，将其作为试验品。铺一段垃圾，开一段路，再铺一段垃圾，再开一段路，就这样开着清扫车反复试验。发现问题，马上返回工厂进行调试，有时一天要往返十几次。

经过整整两年时间，上海神舟汽车的纯吸式真空吸尘车，在胡振球和他的团队的手中逐渐成形。新式的清扫车，改变了以往清洁车喷水清扫再吸入的模式，并解决了清扫车卸车扬尘造成二次污染的难题，在全国同类环保设备领域取得了零的突破。

"当个好工人，成就工匠梦"的信念，使胡振球的发明成果逐渐从最初的小改小修，变成各类专利和效益。几年来，胡振球已经完成技术革新50多项、技术攻关10多项、发明等各种专利14项。技改组组员王金栋说，胡振球在工作中要求创新，每个月都会让他们去改进一些产品。正常使用的产品，也会琢磨怎么样将其优化，反复思考如何改进更简便、效果更好。

如今，胡振球已从一线普通职工变为管理100多人的车间主任，可现在他依然把精力放在生产一线，通过传帮带带出了一批技术尖子和创新骨干。因为他深知，一花独放不是春，百花盛开春满园，团队的持续创新才是企业未来发展的真正原动力。

胡振球认为，要让团队的每个人都想成为好工人，整个团队要有工匠精神才能营造良好的创新氛围，才能铺就工人成才之路。

两千多次试验拿下"指环王"

2008年，当胡振球攻克清扫车次污染的世界难题，帮助企业拿到国内外无数订单的时候，李斌也在着手解决高压轴向柱塞泵（马达）国产化这一困扰了企业20多年的技术难题。

李斌说，这对厂里来说的确是很大的难题，几十年卡脖子都卡在这一问题没有丝毫进展。因为制作工艺水平所限，长期以来，国产轴向柱塞泵最高转速总在2 000转以下，离世界最高水平6 000转相距甚远。高端液压泵大部分只能依赖进口，甚至高达90%的液压件受制于人。与液压泵相伴30余年的李斌，试图改变这一现状。然而，这并非一件容易的事。因为这一重点攻关项目共有11个关键技术难点，是世界级难题，即使是德国等发达国家，也花费了长达十几年的时间。这对于一切从零开始的李斌团队，无疑是一次前所未有的艰难挑战。

因为生产材料与加工工艺的不同，每一次的尝试都是对李斌及其团队的巨大考验。液压泵里有个关键的零部件叫柱塞环，虽然只有戒指那么大，但需要从德国进口，且价格昂贵，李斌首先以此为突破口集中攻关。

李斌介绍说，柱塞环要有一定的硬度，又不能太脆。有时候硬度够了，但脆了就会断掉，增加韧性就不容易断，但韧性过大硬度就不够，所以既要有硬度又要有韧性，是有一定难度的。

柱塞环无论对硬度，还是韧性，都有着很严格的要求。因为国外的技术封锁，为了寻找到最佳的替代方案，李斌和同事们只能自己摸索"土方法"，反反复复地试验。李斌说，有的时候要对柱塞环进行加温，温度上升到100摄氏度左右时，再去看它的变形情况，一直要试验到很高的温度，直到了解它的变形状态。有时候没有很好的仪器，就土法上马，用电炉加热，再用很长的温度计测温，靠眼睛观察。

从技术论证到工艺定型，他们经历了上千次的实验，半年多的时间里，在李斌和他团队的努力下，金峰牌柱塞环终于在上海液压泵厂诞生了，这也为团队继续攻克这一难题带来了巨大的信心。李斌带领的攻关团队成员大多来自生产一线，为了使生产和攻关两不误，在那段时间里，他们周末不休息、周中加班干活，加班至深夜早已成为常态，团队最久一次加班，连续在车间工作了72小时。

宝剑锋从磨砺出，梅花香自苦寒来。经过近三年时间，2 000多次试验，李斌和他的团队将11个关键技术难题一一攻破，先后申请了19项发明专利及21项实用新型专利，突破了国外产品的长期垄断和技术封锁。这个项目先后荣获中国机械工业科学技术一等奖、国家科技进步二等奖，也使李斌成为全国少数几个获得国家科技进步奖项的一线技术工人。李斌认为，关键技术是国之重器，要把它掌握在自己手里，企业是解决关键技术的核心力量。

师者，传道、授业、解惑也。如今已是上海电气液压气动有限公司总工艺师的李斌，最大的愿望就是把自己的所学无私地传授给青年技工。为此，他专门编写了教材，抽出时间为大家上课。公司也尽最大力量支持李斌的工作，从最初的李斌班组到李斌工作室，从李斌技术中心再到李斌技师学院，李斌的影响力越来越大。李斌这个名字不仅成为上海电气液压气动有限公司的品牌，也成为"上海制造"的品牌。这些年来，李斌和李斌班组完成新产品开发23项，其中1项达到国际尖端水平。他还完成工艺攻关220余项，完成产品加工工艺编程1 600多条，提高生产效率3倍以上，创造直接经济效益900多万元。

李斌说："工匠精神，我认为最主要的一点，体现在对工作执着、坚守、

胡振球荣获全国劳
动模范称号

孜孜不倦的精神。我们经常说一个人一辈子干好一件事情的决心，每个人都要有做本职岗位能工巧匠的决心。"

2015年全国劳动模范和先进工作者表彰大会在北京举行，上海技术工人李斌和胡振球同获全国劳动模范称号，这也是李斌第四次获得这一荣誉称号，而胡振球作为上海外来务工人员，获此殊荣也极为难得。

科创求实 | 朱海鸿　张生春

本篇人物

朱海鸿　上海优爱宝机器人技术有限公司总裁

张生春　上汽集团赛科利汽车模具技术应用有限公司首席高级技师

2015年3月5日，中共中央总书记、国家主席、中央军委主席习近平在参加十二届全国人大三次会议上海代表团审议时强调，上海要加快向具有全球影响力的科技创新中心进军，努力在推进科技创新、实施创新驱动发展战略方面走在全国最前头，走到世界前列。一年间，上海把科创求实作为工作的重点之一，经过广大科研人员的齐心努力，实现了科技创新、从概念提出、蓝图设计再到具体推进的跨越式发展，上海重新在世界科创领域找到自己的坐标。

"浮球矩阵"——机械与艺术的激情碰撞

2016年4月，第四届中国（上海）国际技术进出口交易会在上海世博展览馆开幕，国内机器人自主研发品牌——优爱宝携新品"浮球矩阵"在本届展会上精彩亮相，在众多国内外参展项目中脱颖而出，成为现场中最为引人瞩目的一大亮点，一举拿下"十大人气项目奖"。

朱海鸿是上海优爱宝机器人技术有限公司的总裁，也是整个团队的技术领袖。自2009年公司创建以来，朱海鸿一刻也未曾离开过科技创新的第一

浮球矩阵——"动态的雕塑"

线，在技术攻关中不知度过了多少个不眠之夜。

"浮球矩阵"作为一种新兴的多媒体艺术展示设备，被誉为"动态的雕塑"，具有极强的视觉冲击力和传播效果，不同数量不同形状的浮球，可以跟随音乐变换出无数种色彩和造型，浮球的数量越多，带来的视觉效果越震撼，但成本也就呈指数增长。而由朱海鸿设计研发的浮球矩阵，由于采用了模块化分布式控制原理，减少了应用成本，且便于操作易于掌握，为"浮球矩阵"机器人的普及和应用奠定了基础。

据朱海鸿介绍，浮球的移动速度每秒可达两到三米，是别的"浮球矩阵"四倍左右。不同于传统的五轴联动、七轴联动，朱海鸿开发的这一套代表着中国智能机器人产业最尖端科技的千轴联动技术设备，搭配模块化控制，其各项性能都已经达到了世界第一的水平，相似的技术，全世界也只有三家公司可以掌握。朱海鸿说，大多数人觉得中国的控制系统与国外有差距，其实就是电控部分做得还不够到位。

化深奥于模块之中，把复杂变为简单，一个原本需要几个月安装调试的工程控制系统，在使用朱海鸿研发的模块化产品后，其安装调试时间可以缩短到5天，即使是非专业人士，也可以通过手机或者平板电脑轻松实现对于系统的控制和操作。而正是在这样的理念下，优爱宝从2009年创立以来，短短几年时间，估值已经超过2亿元，并先后顺利完成了天使轮800万元、A轮1 000万元的融资计划。

这一套美轮美奂的浮球矩阵设备经过不断地改进、技术升级，八个月的时间里，不论是速度、搭建周期还是成本控制，都已经真正达到了世界第一的水平。而这八个月，也正是上汽集团旗下的赛科利汽车模具技术应用有限公司生产出一整套汽车模具的时间。在这里，首席高级技师张生春和他调试车间的同事们，用自己的双手，从最不起眼的地方着手，却在最精细的品质方面潜移默化地改变着中国汽车制造行业的格局。

给模具"治病"的"纯手艺人"

1985年，第一台桑塔纳牌小汽车在上海的正式下线，标志着中国中外合资汽车制造时代的到来。然而在此后的很长一段时间里，桑塔纳虽然产地在中国，但除了蓄电池、天线等极少数零件外，几乎所有零部件都由德国制造。30多年后的今天，上海汽车已经拥有多个自主汽车品牌。从完全依靠进口，到完全由上海制造、中国制造，在中国民族汽车工业取得巨大成功的背后，是汽车模具设计和生产的不断发展与升级。

张生春是赛科利汽车模具技术应用有限公司调试车间的高级副经理，他介绍说，如果大批量生产汽车，就要用到汽车模具，汽车改型换代，模具先行。而现在通用集团的车型，90%的汽车模具都是他们公司生产的。上海赛科利汽车模具技术应用有限公司拥有世界一流的联合厂房和冲压焊接设备，从2004年成立以来，已经形成了年产80万台套白车身四门两盖、前后地板的能力及11 000吨大型车身覆盖件模具的自主设计和制造能力。在这里，赛科利担负着汽车量产的最大基础——汽车模具的设计和生产。汽车模具的生产过程中，在极为详细周密的3D建模设计模拟分析之后，进入到模具铸造、加工的环节，而就在模具出厂送到真正量产汽车的制造行业之前，将会经历不可或缺的最后调试环节。在这里，以张生春为代表的一位位钳工匠人，将成为检验和修改汽车模具的"试金石"。

张生春说，前期设计分析时，默认各个标准都处于理想状态，比方说摩擦力最小、光洁度最好、板料材质最好，而一块平板料，不可能压成什么型就是什么型，肯定会有屈服、要有回弹的，这些都需要模具钳工、调试钳工考虑到。

再完美的测算评估，生产中总有不完美；再精密的建模设计，也无法弥补现实中的丝毫误差。汽车模具的生产中，容不得任何细微缺陷，因为模具一旦出厂，产品都将被大批量生产，瑕疵品会给整个产品线带来无法估量的损失。

张生春强调，必须把模具做好，保证做出来的模具件件完美，不能放过一丁点的瑕疵。他们模具钳工，就像大夫、就像雕塑家，给模具"治病"，手上功夫很重要，好比大夫手中那把手术刀，从哪割，割多深，非常关键。

张生春这样的模具钳工，成为隐藏在汽车制造业——目前已经实现全自动化行业背后的"纯手艺人"，他们是保证每一辆汽车完美外观和优越性能的先行者。这是一个苛刻的行业，既需要体力，又需要脑力，还需要有手艺。而张生春在调试车间里从事汽车模具的制造，正是凭借着自己的热情和执着，一干就是三十年。张生春回忆说，自打他开始工作，就一直做汽车模具，从没干过第二个职业。他19岁就入厂了，到现在仍觉得做汽车模具很有意思，不觉得脏累苦，看到自己手工打造出来的产品被很多

在调试车间打造汽车模具的张生春

人使用，心中会有难以言喻的高兴劲儿。三十个春夏秋冬、三十年的辛酸艰难，丝毫没有改变张生春当初对于汽车模具行业的一颗赤子之心。每当提起汽车模具，生活中不善言辞的张生春却总能侃侃而谈，眼睛里也闪烁着光芒。

1953年7月15日，毛主席亲笔题名的第一汽车制造厂在吉林省长春市动工奠基，中央动员、全国支援，参与建设者奋力拼搏，努力实现党中央提出的"力争三年建成长春汽车厂和出汽车、出人才、出经验"的目标。在六十多年前那个激情如火的年代里，新中国的汽车工业还只是一个雏形，每一辆汽车都是依靠钣金工通过手工方式，一点一点敲打出外形的。这一年，张生春的父亲带着全家来到长春一汽，成为一名铣工工人。从那以后，火红的铣床铁屑飞舞，便成为年幼的张生春一生始终无法忘记的一幅画面。

张生春回忆说，当时看到汽车模具压出来，组装在一起车就能开了，非常好奇。有一次父亲带他去工厂，见到那些生产汽车模具的工程师，他非常仰慕，心想，自己以后要能像他们那样当个大工匠就好了。

儿时就立志当"大工匠"的张生春，后来子承父业。1987年，他从技校毕业，如愿加入一汽，成为一名钳工。和吉林长春以汽车制造为代表的重工业蓬勃发展不同的是，20世纪70年代的上海，在国内首屈一指的却是以自行车、手表、纺织为主的轻工产业。

废铁堆里的"淘宝男孩"

1972年出生的朱海鸿，自有记忆时起，就流连于上海纺织工业所制造出的精细的零件堆中。这些被丢弃、堆积在厂区外的废品，却成了少年朱海鸿的宝藏，开启了他大工匠的"制造梦"。

朱海鸿回忆说，大概在他两三岁的时候，跟随父亲在上海第四纺织机械厂生活，住所附近有很多废铁堆，废铁堆里能找到各种各样的小电机、小齿轮，还有一些小的连杆机构之类的东西，由于没有其他可以玩的，儿时的他就捡这些废零件拿来倒腾。

对朱海鸿来说，废铁堆边度过的童年，使得机械在他幼小的心灵上打下难以抹去的烙印。改革开放后，汽车、航空模型，以及大量新奇的知识走进了这个少年的世界，朱海鸿也逐渐开始改变自己对于机械懵懂的认识，转而更加关注创新和发明。他说，小学和初中时就喜欢参加各种各样的兴趣班，兴趣班上同学们学习做航模、车模。平时自己没有什么别的爱好，一有空就去少年科技站做模型。和许多同龄人不同的是，早慧的朱海鸿，较早地走上了自己人生的巅峰。在这段时间里，上海乃至全国的各类发明大赛中，总少不了朱海鸿的身影。让他至今兴奋不已的是，高中还未毕业，即获得了诺贝尔物理学奖获得者杨振宁教授的认可。

正当踌躇满志的朱海鸿开始规划着期待已久的美好未来，命运却同这个少年开了一个玩笑。1989年高考前夕，一个从小就存在的伤痛突然浮现出来，强行打破了朱海鸿原本就已规划好的美好愿景，成为横亘在这个17岁少年求学路上最大的阻碍。朱海鸿说，五岁左右的时候，一只眼睛在意外中受伤了，如今这只眼睛基本上只有光感，视力只有0.1～0.05这样的程度。根据当年的高考录取政策，理工科院校对于视力有着严格的要求，朱海鸿在高考体检这一关便被无情地淘汰了。于是，他一下子失去了前进的方向。长时间的悲伤，让曾经斩获无数奖项的朱海鸿开始沉沦，他不停地追问自己：命运，为什么要对自己如此不公？难道这辈子就没有机会证明自己的天赋和才华吗？心有不甘的朱海鸿，带着厚厚的证书和奖状，直接找到了上海交通大学的招生办公室。

据他回忆，当年教务长陈老师专门为他报请校长请求特批，校长知道他的情况后向教育部特批了一个名额，他才有了入学机会。上海交通大学是朱海鸿一生为之感恩的伯乐，经历一番周折，1991年，他终于如愿进入上海交大机械工程系汽车专业，继续自己的"科技创新梦"。

研究生期间，朱海鸿发明的"柔体机器人"荣获第五届"挑战杯"全国大学生课外学术科技作品竞赛一等奖。1998年，朱海鸿进入新加坡南洋理工大学机器人研究中心。他研发的"蛇形臂"被新加坡国防单位地面战车部应用，并申请为国际专利。

求学创业皆因机器人

近乎完美的教育背景、工作经历、科研成就，让新加坡机器人中心为朱海鸿豪爽地给出了年薪200万新币的优厚待遇，这在当时相当于1 000多万人民币。然而，一年之后的朱海鸿，却让人意外地离开了新加坡。

朱海鸿说，当时在新加坡工作了一年后发现，自己对控制理论还是不懂，感觉知识结构上缺了一块，所以就放弃了新加坡机器人中心的工作。

随着对机器人技术的深入了解，朱海鸿发现，要想成为该领域的权威，知识结构必须丰富，机械、电子、控制理论、传感器技术、计算机一样不能少。为了心中坚守的"中国机器人梦"，他放弃了唾手可得的高薪待遇，选择重新回到清贫的学生状态，只身前往美国佐治亚理工学院留学。朱海鸿决定，继续攻读机器人自动控制专业的博士和博士后学位。

在美国攻读博士后的那一年，朱海鸿平均每天的睡眠时间不到四个小时。没有家人和朋友的陪伴，朱海鸿却从不感到孤独。由于白天大学实验室常常需要预约使用，在毕业前的最后三个月中，他基本就在实验室做实验、写报告、写论文。他准备了一个睡袋，买好几箱泡面就干脆住在了实验室搞研究，把实验室当作自己的新家。

最终，朱海鸿以优异的成绩取得机器人自动控制方向的博士后学位。在校期间，还参与了美国"液压驱动灾难救援机器人"项目的研发，获得美国众多高端科研部门的

以实验室为家的朱海鸿

青睐。

在很多人都以为朱海鸿会留在美国开始新生活的时候，他却再次做出了一个惊人的决定：回国创业。朱海鸿说，他早就规划好了，自己最终是要做机器人的，而且要做同以往不一样的机器人。而目前的状态，同自己预想的不太一样。他说，自己花了这么大的力气，付出了这么多年的努力，要想办法按照自己的意愿去研发机器人。

回国创业，对朱海鸿来说并不是一个轻松的决定。2009 年，正处于起步发展阶段的国内智能机器人市场上，朱海鸿开始了艰难的创业历程。曾经的天才神童，拥有美国博士后学位的朱海鸿，在褪去光环选择创业后，一直作为人生赢家的他终于遭遇了人生中第一次真正的低谷。

创业初期，没有资本积累、没有管理经验、没有成熟团队，朱海鸿和他的同伴经历了人生中最窘迫、最狼狈的时光。在最艰难的时刻，他不是没有想过放弃。然而，这样的念头只是一闪而过便会消失得无影无踪，因为在朱海鸿的字典中，从来就没有过"失败"两个字。再苦再累，除了心疼团队，朱海鸿从不抱怨。

朱海鸿说，那段时间他每天只睡四个小时，没日没夜地干活，为了省钱，团队成员出门几乎不打车，平时出门尽量步行或使用公共交通。他调侃道，跑销售的李总，一年跑坏了七双鞋。

创业的艰辛，别人未必都能理解。然而，无论多苦多累，朱海鸿从来不会降低对产品的要求，依然设法克服一切困难，力争将产品做到完美。在他手中，一个产品从研发到推出，对细节的不断琢磨和推敲，对产品不计成本地测试和完善，永远是朱海鸿坚持完美最重要的原则。朱海鸿介绍说，一个控制系统，他们半年时间改了 60 多版。一版刚做好，打样制版了，另一版又出来了，直到能开发出一个比较稳定的产品。快速迭代，是为了让产品更好地匹配市场。在朱海鸿和他的团队坚持高标准严要求、坚持不懈的努力下，优爱宝的智能机器人产品，终于开始收获市场越来越多的认可。

朱海鸿的同事评价道，朱海鸿是一个追求完美、精益求精的人。他希望设计出来的产品能和国际一流的产品媲美，而不是说将就能用就可以。所以很多客户一拿到优爱宝公司生产的新产品，总以为是国外生产的。朱海鸿说，对先进技术的好奇和渴望，促使他想尽办法去钻研。

从事的事业，就是自己最大的爱好。不因生活所迫，也不因旁人的期待，一切的坚持坚守和追求都源自心中挥之不去的"中国机器人梦"。而朱海鸿同那位从钳工一路成为首席技师，怀揣着大工匠梦的张生春一样，遇到了一个更好的时代。

模具钳工攻克上汽难题

而与此同时，张生春凭借着对汽车模具岗位的热爱和坚持，先后成为长春市劳模、吉林省劳模，也是全国最年轻的高级钳工技师。2009年，张生春接到了上汽集团赛科利公司的大力邀请。正是这份来自上海的邀请，从此改变了张生春的人生轨迹。

赛科利的领导姜凯介绍说，过去他们和其他汽车公司也进行过很多合作，但是对方不给技术，因此合作到最后双方不欢而散。他们认为，正是因为公司缺少覆盖模具调试方面的技术人才，发展才会受到极大制约，倘若不解决这一问题，是没有资格去做覆盖件模具的。

20世纪90年代末以来，中国的汽车产业已经逐渐由"借船出海"合资经营转向自主创新。新车要换型，工装需先行，打造属于自己的汽车模具厂，成为上汽集团的最大梦想。2008年赛科利成立之初，上汽集团80%的汽车模具都要依靠进口。为了圆"上汽的模具梦"，赛科利急需一名有充沛经验、能胜任覆盖模具调试的优秀人才。当时的张生春受邀来到上海，帮助赛科利解决了一个困扰很久的门把手调试问题。正是这次露手，让求贤若渴的赛科利发现了张生春这个人才。姜凯回忆说，当时已经是晚上八点多钟了，张春生仅仅花了40分钟左右的时间，就解决了门把手的调试问题。

改革开放后，我国的工业经历了长时间大规模转型的阵痛，在百花齐放、蓬勃发展的新时代里，集中于东北的各大重工业基地的发展进入平缓期，已经不再是国民经济里唯一的支柱。出生于20世纪50年代，成长在一汽的张生春，敏感地觉察到了这一点，为了追求心中的"汽车梦"，张生春需要更大、更开放的舞台。

面对着时代滚滚洪流中席卷而来的新机遇，此时的张生春即将离开眷恋着的故土，离开奉献了半辈子的一汽集团，内心也十分矛盾。他说，一汽模具厂对他很好，倘若没有一汽模具厂的培养，他就没有今天的辉煌。

"张氏蹭光法"

2011年，赛科利承接了上海汽车自主品牌MG5汽车的侧围设计制造任务，这也是赛科利所承接的号称"模具之王"的第一个侧围项目，由赛科利人自主开发设计、制造。对于张生春来说，这个项目最大的难点在于：当时国内的侧围都是五工序完成的，这次却是四工序完成，相对而言结构更紧凑，而且作为赛科利第一个号称"模具之王"的侧围项目，调试难度可想而知。

张生春介绍说，当时模具表面的粗糙度达不到要求，因为做好之后，要求模具表面跟镜面一样。

在模具调试的工作中，有一个重要的量词叫作"丝"。一丝，就是一毫米的百分之一。模具制造是精细活，哪怕只差一丝两丝，也会严重影响表面的质量。对于纯手工制造的大型汽车模具，没有高科技的设备作辅助，更没有现成的数据作参考，靠的就是技工一双灵巧的手。用手摸出模具表面毫厘差异的功夫，不是一朝一夕能练就的。为了做到毫厘不差，所有能看到的东西，都成了张生春"摸"的对象，家里的沙发、工厂里的工作台、甚至孩子的玩具，日积月累他终于练就了独一无二的"张氏蹭光法"。

张生春比喻说，就像钢琴家在弹钢琴时一样，每根手指用的力量都是不一样的。模具调试中每多使一次力，就会影响产品表面的弧线、曲线。单手蹭跟双手蹭也不一样，单手蹭光适合返修类模具，双手蹭光适合新加工模具。

"张氏蹭光法"成为我国大型汽车模具制造的唯一操作规程，但敦厚朴实的张生春却毫无保留地传授。他说，中国的汽车制造业要超越国外，仅靠一个"大工匠"是不行的，而需要一批"大工匠"齐心协力。在张生春和他团队的努力下，不到一年，一个从无到有的模具调试体系在赛科利建成，上海汽车的"模具梦"逐渐地成为现实。

现在的张生春已经是赛科利的首席技术负责人，他知道，个人的力量总是有限的，因此除了在自己岗位上做到极致，他还毫无保留地把自己的技术教授给徒弟们，让这些宝贵的经验传承下去。张生春说，他想用自己的双手

张生春向徒弟们传授知识

打造最完美的产品，不允许有一点小小的瑕疵。他要让宝贵的经验和技术，在完美中传承。

人是科技创新最关键的因素，创新的事业呼唤创新的人才，创新驱动实质上是人才驱动。2016年9月，上海出台《关于进一步深化人才发展体制机制改革加快推进具有全球影响力的科技创新中心建设的实施意见》，即人才新政"30条"，在户籍政策、子女教育、社保医保等多项政策中，进一步放权，对人才松绑。无论是海外留学归来的朱海鸿，还是外地来沪工作的张生春，或是怀揣着科创梦想，更多不断融入上海这座城市的工匠们，他们秉承着精益求精、拼搏奋斗的工匠精神，投身于上海制造业，承载着"中国制造"向"中国智造"转型的历史使命，在科技创新的道路上不断求索，一步一个脚印，实现着自己平凡而伟大的梦想。

海纳百川 | 俞建民　王康健

本篇人物

俞建民　上海三菱电梯有限公司首席技师

王康健　宝钢集团冷轧车间高级技师、首批轧钢技能专家

　　在"中国制造"的发展史中，"上海制造"是一个永远绕不开的主题，曾几何时，缝纫机、自行车、手表、收音机俗称"三转一响"的四大件，成为"上海制造"乃至"中国制造"的标志。改革开放后，"上海制造"通过合资合办等形式不断提升科技含量，形成了以汽车、船舶、钢铁、电子制造等多个产业为龙头的拳头产品。在"上海制造"的背后是数百万产业工人的艰辛努力，正是有一代又一代上海工匠"精益求精、兼容并蓄"的创新发展，才使许多外国制造变成了"上海制造""中国制造"。

摩天大楼里的电梯"架构师"

　　2015年9月19日，主体124层、总高632米，被誉为城市天际线的上海中心大厦正式竣工。这座外观呈螺旋形，总重量超过80万吨的超级大厦，建造地点位于河流三角洲上，这里土质松软，对上海中心大厦电梯的安装提出了更高的要求。承担电梯安装任务的上海三菱电梯有限公司，把总装调试的工作交给了首席技师俞建民。

　　正在测试的，是当时世界上速度最快的电梯，每秒运行速度可达20.5米，

上海三菱电梯有限
公司首席技师俞建
民（左二）

从上海中心地下2层直达569米高度的119层观光厅，只需
59秒。要在如此高速下保持电梯的平稳度，让俞建民这位
已经从事35年电梯安装的老技师，也有些忐忑。俞建民介
绍说，测试中电梯里立起来的硬币不倒的话，就说明电梯
保持着平稳运行，导轨校正、轿厢拼装、主机的排法是绝
对到位的。如果有稍许震动，硬币就会倒下。于是，上海
中心的电梯地面上，俞建民在四个角落和中央分别竖起五
枚硬币，从地下二层到119层观光厅的53秒里，这些硬币
没有翻倒甚至滚动，预示着这项"立镚不倒"的试验成功
了，测试结果让俞建民舒了一口气。

　　俞建民说，电梯是特种设备，安装的最后一步不是在
工厂里完成的，而是要依靠安装工人在建筑物的井道里一
点一点拼接完成。正是这个过程，关乎安全品牌口碑。安
装就是要为品牌口碑把好最后一关，这是俞建民多年来从
无数次的失败中总结出来的经验。

　　1975年，19岁的俞建民进入长城机械厂。彼时的长城
机械厂，已改名为上海长城电梯厂。对电梯安装没有任何
概念的俞建民，稀里糊涂地跟着师傅来到了安装队，成为
一名普通的安装工人，在暗无天日的电梯井道中，一待就
是35年。

　　据俞建民介绍，以前安装电梯，就按照他们的想法来

安装，安装得差不多了就竣工了。当时也没有电梯"舒适感"的概念，安装好也不会去检测。这样的混沌状态，伴随俞建民长达12年。直到1987年，长城电梯厂和日本三菱电机株式会社合资成立了由中方控股的上海三菱电梯有限公司，俞建民第一次接触到了世界顶尖的电梯安装技术，第一次了解了电梯"舒适感"的概念。

合资后上海三菱接到了一个项目：为上海虹桥天宇大楼安装电梯。已经成为技术骨干的俞建民，严格按照以往的技术标准进行安装，然而他没有想到的是，电梯运行时产生了强烈的震动和共鸣。

据俞建民回忆，日本技术人员当时让他们讲一下安装电梯的过程，并表示同类产品在日本安装后从没产生过震动和共鸣。言下之意，日方认为俞建民他们在电梯安装环节出现了问题。

争强好胜的俞建民于是和日本技术人员打了一个赌：如果重新安装电梯，震动和共鸣的问题还存在，那么日方必须全部更换这个大楼的电梯设备。电梯被整体拆卸，在日方技术人员的严格监督下，按照标准，电梯重新进行了规范安装。当电梯再次运行时，震动和共鸣彻底消失了。俞建民输了，但他表示自己输得心服口服。这次的事，对俞建民刺激很大，他虚心拜日本技术员为师，一个步骤一个步骤地跟着学，学成后又把自己学到的东西传授给团队的工友。

由于受到施工环境的限制，直到今天，电梯安装依然要靠人力，一旦中途出现分毫偏差，就会影响整部电梯的升降质量。俞建民在与日方合作的过程中发现，中国工人难以安装的电梯，日本安装人员在很短的时间内就能完成。

"偷艺"，便成了俞建民学习的另一个课题。有时一个问题搞不明白，他往往食不甘味、夜不能寐，于是反复试验。家里的桌子、板凳、锅碗瓢盆，都成为了俞建民的试验品。那种痴迷的程度，让俞建民的爱人现在想起来，仍觉得好气又好笑。

持之以恒，终有所成。多年后，历经无数次的失败与尝试，俞建民的技术得到了日方的认可。由他完善的多项电梯安装操作流程，还被上海三菱公司正式列入操作规范手册。他发明创造的百余件工装模具，不仅让上海三菱的电梯真正达到高速舒适的水准，更为企业节约了近1 000万元的购买经费。

正是俞建民和上海三菱的每一位员工，把"三菱电梯上上下下的享受"作为一种责任镶嵌在心里、落实在具体的工作中，才使得"上海三菱电梯"的品牌逐渐深入人心。

"让中国汽车用中国钢板"

20世纪80年代，与上海三菱"上上下下的享受，上海三菱电梯"广告语齐名的，还有上海大众那句"拥有桑塔纳，走遍天下都不怕"。与所有中国合资企业一样，"国产化"一开始就是上海大众的梦想。上海大众人心里非常清楚，只有国产化的上海大众，才能真正"走遍天下都不怕"。而此时，雄心勃勃的上海宝钢集团，把"让中国生产的汽车使用中国制造的钢板"列为工作的重中之重，承接这一重任的，是冷轧车间的王康健和他的团队。

1978年，从上海冶金高等专科学校毕业的王康健，带着"我为祖国炼钢铁"的志向，来到上海市第十钢铁厂成为一名轧钢工。然而真正进入冷轧厂后他才发现，当时冷轧厂所能生产的产品十分低端。

就在王康健迷惑彷徨时，中国第一个现代化大型钢铁联合企业——宝钢在上海破土动工。不甘心就此沉沦的王康健，决定去搏一搏。当时的宝钢汇聚着来自全

王康健成为宝钢冷轧厂最年轻的技术工人

国各地的冶金行业最优秀的人才，从事工作才三年的王康健，显然没有资格申请加入。可倔脾气的王康健就不认这个理，他多次向领导打报告写申请，强烈要求加入宝钢。他感慨，当时内心都是对新知识新技术的向往。执着的王康健最终感动了宝钢的领导，如愿成为宝钢冷轧厂最年轻的技术工人。

1989年，宝钢为开拓市场，专门引进了汽车钢板生产线。怀揣"让中国汽车使用中国钢板"梦想的王康健和他的作业组，终于等来了机会。新型进口冷轧线调试完毕，宝钢终于生产出中国钢铁人梦寐以求的第一批国产汽车钢板。然而，当宝钢领导带着经过层层严格技术检验的钢板来到上海大众"抢生意"时，没想到竟被无情地退了回来。

据宝钢党委书记诸骏生介绍，当时在检测过程中，发现汽车钢板表面有缺陷，因此被上海大众退回。这件事对他们震动很大，退货是企业的耻辱，更是每个员工的耻辱。痛定思痛的宝钢人决定从零开始做起，重担和责任自然落在了王康健的作业组。而到底什么样的参数才能压轧出符合规格的汽车钢板，成为王康健需要攻克的难题。

那段时间，王康健的口袋里总装着块不合格钢板的边角料，无论是上班还是下班，一有时间就拿出来琢磨，甚至连上厕所的时间都不放过。紧迫感时时萦绕在他心中，常常压得他喘不过气来。

德国技术工人最初给进口的新型冷轧生产线输入的是一组国际通用的参数，而这组参数是否适合中国钢铁的生产，王康健决定从关键处下手，重新设计出适合中国钢铁冷轧的新参数。

无数个昼夜，在高达50多摄氏度的车间现场，生产线每轧制出一卷新的钢材，王康健便会来到检测室，对钢材的板型、精度和厚度进行细致检测，认真记录每一组数据，调试计算机参数。试验、调试，这样的步骤，王康健不知重复了多少次，直到轧出符合精度和板型要求的汽车钢板。

带着所有人的期盼，工厂领导再一次亲自把产品送到上海大众。可让人没想到的是，产品依然遭到了退货。退货的理由是：钢板的表面有一种叫锌镍合金的神秘物质，不符合标准。

得知这个消息后，把质量当作生命的宝钢人，自上而下自觉加班加点，开始了一轮轮的检测查找，每一个环节都不放过。排除了炼钢和热轧等多个环节的问题后，他们最后把重点锁定在了冷轧环节，这个结论，让把冷轧线仔细检查过上百次的王康健百思不得其解。

"全部拆卸，从每一个零件中查起"成了王康健和他团队的唯一选择。一条冷轧线共有两个大机组、上千个零件，拆机器无疑是一个浩大的工程。通过100多个日日夜夜不间断地排查，最终找到了问题的症结：问题就出在进口生产线的部件中。据王康健介绍，每个机架件有一个测导装置，基本材料里含有锌镍合金成分。此后他们完全解决了这个问题，通过轧制方式的改变，不再使用这个测导装置。

为了确保第一次生产出来的都是百分之百的合格产品，王康健和他的同事们还专门制定了108个监测环节，每次轧出新的钢材，还要亲自将样板送往大众汽车厂冲压实验室进行最后确认。

上海大众汽车三厂的鲍文华说，目前宝钢钢板的占有率基本在50%左右，也就是说，路上看到两辆大众汽车，其中一辆车的钢板可能就来自宝钢。

对日方技术人员说"不"

依靠令人信服的产品，王康健和他的团队为宝钢赢得了一个全新的市场，而与此同时，俞建民也在向新的高度进军。

高度达到420.5米的88层塔形高楼，便是曾经的亚洲第二、中国第一高楼——金茂大厦。1994年，俞建民和他的团队进驻金茂大厦，在日方项目经理的指导下，负责全部79部升降梯的安装。而就在这一次安装过程中，俞建民却向日方技术人员说了"不"字。

那天，俞建民正在安装金茂大厦其中一部电梯的导轨。导轨是电梯在井道内上下行驶的支撑。要保证电梯在运行时平稳，导轨与导轨之间的衔接必须严丝合缝、没有间隙。可俞建民却在安装中发现，日方提供的这根导轨，在衔接的开口处存在细微的问题。

俞建民说，他们在施工的时候，发现主导轨在接头部位没有达到安装高精度导轨的要求，于是立刻将问题提交给了日方项目经理。可万万没想到的是，日方项目经理漫不经心，说导轨接口有问题，修一下就行了。这种轻描淡写的回答，一下子激怒了俞建民。

俞建民（前排左一）
和日方技术人员

据俞建民介绍，高精度的导轨，尤其是高速电梯的导轨，是不允许进行修整的，只能一次成型。凭着对质量的严格要求，俞建民决定向日方证明问题的严重性。他连夜对未安装的导轨进行检查，结果发现居然有500多根导轨存在同样的质量问题。倘若只对导轨进行修理，那么金茂大厦79部升降梯，在未来的运行过程中，将存在很大的安全隐患。

俞建民回忆，他们严肃地向日方反映了导轨的质量问题，日方施工人员和技术人员才意识到问题的严重性，于是将导轨全部空运到现场后进行更换。500多根导轨，价值好几百万元人民币。

这次退货风波让日本技术人员重新认识了这位个子不高的中国工人，深刻了解到他对品质的坚持和对业主负责的态度。而俞建民也第一次意识到，日方的技术并没有想象中那么高不可攀、不可逾越。不久之后的另一件事，让日方的专家对俞建民又有了更加深刻的印象。

逆水行舟解金茂之困

1998年1月，金茂大厦面临结构封顶的关键节点，然而当建筑工人准备封闭大楼东面的玻璃幕墙时，一个让所有人感到棘手的难题出现了：金茂大厦的运输梯只能安装在大楼东面的玻璃幕墙内部，如果要封闭东面的玻璃幕墙，就必须先把运输梯拆掉。

俞建民介绍说，把外墙梯卸下来的话，工人施工一定要有电梯上去。可是有一个问题出现了，因为金茂大厦从50层开始到88层的消防服务梯，正好是在玻璃幕墙拆开的口子那里。

电梯安装必须要在封闭的井道内进行施工，如果拆下运输梯，大批的工人只有靠爬楼梯才能到达88层的施工层，这几乎是不可能的事情。幕墙、电梯、运输梯之间的矛盾，成为一个谁也解决不了的死循环，金茂大厦的施工被迫停工。俞建民考虑到，这样大厦倘若少营业一天，损失最起码有上百万元人民币。

负责金茂大厦施工的建工集团找到俞建明，请求能否在大楼没有封闭的情况下，先进行电梯施工。面对施工方提出的难题，俞建民迟疑了。当时，上海已进入雨季，井道没有封闭，意味着工人要在雨中施工，安全隐患和施工难度可想而知。然而面对国家每天上百万元的损失，怎能无动于衷呢？余建明一咬牙，说"干！"

俞建民回忆道，在当时如此恶劣的环境下，日方技术人员根本不相信中国团队能把电梯安装好。于是，俞建民立下了军令状：五个月之内把关键的电梯装好，如果完不成任务，就从金茂大厦跳下去！俞建民的誓言并非盲动，而是出自对自己和团队技术的自信。

金茂大厦的工程运输梯，每分钟速度只有9米，去顶层施工的工人上楼，常常要等2到3个小时，这大大影响了施工的进度。于是俞建民和同事们常常就带着干粮，爬一个小时的楼梯上到88层的施工层。

俞建民回忆说，一上去，再下来就很麻烦，他们会带上面包，可又不能吃太多，因为没有卫生间，水也不能喝得太多。

此时上海已进入雨季，常常一个月中有十多天在下雨，冰冷的雨水透过未封闭的楼板直接打在井道内，尽管穿着雨披，工人们还是像在水里施工一样。雨水带来的不仅是身体的不适，更重要的是会影响施工质量。

俞建民说，如果井道里湿了，烧电焊时会有很大的安全隐患。于是，他们就向建工集团讨教经验，背上氧气筒，用氧气先把这一段的钢梁和他们支架烧电焊的地方烘干，然后，后面的工人马上接着烧电焊。就这样一段一段地烘干，再一段一段地焊。

一个月之内，俞建民完成了整部电梯将近200米导轨的焊接安装。而他"拼刺刀"的精神，也让日方技术人员心服口服。日方甚至提出，以后中国超高层建筑的电梯安装，全部由上海三菱来提供。上海三菱电梯的品牌由此闻名中外。从陆家嘴金融区的各栋高层大楼，到中央电视台新楼倾斜式升降梯，再到黄果树瀑布超过100米的自动扶梯，俞建民的团队足迹踏遍大江南北。

然而也正因为长期泡在工地上，加上常年饮食不规律，俞建民患上了痛风，一旦发作，手脚浮肿疼痛难忍。他的徒弟金陆雄说，师傅痛风发作的时候，常常会拄着拐杖，坚持上上下下在楼里巡查。对师傅这一举动，他非常感动。

轧钢车间里的"全能大匠"

正当俞建民用精湛的安装技术让上海三菱的品牌享誉全国时，王康健的工作却再次出现了瓶颈。2001年至2002年，在短短的一年中，宝钢股份公司冷轧厂频频出现退火机组断钢的现象。

王康健说，恶性事故一旦发生，自然就要停机，最少是24小时，搞不好就要48小时。

冷轧机停产一个小时就会造成数百吨的损失，20多次的断钢停产，损失难以估量。王康健再一次被推上了第一线。那些天，他爬上冷轧机，在钢厂昏暗的灯光下，用手电一寸寸地照亮眼前的带钢，检查表面。一个星期后他终于找出了原因，原来冷轧完成后的带钢，表面存在着细小的孔洞，正是这些看似微小的孔洞，造成带钢在退火的过程中变形撕裂，最终导致整个机组的恶性停机。

孔洞的形成有各种原因，暂时无法避免，冷轧厂只能通过技术手段，在带钢进入退火程序之前，提前检测出存在问题的带钢。王康健介绍说，带钢的速度每分钟1 600米，操作工在这样的环境下上去看，不可能看得清楚。孔洞的检测问题一天不解决，持续停产的危机就无法化解，没有退路的王康健，来到宝钢研究院与专家商议补救的办法。整整一年，王康健在车间和实验室间往返穿梭，将第一线的生产参数及时反馈给实验室，经过反复试验，宝钢研究院的同仁们终于完成了整套检测装置的研发。

"眼睛"有了，可安装又成了一个难题。为了保证带钢的孔洞能及时被发现，检测装置必须安装在冷轧机的出卷位置，可这里恰恰是整组轧机环境最恶劣的地方。王康健说，当时没有想到，刚安装上去后没多长时间，里面的检测系统就都不能正常工作了，这对他们来说是比较大的打击。但是，王康健并没有灰心，他带着损坏的镜头回到研究室继续埋头研究。一个星期之后，他带着穿上外衣的新高速相机再次回到生产线。据他介绍，调整后的检测装置能够维持四至八个小时，但他仍然不满意，他说，这种情况就逼着他们继续去做研发，继续寻找一种更合适的方法来解决检测装置的问题。

经过近十年的持续开发研制，王康健和宝钢的研发团队将带钢孔洞检测系统发展成了具有综合检测能力的多功能检测系统。目前这套系统应用在宝钢的6条冷轧生产线上，累计产生的经济效益超过人民币1.1亿元，并且通过技术贸易形式，向国内外钢厂出售了80多套，销售额超过人民币3亿元。

1997年，已成功占领国内汽车钢板市场的宝钢，把目光投向了解决我国的钢制易拉罐材料依赖进口的课题。钢制易拉罐罐身的最薄处仅为0.065毫米至0.075毫米，相当于一张薄纸，当时世界上只有少数几家钢铁企业能够生产易拉罐钢。宝钢在德国的协助下搭建了超薄钢材的生产线，然而生产线建成后，德方却拒绝提供核心技术。王康健说，当时外方认为中国是没有能力独立生产出易拉罐钢材的。

王康健再次临危受命，组建团队对易拉罐钢材研发生产进行攻关。然而要把3厘米厚的钢材压轧到0.28毫米的厚度谈何容易。王康健的口袋里再次多了一个小玩意，他在口袋里插上了两支笔，空闲下来总会拿出笔，比画半天。在他眼中，这两支笔就仿佛是压轧钢板的两根磨辊。

那段时间，磨辊车间成了王康健的家，每一根从工厂送来的磨辊，王康健都要仔细测量，分析弧度数据。一旦发现细微的差异，他都要重新用滑石和砂皮打磨。每一根磨辊的直径几乎都超过1米，这样的打磨需要持续几个小时才能达到王康健想要的效果。通过改变磨辊的形状，王康健和他的团队终于成功压轧出0.28毫米的超薄钢板。

如今宝钢制造的超薄钢板已经从0.28毫米再次减薄到了0.22毫米，这个厚度已经达到了国际一流的水平。宝钢再次突破了国际技术的壁垒，将钢质

王康健和他随身携
带的钢板边角料

易拉罐由外国制造变成了中国制造。

对于宝钢来说，王康健不仅仅是一名技术工人，他更代表着宝钢对于掌握核心技术的渴望和追求，正因为王康健几十年如一日的努力，才使得宝钢的产品达到了世界顶尖的水平。

三创世界纪录

就在王康健专注于最轻薄钢板的研制，上海制造逐渐走向中国制造时，俞建民同样也在挑战着这一目标。2014年，随着塔冠结构的封顶，上海中心大厦顺利登顶632米的高度。这是中国人第一次把建筑造到600米以上，俞建民的团队被确定为大楼114条垂直运输命脉的唯一施工方。

上海中心大厦建设发展有限公司总经理顾建平介绍说，由于上海中心的电梯安装非常复杂，所以安装也是他们招标的一个重要条件。

俞建民说："我们当初就是一个决心，我们一定要安装成世界上最舒服的电梯，否则我们不叫上海工人。"

可是要在如此高度的超级大厦中安装世界上最令人舒适的电梯，其中的难度比俞建民想象得更大。俞建民遇到的第一个难题是放样线，样线放得直不直，直接决定导轨的垂直度，最终影响电梯的稳定性。从软绳、激光到钢丝，俞建民尝试过10多种引线，都失败了。据俞建民介绍，他们尝试过激光，从400米左右的高度用激光打下来，激光点打到下面，有碗口那么大。

正当俞建民苦恼，甚至有点心灰意冷的时候，美妙的钢琴声从旁边的大楼传来，他的灵感再次被激发。钢琴线的强度完全符合导轨引线的要求，但其柔韧度不够。上海三菱安装部重大项目组组员金陆雄说，当时他们在放样架钢丝，还差一两米就要到达地面的时候，钢丝总是突然断掉，不得不重新放。一次次的失败，一次次坚持，最后终于达到了导轨安装的标准。俞建民对安装细节的坚持，几乎体现在114部电梯的每一个安装环节中。

上海中心大厦的OB组电梯是一组垂直穿梭梯，直接从大厦地下2层上升到118层的观光厅，这也就意味着在建造的时候，核心筒内只有地下2层、1层和118层以上的楼层才有开口。传统电梯都是每层有梯口，所以安装比较容易，而上海中心大厦大多为垂直电梯，如果都要开口，就会让大厦千疮百孔。没有开口，就意味着安装需要无脚手架平台。据俞建民回忆，日方告诉他说他们有吊笼，可是光买这个吊笼的设备，不加关税就得70万元人民币。

所有人的眼光都盯着俞建民，"咱们自己干"，他狠下了心说。说着容易做起来难，没有现成的样品和技术，要建造一个无脚手架平台谈何容易。俞建民又一次陷入沉思。有一天，回家路上他看到一片绿色的爬山虎，树叶依靠着藤蔓的牵引往上攀爬。他眼前一亮，想到利用灌木爬山虎的原理——如果用钢丝绳将吊笼牵引上来，不就能形成无脚手架安装平台了吗？俞建民说，当时他们就只花了十多万元，光吊笼这一项，就为单位节省了1 000多万元人民币。

俞建民的研发不仅为公司节省了成本，更重要的是在安装技术上突破了日方的技术壁垒，让中国电梯工人拥有了自己的无脚手架安装平台技术。凭着这股永不放弃的劲头，俞建民在上海中心大厦创造了三项世界纪录：世界上速度最快的电梯、世界上上升高度最高的电梯以及世界上最舒适的电梯。而最让俞建民自豪的是，上海三菱在真正意义上把日本制造变成了上海制造。

顾建平总经理认为："我们认为这部电梯，实际上也是上海中心的一个亮点。"

从日本三菱、德国大众到上海三菱、上海大众，上海用海纳百川、兼容并蓄的胸怀集聚着世界最先进的技术和经验，为中国制造到中国创造的腾飞，创造着一个又一个奇迹。而上海工匠用精益求精、开拓创新的精神，在一个个合作合资项目的国产化进程中任劳任怨、殚精竭虑，实现着自己心中的中国梦。

创造卓越 | 王和杰　朱东鹰

本篇人物

王和杰　国家电网上海电力检修公司技术骨干
朱东鹰　上海铁路局虹桥车间高级技师

　　作为中国特色社会主义国际化大都市，上海在国际上的影响力与日俱增，但上海的眼光并不止于此。在上海市第十一次党代会上，上海再次提出，要建设令人向往的卓越的全球城市，不断增强城市的吸引力、创造力、竞争力，让改革发展成果更多、更公平地惠及全市人民。这不仅是上海的担当，更是国家赋予的使命。从普通迈向卓越，背后有500多万产业技术工人和无数基层共产党员作为支撑，正因为他们勇于担当、乐于奉献，才使这一宏伟蓝图愈发清晰明朗，逐渐成为现实。

点亮魔都的地下电宫

　　2010年10月31日，以"城市，让生活更美好"为主题的上海世博会圆满落下帷幕。184天、246个参展国家和国际组织、7 300万人次参观者，它所创造的令人眼花缭乱的"世界之最"至今难以超越。而最令人难忘的要数上海世博会的夜景，各具特色的场馆造型与流光溢彩的灯光效果交相辉映，让夜色下的世博园美轮美奂。

　　璀璨灯光的背后是电力供应的重要保障，要在长达184天的时间里保证世博专项用电安全，并非易事。上海市政府决定在寸土寸金的静安区建设500千伏输变电工程，全程为世博会提供电源支撑。时间紧、任务重，要保质保量如期完工，必须要有一个技术过硬、作风扎实的人来担纲。经过层层筛选，这一重担落在了人称"拼命三郎"的国家电网上海电力检修公司的技术骨干王和杰身上。据王和杰介绍，这将是全世界容量最大的地下变电站，而且对上海来说也是第一个50万伏地下变电站。

位于上海市最中心地带的静安雕塑公园，人们或许很难想象，一个全世界容量最大的地下变电站就隐藏在这片绿地之下。相比地上变电站，地下变电站节省占地、有利民生，也更加环保，但是狭小的空间，对设计和施工提出了近乎苛刻的要求。由于不可能对地下变电站进行频繁维修，因此从设备、管理，包括从安装工艺调试到最后的验收上，都得按照最高标准来操作。

"一切坚持最高标准"，是王和杰啃下这块"硬骨头"的关键，也是他工作二十多年来始终坚持的原则。王和杰是土生土长的上海人，1995年以优异的成绩从南京电力专科学校毕业后，他决定回到上海为家乡的电力事业做贡献。

筹备世博变电站，是王和杰职业生涯中面临的第一个机遇，同时也是挑战。地下变电站的建设，涉及通风、消

国家电网上海电力检修公司技术骨干王和杰（中）

防、排水等方方面面的问题，这些领域对于王和杰来说都是全新的。为了在有限的空间里让所有系统有机分布，并且最终正常运行，王和杰想了不少办法。但是如何将这些想法一一落实，王和杰在施工过程中遇到了障碍。据介绍，他们平常一般是按照民用标准来进行施工的，要求没有电力企业施工的标准高，因此民用标准认为符合要求的，电力企业认为还没达到平常设备运行的标准要求。

为了将细节做到极致，好脾气的王和杰记不清跟施工方拍过多少回桌子。有时觉得道理说不通，他就自己买来有关验收标准的书籍进行研究，然后在办公会上和施工方坐下来一条条对照着讲解。一遍遍地磨合、一遍遍地整改，改完了不行再推倒重来，变电站基础建设项目终于在规定时间内通过验收。然而在安装设备时，令人头痛的大麻烦又出现了。

"筹建工程就像自己的女儿那样重要"

变电站的主变压器重达260吨，最宽的部分超过10米，要把这样一个大家伙通过仅有11米见方的吊物孔，平稳地送至地下26米的机房，无异于让起重机穿针引线。经指挥部协调，需要有一个人在井下用肉眼观察指挥。因为如果主变压器从20米的上空直接摔到下面，260吨重量砸到大地板上，对于整个筒体结构，肯定是有影响的。

王和杰面对危险，挺身而出主动担当起地下观察员的角色。为了让吊车准确无误将变压器吊装到位，避免事故的发生，他通过多次实地考察，提出在吊装物体的四周装上摄像头的吊装方法，方便操作员观察到井壁的具体情况。那时候大家心里的弦一直是绷着的，王和杰当时也是非常紧张的，但他还是非常从容地把吊装指挥的任务完成。

最终，变电站的这颗"心脏"安全吊装到位。最后冲刺阶段，王和杰几乎天天睡在筹建工地，不回家的夜晚，他都会提前定好闹钟，和几个月不见面的女儿打个电话，陪女儿聊天哄她睡觉。但是在紧张调试阶段，王和杰却失约了，每当到了晚上10点后，女儿都会打电话过来。一周听不到爸爸的声音，女儿甚至有些崩溃。

静安（世博）变电站值班长苏建国说，就这样连着6次，到第6次的时

王和杰检修地下变
电站

候，王和杰的女儿就问他，为什么她的爸爸老到下面去，为什么每次找爸爸老是找不到？那时候苏建国感觉心里真的有点难受，于是就对她说，工作上很多事情都离不开她爸爸。王和杰的女儿说："为什么那么多事情都离不开爸爸，那我也离不开他！"

想到女儿，王和杰的鼻子就有点酸，因为变电站投运那天是3月15日，他女儿的生日正好也是那天，他那时就感觉变电站筹建工程好比自己的孩子，要呵护它，要把它做好，就像自己的女儿那样重要。

妙手回春的电力名医

上海世博会开幕的时间一天天逼近，在上海另一端，承担着为世博园输送长三角旅客重要任务的沪宁城际铁路建设也进入最后收官阶段。10年后的今天，中国的高铁网络早已是四通八达，但在当时，沪宁城际铁路却是世界上标准最高、里程最长、运营速度最快的一条城际铁路。它是上海世博会的又一项配套工程。

眼看项目就要大功告成，却在最后的联调联试阶段遭遇了信号故障频发，严重影响到工程进度。负责高铁信号设备养护、维修工作的上海铁路局电务段迅速成立了专项

朱东鹰对铁轨故障
进行排查

整治小组排查原因，承担组长重任的是虹桥车间高级技师朱东鹰。朱东鹰介绍说，因为火车在铁轨上开行，不像汽车那样方便，不能在铁路上随便变道，因此要通过道岔，让火车变到哪个道就变到哪个道。

　　道岔的变动决定了火车的方向，在道岔转辙机的内部，有一个2毫米大小的缺口，用来辅助道岔的转换。由于设备日常转换动作十分频繁，缺口很容易发生偏移，影响车辆通行，因此需要及时进行调整。经过不间断的人工排查，朱东鹰发现，沪宁城际铁路的信号问题正是出在道岔缺口上。朱东鹰说，道岔缝隙大了之后可能造成车子侧翻，因此一定要保证它的质量。所以缺口变化量只能控制在1.5毫米，正负0.5毫米之内。

　　正负0.5毫米，在常人看来，肉眼根本无法察觉，而对信号人员来说，却需要靠手工来调整到位：通知室内工作人员操作进行道岔搬动，用工具对道岔缺口进行调整，再次搬动道岔，就这样，反复调整缺口偏差、掌握作业力度，最终确保缺口在误差范围内。对于有着30多年工作经验的老法师来说，朱东鹰早已将操作的流程和要领烂熟于心。如今，他已经练就了分毫不差的手上功夫，几乎不需要借助任何测量设备，就能调整到八九不离十。

　　20世纪80年代末90年代初，伴随着经济的高速发展，中国的铁路事业也驶上了发展快车道，作为我国国民经济的重要命脉，"铁老大"因此得名。就在那时，刚刚高中毕业的朱东鹰，因为各种机缘巧合，被招工到铁路部门。朱东鹰说，当时感觉铁路部门挺高大上的，在他们那个年代，比较吃香。经过一番简单的学徒培训，朱东鹰懵懵懂懂就走上岗位，成为一名搬岔道的信号工。

一次值班中突发的事故，让朱东鹰深刻认识到这个看似简单的工作，却是与成千上万人的生命联系在一起的。朱东鹰回忆说，当时打了雷，电路都不通了，好多设备同时损坏了。图纸一张张摊开，就像蜘蛛网一样，密密麻麻都是电路，有十五条线，十来种电源，感觉没处着手。

由于技术不过关，凭借朱东鹰一己之力根本无法解决问题，情况一度非常危急。幸好经验丰富的师傅及时赶到，迅速排除险情，保证了正在行驶中列车的安全。但这次经历让朱东鹰暗下决心，一定要真正成为能独当一面的技术能手。他上夜大，进培训班，请教专家和师傅，没日没夜地学习，短短几年，关于铁路运行的各种线路、各种故障情况就记满了几十本笔记本，他的业务水平得到了迅速提升。他多次在上海铁路局业务比武中获奖，还成为车间里最年轻的工长和高级技师。

距离沪宁城际铁路开通的日子越来越近，正当朱东鹰认为问题已经得到解决的时候，新的情况又出现了。明明晚上调好的缺口，到第二天又出现了偏差，车辆仍然无法正常通过。朱东鹰回忆说，他们晚上去调整，发现按设计要求完全调整好了，不清楚为什么第二天还有问题。一连好几天，相同的情况都在重复发生，这让朱东鹰陷入了深深的困惑中。如果问题再不解决，沪宁高铁就有可能延期开通。为了尽快找到故障根源，他决定守在铁轨上，仔细观察道岔缺口究竟是怎么发生变化的。经过几个通宵的蹲守，他终于发现，问题出在了气温变化上。原来，虹桥地区昼夜温差大，受到热胀冷缩的影响，道岔缺口会随着白天气温升高发生偏移，到傍晚气温降低，又恢复到正常范围。朱东鹰说，7月份天气转热，转热以后，新的道岔上道之后，串动量加大。变化量超过了他们的标准，超过了当时设计的要求。

在铁轨上，朱东鹰默默地看着缺口的变化轨迹，一个念头突然闪现在脑海中——能不能在夜间将缺口向相反的方向适当调偏，这样白天气温升高后它不就回到正常范围了吗？一试，果然成功了。这次事件也让朱东鹰明白，每次调试不能墨守成规，而要因地制宜，应该结合每组道岔的具体特性和天气变化情况，测量分析后再进行精确调整，一套独特的"朱氏道岔缺口调整法"就此诞生，并陆续开始在全局推广。

不放过任何一个细节

2010年7月1日早上8点零3分，从南京发往上海虹桥的"G7001"次城际高速列车从南京火车站驶出，标志着沪宁城际铁路正式运营通车。满载着喜悦顺利出行的旅客们并不会知道，朱东鹰和他的团队在铁路开通前的最后时刻，付出了多么艰辛的努力。

正如在家享受着空调的人们，也不曾想象，有多少人在为电力设备的安全运行保驾护航。圆满完成世博变电站筹建的王和杰又接到了新的任务，2014年，他被调到位于奉贤的南桥换流站任站长一职。作为国际化大都市的上海，人口密度大、用电负荷重，"外电入沪"成为城市用电的重要支柱。南桥换流站的任务就是将葛洲坝输送来的电力再分发到上海的千家万户，它的安全稳定运行，关系着整个城市的发展命脉。

王和杰到任时南桥换流站刚刚完成6个月的大修，正在进行再次投运前的最后调试。在对换流阀的光纤进行测试时，一阵微弱的声响引起了王和杰的警觉。据他回忆，当时听到一种很细微的啪啪的响声，从事电力行业的人对听觉、嗅觉灵敏，对是否有烧焦冒烟的情况相当敏感，当时他就觉得，这肯定不是一个正常的现象。

由于声响极其微弱，在场的很多人都表示并未听到，但多年的工作经验和强烈的责任意识让王和杰丝毫不敢懈怠。他飞速来到设备前，再次屏息凝听，这一次，声音更加清晰了。王和杰凭着敏锐的直觉判断，这是一次放电，新安装的光纤很可能出现了问题。换流阀是直流输电工程的核心设备，一旦出现故障，后果十分严重，他当即决定，停止一切测试，向总指挥进行汇报。王和杰说，小小的故障，有可能引起光纤阀塔火灾，而每一个阀塔的价值，都达到几千万元，甚至上亿元。

王和杰第一时间联系了光纤的生产厂家，对方表示，新安装的设备有轻微电流声是非常正常的现象，符合设计标准和要求。但这一解释并没有说服王和杰，作为电站的第一责任人，他坚持要求彻查缘由。王和杰的同事江飞说，是王和杰20多年所积累的经验，使他比别人更加敏锐，平常人听到这个声音不会去细究它，或者不太敢去质疑这样一个微弱的声音，但是正因为王和杰有一种深究的精神，所以他不放过任何一个细微的异常，不放过任何一个细节。

类似的换流阀光纤放电现象在之前的国内直流输电工程中从未出现过，因此没有案例可以借鉴。面对厂家技术人员的不以为然，王和杰决定自己调查。他带着身边员工一起，连夜蹲守在南桥站，利用紫外成像仪对几百个接口一个一个检查，终于找到了放电位置，及时更换了配件，将隐患扼杀在了萌芽之中。否则，一旦设备运转起来造成短路，葛洲坝向上海输电的整个机组都面临宕机的危险，甚至将引发华东电网全网停电。

国网上海检修公司特高压交直流运检中心主任刁冠勋感慨，当时真的是千钧一发，如果晚一分钟判断故障，或者晚一分钟处理，就有可能引起大面积停电。在这种千钧一发的时候，王和杰果断决策、果断处理，才保住了设备，保住了电网。

"朱氏工作法"攻难点提效率

如果说电力保障事关千家万户生活，那么高铁运行则关乎成千上万人的生命安全。被誉为"高铁眼睛"的信号工，责任重于泰山。2016年10月，沪宁城际安亭北线路所道岔设备发生故障，造成沪宁城际下行线列车全部停运，故障发生后，当地的技术人员怎么也找不到故障点，眼看时间一分一秒流逝，停运在中途的列车也发出了旅客身体状况告急的警告。上海铁路局指令首席技师朱东鹰火速赶往现场进行技术支援。安亭北站本不在朱东鹰的职责范围内，但时间就是生命，他二话没说，带着人就赶往事故现场，十来分钟就解决了问题。

朱东鹰之所以能在如此短的时间内将故障化解于无形，源于他多年工作中摸索出的一套"朱氏工作法"。信号设备的电压、电流等参数，会在微机监测上形成曲线，只需要仔细观察曲线的变化，就能快速排查出故障疑似点，这一方法被朱东鹰称为曲线数据分析法。朱东鹰介绍说，通过成千上万次浏览，可以发现曲线的变化，变化超过一定量的时候，可能会发现什么问题，问题出在什么设备上，大致就可以判断出来。成千上万次浏览的背后，是几十年如一日的勤勉与艰辛。为了确保白天高铁正常运行，信号工的工作时间常年集中在晚上12点到凌晨4点。有时候为了摸清小小一条曲线的变化，朱东鹰一连好几个晚上都会在值班室和铁轨现场来回奔波，将道岔情况和曲线数据反复比对研究，直到天亮。

朱东鹰的同事施海峰说，设备跟人一样，是有磨合期的，朱东鹰作为一名车间技术管理主任，他基本上每年有近半年，每个月夜班长达25天，这段时间是不能回到家中休息的。即便是回到家里，工作也往往成为生活中的主旋律。

铁路伉俪共守列车安全

朱东鹰的爱人朱红也是一名"铁路信号人"，她是路局电务系统少有的女技术科长。由于夫妻俩都是技术出身，回家切磋业务便成了家常便饭，有时两个人正在一起吃饭，来了灵感，就扔下饭碗一起琢磨，家中的餐桌、茶几甚至床头柜到处都摆满了高铁运行方面的专业书籍。正是在相互切磋中，他们相知、相爱、相守。

2011年3月，沪杭高铁上的信号曲线隔一阵就会出现一次轻微异常，尽管这种异常并不影响列车正常运行，但追求完美的朱东鹰却不放过任何一个小小的细节。当时来了很多技术人员，都找不到原因，朱东鹰白天过来刻苦钻研，分析基础设备、技术原理图纸、技术手册，回到家后，朱东鹰仍会琢磨这个问题。妻子看到丈夫茶饭不思，便询问缘由，得知事情原委后，两人展开了讨论，由于意见不一，各抒己见，夫妻俩就这样争执了一个晚上。第二天，他们一起到工区翻出图纸，逐个点排查，最终发现，是继电器的设计存在缺陷，造成道岔扳动不够顺畅协调，反映在曲线上就是毫无规律可循的信号异常。

受到这件事的启发，朱东鹰又发明了一套便携式信号监测设备，专门应付这种系统难以捕捉的信号异常，这套设备通过4G网络与机房进行对接，能够实现上道实时监测，有问题当场解决，大大加快了隐患排查的速度。

2017年8月20日，中国铁路总公司宣布，全国铁路将于9月21日实施新的列车运行图，7对"复兴号"动车组将在京沪高铁率先实现350公里时速运营，届时，我国将不仅是世界上高铁运营里程最长的国家，也成为世界上高铁运行速度最高的国家。

8月25日凌晨，虹桥火车站的总指挥室里依然灯火通明，朱东鹰正带领他的团队对提速前的软件升级做着最后调试，妻子朱红作为信号科副主任也参与到这项工程中。夫妻二人各自忙碌着，几乎说不上话，但只要一个眼神的交流，他们就能领会彼此的意思。为了中国的高铁事业，夫妻俩已记不清共同度过了多少个这样的夜晚。

当晚，软件顺利升级完成，虹桥火车站以全新的姿态整装待发，投入到新的列车运行工作中。虹桥火车站的日出发到达车次量高达700多趟，体量位居全世界前列，它不仅见证了中国高铁事业的飞速发展，更成为上海在不断创造卓越过程中留下的生动注脚。

智能机器人巧解高温"烤题"

2017年夏天，上海迎来百年一遇的极端高温天，连续11天日最高温超过37摄氏度，打破145年气象史上的高温极值纪录，也给这座2 500余万人口的大城市出了一系列的"烤题"。用电高峰持续来袭，酷暑环境更对电力设备的运行提出了挑战，已是检修中心副主任的王和杰再一次身先士卒，迎难而上。

蜚声海内外的1 000千伏特高压练塘变电站，拥有科幻大片式的壮观场景。浦江两岸，每三盏灯中，就有一盏是被这里点亮。如此重要的供电枢纽自然容不得分毫差错，即便是在超过40摄氏度的高温天，王和杰和他的同事们也必须坚持户外巡视，及时排查设备的发热状况。在工作现场，到处是一件件湿透的工作服、一张张屏息凝神的脸庞。王和杰说，一天的班上下来的确很辛苦，他们也在不断想方设法通过技术手段去解决。

通过翻阅大量国外资料，王和杰发现，通过机器人来代替人工巡检正逐渐成为世界潮流。在他的大力建议下，一款智能机器人如今已在练塘站投入使用，它不仅可实现对电站全天候、全方位、全自主智能巡检，还能完成现场作业监控、无人站值守等多项任务，大大提高了运维工作的质量和效率。

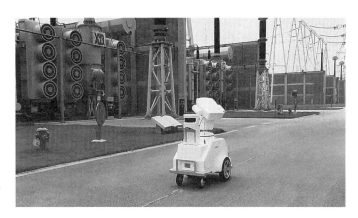

在练塘变电站投入
使用的智能机器人

　　从50千伏到1 000千伏，从数字化到全智能，上海电网的供电能力不断提升，而正因为有像王和杰这样的技术带头人的不懈努力，一个"智能、高效、可靠"的城市电网才得以正常运转，这个正在追求卓越的城市才能够平稳运行。

倾囊相授育青工

　　在为高铁事业不断贡献着心血、技术与智慧的同时，身为党员的朱东鹰还不忘对青年职工的培养。2014年，一个以他名字命名的技能大师工作室在上海电务段成立，作为技术领军人的朱东鹰担起了授业者的角色。

　　为了更好还原现场状况，让学员们有身临其境的感觉，朱东鹰专门利用段内的一间废弃办公室搭建"练功房"。从材料准备、设计构思到施工、试验，完全"白手起家"，修旧利废。没有设计图纸，他就自己画，没有工作台，他想方设法去配置，就连打柜子、刷油漆这样的事情，他都亲自动手。学员盛沈范说，练功房里有很多按钮，可以提供各种故障情况模拟，然后他就在这里学习查找故障，以后如果需要应急处理故障的话速度就更快，可以节省时间。

朱东鹰和他的团队

　　如今朱东鹰不再是单一个体，而是一个团队的代名词，在他的培训和带领下，青年职工的养护维修和应急处理能力有了很大提高，屡屡在各类技能比赛中斩获奖项。更重要的是，精益求精、追求极致、创新超越的工匠精神，也在师徒之间得以传承。

　　不论是不断密织的高铁网络，还是能级持续提升的供电系统，这些都是上海在建设卓越全球城市道路上的重要硬件支撑，而在这些看得见的硬件背后，是无数像朱东鹰、王和杰这样的上海工匠，默默无闻、不为人知地无私奉献，他们以精益求精、开拓创新的精神，时刻在为城市系统的安全运转保驾护航，正是有了他们的不懈努力和艰辛付出，上海才能在这条道路上走得更加踏实、稳健。

　　这座全球城市，因为"工匠精神"，而更显卓越。

生生不息 | 原金疆　何建强

本篇人物

原金疆　上海汽轮机厂首席钳工

何建强　上海市水利工程集团有限公司技术总负
责人

　　绿色是生命的象征，绿色发展是人与自然和谐相处的必要法则。"青山不墨千秋画，绿水无弦万古琴"是踏上小康之路的所有中国人的梦想。

　　经历了经济高速发展的中国，正以前所未有的勇气和决心，还人民以"青山绿水"，给子孙留"金山银山"。当"绿色发展"成为国策，就意味着产能的转型和升级。作为长三角经济带核心城市之一的上海，也用前所未有的责任和担当，将绿色发展融入城市的各个领域，使美丽上海生生不息充满活力。一大批勇于创新、直面挑战的技术工人，他们是这座城市的名片，也是绿色发展的保证。

"一把锉刀"开启燃气轮机国产时代

　　2015年11月，第21届联合国气候变化大会在巴黎举行，近150个国家和地区的领导人出席会议。在会上，国家主席习近平代表中国政府再次作出承诺：到2030年，中国二氧化碳排放量将比2005年下降65%。

　　这是一个大国的责任，更是一份宣言。它标志着中国的产业经济由过去低能高耗的粗放型结构，向高科技、低耗能、环保型全面转型、换代。

    这个消息对于已经步入生态工业快车道的上海汽轮机厂来说，既是鞭策，也是压力。上海汽轮机厂主打产品是燃气轮机，它是使用天然气作为燃料的新一代动力装置，其燃烧后相比煤发电少排放近一半的二氧化碳，对我国未来的碳减排愿景有巨大的助力作用。

    一台300吨的燃气轮机，由大大小小几万个零部件装配而成，核心部件的装配精度误差仅为1丝，也就是相当于一根头发丝的七分之一。目前国内能如此严格控制精度的只有少数几个人，而上海汽轮机厂的首席钳工原金疆就是其中之一。原金疆介绍说，他几锉刀下去能去掉多少余量，多少丝，心里是有底的，不依靠其他测量手段，单凭手感去使用锉刀，精确度也能达到很高。

    "原金疆"的名字充满诗意，这是父母支边北大荒时为他取的，父母用"金疆"隐喻"金色的边疆"，对他寄予无限希望。在广袤的黑土地上出生的原金疆，从小跟随着驾驶东方红拖拉机的父亲，对机械和修理有着浓厚的兴趣。1996年技校毕业后，原金疆如愿进入上海汽轮机厂，被分配到汽轮机总装岗位，成为一名装配钳工。原金疆自豪地说，他的父亲就是一名钳工，在人们眼里，钳工是无所不能的，因为钳工技艺性强，具有"万能"和灵活的优势，可以完成机械加工不方便或无法完成的工作。儿时的

钳工原金疆

原金疆心底有个愿望，就是成为一名钳工。

在技校里，原金疆曾拿过"上海奥林匹克钳工技能大赛"第一名，师父对这个沉默不语、眼里有活儿的徒弟也颇为满意，便开始手把手地教他汽轮机的磨削和装配技术。原金疆勤学好问，很快就成为技术骨干。他说，在技校里可以接触到零部件的装配工作，那时候他养成了边学、边做、边记的习惯，一到晚上就会总结白天所学的知识。

原金疆每天早早进厂，把车间打扫得干干净净，一个人蹲在车床前练习锉刀技艺。他执着的精神深深打动了老技工们，他们也纷纷将自己的绝活传授给他。而原金疆的师傅殷卫人还郑重地将象征技术权威的车间工具箱钥匙交给了他。原金疆的师父说，很多工具箱只有一两把钥匙，作为师父，只愿意把自己的钥匙传授给有上进心、不断进取的学徒。

这把钥匙是吃饭的家当，原金疆视若生命，从不离身。他专门找了一个铃铛拴在上面，从此"叮铃铃"的声响成了原金疆的标志。原金疆的妻子调侃道，丈夫有好几次上班都到单位楼下了，还会打电话给她，问她钥匙在不在家，后来才发现，钥匙其实就在丈夫身上。在妻子眼里，丈夫有一点强迫症，他生怕把那把钥匙弄丢了。从1998年到2005年，这把钥匙的铃铛声，陪伴了原金疆整整七个年头。

2005年，随着国家对国有企业产业结构调整改革的进一步深化，原金疆所在的上海汽轮机厂决定由高耗能的燃煤轮机生产向环保低耗能的燃气轮机转产，并决定选派25名技术骨干去德国学习进修。经过层层考试，原金疆以第一名的成绩在几千人的竞争中脱颖而出，成为首批去国外学习燃气轮机的技术工人。据原金疆介绍，当他得知在国外培训一个人每天要花去6 000欧元的费用，内心十分愧疚。为了让员工学习先进技术，没想到企业付出这么多，这无形中也给了他压力和动力。于是原金疆暗下决心，一定要把真经取回来，为燃气轮机的生产尽一名技术工人应尽的责任。然而，与他踌躇满志的愿望相悖的是，德国方面根本不教他想学的东西，培训其实就是走马观花。

原金疆回忆说，德国在关键技术上有所保留，重要的操作步骤，会故意遮挡视线不让人看见。于是他们伸着头猫着腰甚至趴在地上，利用任何一个角度去看清楚别人是怎么操作的。为了更好地掌握所学技术，原金疆每天都背几个专业单词，有的德语单词不一定会写，但一定要会读、会说。

那些天里，人们常常看到原金疆使出浑身解数贴在老外身边，一边用蹩脚的德语手脚并用地比画，一边将自己不懂的东西用图画表述给老外。一个月下来，原金疆用他的"土办法"，把要学的关键技术搞了个清清楚楚，成为25名学员中成绩最好的中国工人。2005年，我国第一台燃气轮机在上海装配成功。

跳出"农门"获"状元"

如果说燃气轮机是让城市的绿色发展生生不息的外在动力的话，那么水利就是上海发展绿色生态之城的内在动力。

太浦河源自太湖，经上海市青浦区、松江区流入黄浦江。上海人都无法忘记1991年发生在太湖流域的那场特大水灾。短短数日苏州、无锡两地500多万亩良田被淹，受灾人口超过1 182万人，直接经济损失达到110亿元。上海政府当机立断，毅然炸开了上海市青浦区境内的红旗塘堵坝和钱盛荡堵坝，将洪水引向青浦境内，为太湖洪水东泄提供通道。

炸开堵坝，纳泄了太湖21.8亿立方米的洪水，却让上海遭受了1.3亿元的直接经济损失，大批农田被淹，上千栋房屋进水。何建强是上海市水利工程集团技术总负责人，据他介绍，其实青浦当时对上海来说是粮食基地，又是蔬菜基地，青浦区境内的红旗塘堵坝和钱盛荡堵坝被炸开，上海遭受到巨大的经济损失。

1991年太湖流域洪水刚过，国务院下达的包括太浦河工程在内的治理太湖11项骨干工程相继开工建设。工程公司启用了何建强作为太浦河工程中重要的练塘河南北套闸工程的负责人。何建强介绍说，水利工程的特殊性，就是有季节要求，现有的河道先要拦起来，然后等到第二年的汛期之前必须把它开通，不然的话，要是本可以排出去的水来不及排，本该要挡住的水挡不住，就会对人民的生命财产造成威胁。

1966年出生的何建强是上海奉贤人，家里祖祖辈辈都是农民，到了何建强这一辈，立誓要脱离土地跳出"农门"。于是年少的何建强发奋读书，并以优异的成绩顺利进入了培养中国水利人才的摇篮——河海大学。然而毕业工作后，何建强发现，干水利依然与土地脱不了关系。何建强回忆说，天冷的

练塘河南北套闸工程的负责人何建强

时候，风吹起来连挡风的地方都没有；天热的时候，连个遮阳的地方都没有。

1992 年年底，练塘河南北套闸工程动工，第一次独挑大梁的何建强深感任务艰巨，责任重大。他早早地将工程施工图绘制好，只等着工程队一到，便马上开工。可他没想到的是，工人们完全看不懂图纸。上水集团项目生产副经理戴强回忆道，何建强对当时的情况也很头痛，如果看不懂图纸的话，施工难度就非常大。水利行业每一年有个重大节点，就是 6 月 1 日之前必须通水。

几百号人的工程队就这样停在了施工现场，一天几万元的损失，日益逼近的工期，愁得何建强日不能食、夜不能寐。突然有一天，他看到队里的老木工趁着休息时间给孩子做木头玩具，这个动作瞬间启发了何建强。既然工人们看不懂图纸，那他就让木工打造一个实物出来。何建强拉过老木工，一头扎进了工棚里。何建强回忆说，他带着老木工们一起先做了个模型，就相当于缩小比例的练塘河南北套闸。把闸分解成一块一块，让木工们先加工最基本的单元，加工完了以后他再教他们怎么拼。

经过几个通宵的赶制，一个练塘河南北套闸工程模型呈现在了工程队面前。在工人们对套闸有了立体概念后，何建强又没日没夜地绘制细节分解图，再一张一张细致地给施工队进行讲解。

1993年6月1日前，练塘河南北套闸工程如期完工，它的建成不仅让太浦河顺利分流了太湖的洪水，还能将肥美的鱼虾和新鲜的蔬果通过水路运往上海千家万户的饭桌上。为此，何建强获得了上海市"三学状元"的称号。

"宝马叶片"和钻石锉刀

改革开放以来，中国的机械产业几乎都经历过整机引进、逐步国产化到自主研发生产的过程，燃气轮机产业也不例外。2008年，厂里决定把加工燃气轮机上最重要也是最值钱的部件——叶片的任务交给原金疆。原金疆介绍，燃气轮机的一片陶瓷涂层叶片，成本就相当于一辆宝马轿车，做坏了，会给企业造成巨大经济损失。

上海汽轮机厂副总经理俞军表示，他们相信原金疆的能力和水平，也确实从物质和精神上给予原金疆支持，让他放下包袱专心去做。

燃气轮机是在比火山岩浆还要炽热的1 500度高温环境下高速运转的，为了强劲的动力输出，叶片的材质选择了几乎只在航天领域才会用到的超高强度的单晶体，再在外面包裹上耐高温的陶瓷。"内刚外柔"，加工打磨的难度可想而知。原金疆介绍说，单晶体的结构非常硬，又有陶瓷涂层，锉刀会因打滑而锉不动。

面对超硬的单晶体，原金疆犯难了，没有称手的工具，加工根本进行不下去。原金疆苦思冥想，辗转反侧，却还是没有头绪。这时，电视里一则钻石的广告吸引了他的注意，"钻石恒久远，一颗永流传"的广告词给了他灵感。他取出存了很久打算给女朋友买钻戒的钱，托人在国外购买了一把罕见的金刚石锉刀。原金疆说，金刚石的锉刀可以达到锉的目的，但是因为叶片陶瓷涂层的薄、脆，加工时特别容易受损。

软了锉不动，硬了会锉坏。原金疆找来一个质地坚硬的钢铁块，决定先在上面做试验，寻找合适的锉磨角度。原金疆回忆说，他当时就一层一层地把一块铁慢慢地越锉越小，收工的时候，地上一大摊都是锉下来的铁屑。

整整四天，原金疆几乎没有离开过工作台，铁屑飞溅在他的头发和衣服上，连滴下来的汗水都被铁屑染成了黑色。功夫不负有心人，试验进行到第四天，原金疆终于找到了诀窍。他尝试着先把脆弱的陶瓷涂层磨出一个斜角，然后再小心磨削平面层的单晶体部分。原金疆说，他要推个十几二十锉才能下去几丝，他要锉掉几个毫米，这可能是需要几千锉刀去削磨的一个过程。

这已经不是单纯的重复，而是对眼力、精力和责任心最严苛的考验。稍不留神就可能在透平叶片上锉出个缺口，四台宝马就报废了。经过不间断反复锉磨，他终于如期完成了四个透平叶片的加工任务，成为我国在燃气轮机加工装配国产化道路上的一个里程碑。

原金疆表示，简单的事重复做，重复的事用心做，你就是赢家。每一刀锉下去，他都要能保证达到自己对精度的要求。

科学治水，解决饮水难题

在原金疆推进燃气轮机国产化进程，为上海乃至中国绿色能源工业发展不懈努力时，水利工匠何建强，也在治理上海水患的路上走过了第13个年头，打造绿色生态城市，也是他的梦想。

曾几何时，上海市民只要一打开自来水龙头，刺鼻的消毒水气味就扑面而来。上海市的饮用水主要来源于黄浦江上游，由于污染严重，每年10月至次年4月的枯水期，居民自来水管常常流出的是黄汤水。"守着黄浦江喝不上干净水"，这让从事水利的何建强感到自责和羞愧。

2000年上海市决定全面启动太浦河泵站工程，解决上海市民的饮用水难题。何建强作为上海最年轻的水利专家被抽调，负责施工的技术和质量把关。而他要面对的是经验丰富、实力雄厚的国字号施工单位。年轻的地方专家遇到老资格的国字号，听谁的成了最大的问题。据何建强介绍，泵站是采用大开挖方式来施工的，有个深基坑，他记得最深的地方有12米。关于下面一段边坡要不要保护的问题上，双方产生了分歧。

国字号施工单位认为，基坑边坡土质坚固，完全不会发生塌方，如果按照何建强的建议做边坡保护不仅完全没有必要，还费时费力，影响施工效率。但何建强认为，基坑附近地下水丰富，一旦遇到连续降水，容易形成塌方，可能造成泵毁人亡的悲剧。但国字号施工单位负责人根本不为所动，一时间工程陷入了僵持。而就在这时，何建强的家里又出了状况。

何建强的妻子方屹说，2001年，医生让她腊月二十七日那天来医院进行剖宫产，孩子差不多就要出生了，她也通知丈夫了，可是腊月二十六日那晚她一直在等，都已经晚上十点了，还不见丈夫过来。医生问方屹家属在哪儿，说不是约好明天上午开刀嘛，为什么需要家属签字的时候家属还没有出现。

接到医院接二连三的电话，心力交瘁的何建强这才匆匆忙忙赶回上海，当时已是腊月二十七日上午八点。随着两声清脆的啼哭声，何建强的双胞胎女儿降生了。治水多年，何建强见过太多流离失所的家庭，所以他为两个女儿取名"欢欢"和"乐乐"，简单的名字，饱含的是他对天下所有生命的祝福。

只是，两个漂亮的小家伙也没能拴住父亲多久，孩子出生还不到两个小时，何建强又匆匆赶回了工地。何建强心里记挂的还是深基坑围护的问题。一边是有着相当扎实的专业理论基础的何建强，一边是有着丰富施工经验的国字号单位，双方谁也不肯让步。工程总指挥最终决定，从上海请来几位水利界泰斗级人物到现场指导，专家们通过实地考察，认定何建强的施工方案具有科学性和前瞻性。何建强始终认为水利是百年大计，是生命工程，不能搞成"拉链马路"，那是对生命的不尊重。终于国字号施工单位信服了，并对这位年轻人心服口服。此后，双方积极配合，施工进入快车道。

2003年，工程建成，6台大流量轴伸泵引太湖或长江水入黄浦江，上海2 500余万市民的日常用水，每一滴都凝聚着何建强的心血，他本人也被国家水电部授予中国水利行业的最高荣誉——大禹水利科学技术奖。

挑战新领域，进军燃气轮机维修市场

精益求精、锐意进取、勇于担当是每一位上海工匠的特质，也是上海绿色发展的原动力。经过多年从合资合作到自主研发、自主创新，中国人走出了属于自己的生产研发燃气轮机之路，但我们生产的设备仍要请外国技术人员来维修，且还要支付昂贵的维修服务费用。2014年，原金疆在上海汽轮机厂的支持下，开始转战燃气轮机的维修服务市场，为国内电厂提供更优质且更低价的服务。上海汽轮机厂副总经理俞军表示，以前可以说是天价的维修服务费用，现在很多外国的跨国公司开始主动降价，有的出于竞争需要，其至提出了免费服务。

2015年10月，厂里接到了来自北京一家电厂的检修任务，北方集中供暖在11月15日开始，维修服务团队必须赶在集中供暖前完成检修。这是原金疆接手的第一单大修服务。大修时，燃气轮机要先被拆卸下来，清理、维修再重新总装，工程浩大。几十公斤重的部件全靠人力拧转、托举，燃烧室环境逼仄，空间十分窄小，要在里面作业，只能穿薄衣薄裤。原金疆一句"让我来"，便钻了进去。原金疆表示，先锋模范，必须要冲在群众前面，他带自己的团队出去，自己必须干更多的活，这才有带头的作用。

燃气轮机工作时，燃烧室中的气体会以堪比龙卷风的速度不断冲击着燃烧室。所以燃烧室中的瓷片必须具有抵抗强大冲击力的能力，稍有损坏都可能酿成巨大的事故。原金疆在燃烧室里的作业操作要十分谨慎、小心。他的徒弟姚爱忻介绍说，一块陶瓷板重量就有三四十公斤，燃烧室里的陶瓷叶片或陶瓷板，是纯靠人力给托上去的。燃烧室里空间狭小，移动的时候一定不能磕碰到旁边的陶瓷板，因为它们很脆，一碰到就会造成损坏。

外面下着大雪，燃烧室里冰冷刺骨，空气稀薄。原金疆身穿单衣，要将身体扭曲成S形，甚至还要倒挂着才能

原金疆开始转战燃气轮机的维修服务市场

完成作业。零下十多摄氏度的气温很快就让原金疆的身体和手指变得僵硬，坚持了30分钟，原金疆从燃烧室爬了出来，到暖气边上取暖，缓解完身体的僵硬后，他又继续返回燃烧室工作。这样的重复往返作业持续了22天。

原金疆团队用上海人的精准仔细完成了维修任务，保证了北京城区三分之一的家庭能在这个冬天享受到温暖。然而，原金疆给予自己家庭尤其是孩子的温暖却很少，他为此时时愧疚。

做维修服务至今三年，原金疆的孩子也已经三岁。中年得子的他却缺席了孩子在成长阶段中最重要的时刻。原金疆的妻子说，丈夫伸手去抱孩子，孩子看见他会一把推开，对他相当陌生。原金疆一想到这样的场景，心里就非常难过。每一次出差归来，他都要挑选一大堆玩具，以弥补对儿子亏欠的父爱。

作为上海电气上海汽轮机厂首席技师，原金疆不但要为燃气轮机的国产化安装和维护提供最可靠的技术保证，在他的肩上还担负着培养燃气轮机装配人才队伍的重任。上海电气在总装现场成立了以他的名字命名的"上海电气首席技师原金疆工作室"。

守护上海人民的"三铁军团"

原金疆在实战中带出了一支勇于创新、善于攻关的燃气轮机服务团队，而在水利行业施工现场披荆斩棘的何建强，也正在打造一支有着"铁人、铁律、铁军"称号的队伍。

2015年，是何建强在水利行业奋战的第28个年头，他从一个毛头小伙成长为一名项目负责人，如今更是企业的主心骨，工人们见到他都尊称一声"何总"。可是，称呼变了，人却没有变，烈日下有他，海风中有他，泥沙地里也有他……那些需要他的地方，始终都有他的身影。古有大禹治水"三过家门而不入"，何建强自从工程开工，就没有回过一趟家，尽管他的家近在咫尺。上水集团名誉董事长张光远说，何建强离家很近，即便他回到家，万一有事打个电话给他，他来工地也很方便，可他更愿意在办公室通宵、在车上通宵，他说一旦有突发情况，这样就能及时处理。

水利工程是民生工程，它不仅要保障民生、服务民生，更要改善民生。

被工人们称为"何总"的何建强

何建强说，如果上半辈子他的使命是做好一项项无愧于心的工程，那么下半辈子，他就要带出一批能够守护好上海人民的"三铁军团"。

水利兴则国运兴，电业旺则百业旺。让良好的生态环境成为人民生活质量的增长点，不仅是上海数百万产业工人的目标，更是一份承诺。在未来，随着上海崇明东滩湿地、青草沙水库、金泽水库、淀山湖等项目的陆续建成，上海将成为名副其实的绿色、共享"生态之城"。而"看得见山水，记得住乡愁"的美丽中国、美丽上海也会从山水画卷中走进每个人的生活。

创造品质 | 徐 玲 谷志旺

本篇人物

徐 玲 上海邮政系统技术工匠、中邮科技有限责任公司创研中心职工

谷志旺 上海建工四建集团副总工程师、工程研究院副院长

　　一座卓越的城市必须要有优秀的品质作支撑。上海是一座具有传统服务品质的城市，新中国成立的70多年中，上海正是以这样的胸襟，为新中国的建设作出了不可磨灭的贡献。"上海服务"因此也成为人们认识上海、喜欢上海的理由。

　　今天，上海站在历史的新起点，改革再出发。把"上海服务""上海制造""上海购物""上海文化"作为创建全球卓越城市的战略目标。"上海服务"首次被提升到城市发展的核心位置。在创建优质服务和高端服务的背后，是一大批默默无闻、锐意进取、精益求精、创新创优的上海工匠。这其中，上海建工工匠从优化硬件服务入手，着力打造"美丽家园""美丽街区"，提升旅游、购物环境。上海邮政系统工匠着眼软件建设，通过技术研发和创新，使上海邮政快递成为上海服务的标杆。

永不褪色的"邮政绿"

　　从曾经的"双11"快递公司包裹堆积如山来不及分拣配送、买卖双方矛盾尖锐，到今天邮政和各大快递公司通过智能化包裹分拣设备以及邮运网络

上海邮政系统技术
工匠徐玲

快速高效处理，在很短的时间内，将所有包裹邮件分门别类，发送到世界各地，这无疑是中国快递业的一场革命。而这一切离不开上海邮政系统技术工匠徐玲。

1995年，浙江大学硕士毕业的徐玲被分配到邮电部第三研究所。当时邮电大楼随处可见毛主席亲笔题写的"人民邮电"和"为人民服务"几个大字，对刚参加工作的徐玲起到了潜移默化终身受益的教育作用。从那时起，徐玲就明白，邮政是和服务紧密联系在一起的。当时现代通信设备还不发达，书信是人们重要的交流手段。绿色邮筒和穿着墨绿色制服骑着二八自行车穿梭在大街小巷的邮递员，构成了城市特有的风景。徐玲回忆说，她从小在外求学，参加工作也在外地，每个月都会给父母、朋友或同学写至少一二十封信，自己也会收到很多封信。与众多中国人一样，徐玲对家人和朋友的思念，同样是通过书信传递的。家书抵万金，书信在那个年代显得尤为珍贵。中国邮政集团公司上海市分公司副总经理黄来芳说，如今大家可能难以感受到书信的珍贵，因为人们可以通过微信、QQ等方式表达自己对他人的问候，而在那个没有电话，又缺少其他即时信息传递工具的年代，就只能通过邮政来传递大家的家书。把邮件当成生命，传递的是流淌在血液中的无声之爱。

上海邮政大楼是我国目前建造最早、规模最大的邮政标志性建筑之一。中华人民共和国成立以来，它见证了中国邮政的新生、沉浮和发展壮大。20世纪80年代，每天从这里发出的信件数量达到了历史顶峰。当时国内多由人工分拣信件，一封信若要寄到边远地区，快则一两周，长则一月余。

国产信函分拣机赶超国外

原中国邮政集团公司上海研究院副总工程师芮剑明介绍说，过去老百姓喜欢写信，但是信函在分拣的过程中，对邮政工人的要求太高，因为工人要把所有的地址全部背出来。当时第三研究所成立的目的，就是要研发信函智能分拣机。

在徐玲进入研究所的前一年，所里和比利时贝尔公司合作开发的智能信函分拣机刚刚研发成功。然而，同国外合作的信函分拣机只有三套识别算法，不足以识别中国人千变万化的手写体邮政编码。徐玲接到的第一个任务就是优化和开发新的邮编识别算法。智能信函分拣机能够自动识别出信封上的邮政编码，将信函归类到特定的信格中，从而大大提升分拣信件的效率。但是人和人之间的手写字体千差万别，这些都要靠计算机来处理，是相当有难度的。由于不同的人书写习惯不同，信封上的邮编字迹可谓千变万化，有潦草、连笔、断笔、污损等不同情况。经计算，信封上的每位邮编有将近2的7 680次方种变化，而信函分拣机需要在几百毫秒内精准识别出来，即便20多年后人工智能迅猛发展的今天也没能完全做到。

徐玲相信，自己一定能够研发出超越外国公司技术的分拣机。刚刚研究生毕业的她初生牛犊不怕虎，一头扎进了钻研新算法的研究，就这样日复一日，研究持续了好几年。

成功没有捷径和偶然，1997年，通过不断地改代码和试错，在一次又一次失败后，徐玲终于研发出一套手写体和一套印刷体算法，让邮件整机处理率提高了10%。徐玲和同事们的努力，让更多的人更快捷地收到了家书，拉近了人与人之间的距离，为人们沟通情感提供了便利。2003年，徐玲又研发出邮政编码图像处理和并行识别技术，获得国家邮政局科学技术三等奖。

这次成功提升同国外公司合作研发的分拣机性能后，徐玲更加相信中国

2004年，徐玲获国家邮政局科学技术奖

有能力自主研发更先进的新一代分拣机，她梦想能开发出一款能和世界上最先进的信函分拣机一决高下的系统。

为了这个暗自下定的决心，徐玲整整花了10年时间。2009年底，徐玲和同事们成功研发出具有自主知识产权、国际先进水平的MPS新一代信函分拣机，分拣效率高达每小时4.3万件，并且能在千分之一秒的极短时间里，通过上千只"眼睛"精准记录下信函情况，经过计算机运算后，250只以上的"手"将信函分到正确位置，而信函卡塞率严格控制在万分之一以下。

机会总是留给有准备的人。2010年，北京邮政需要信函分拣机，当时拥有国际上最先进信函分拣机的西门子公司也参与了竞标。最终，徐玲和同事研发出的MPS信函分拣机，在卡塞率、中文识别率、分拣处理率等关键性能指标上都远远超过了西门子，从而赢得了此次竞标。这一历史性的时刻，代表着中国邮政结束设备进口，全面实现设备自主研发，信函分拣机已完全实现了国产化。

"行走的大殿"

徐玲参与研发的科研成果大大提升了中国邮政的速度，随着时代的快速变迁，上海在改革开放的浪潮中，也在不断刷新着中国的高度。谷志旺作为伴随改革开放成长起来的一代，一直见证着上海这座城市天际线的新高。

2006年，刚刚毕业的谷志旺加入了上海建工集团，成为超高层建筑建造大军中的一员。但是长年累月和各类建筑打交道的谷志旺，渐渐发现超高层建筑代表着城市的现在，而历史建筑则诉说着城市的过去。谷志旺说，一提到外滩，人们马上就会想到上海；一提到石库门，人们马上就会想到上海的海派文化、里弄文化。这些联想，其实和历史及人文信息的承载有关。

谷志旺希望改行从事历史建筑保护方面的工作，通过保留原来的历史文化风貌，连接上海这座城市的过去与未来。然而，从超高层建筑转到历史建筑的保护，谷志旺经历了一次艰难的抉择。据他介绍，由于当时上海处于城市大发展的阶段，新建的工程非常多，相对来说，历史保护建筑比较少，所以当时在个人职业道路的发展上，他也在犹豫。从建造超高层建筑，转行到历史建筑修缮，从现代到传统，跨度大、难度高，很少有人愿意这么做。但凭借着从小对历史建筑的喜爱，谷志旺决定试一试。

谷志旺接到的第一个任务，就是对上海重要的历史建筑玉佛寺大雄宝殿进行平行移位。始建于1900年的玉佛寺，几经战乱磨难，迄今有百年历史，是上海市优秀历史建筑，也是上海市最重要的旅游景点之一，每年接待中外旅客达10多万人次。超负荷的客流和周围高层建筑的施工，致使玉佛寺地面沉降，存在很大的安全隐患。这次修缮需要搬迁的大雄宝殿是寺内的主体建筑，建于1918—1928年，长约30米，宽约25米，外观为宋式两层宫殿式建筑，殿正中三尊通高4米的佛像和二十诸天像是平移的最大难点。据谷志旺介绍，玉佛寺大雄宝殿是一座木结构的庙宇建筑，这是跟之前所有建筑平移工程相比最大的不同。将大雄宝殿和殿内佛像一起平移，可以说在国内外的历史上，都是没有先例的。

大雄宝殿的平移难度在于殿内的几十尊佛像不能搬动，需要随着大殿整体平移。由于佛像是泥塑的，且年时已久，搬动时容易损坏，而大殿门又小，根本无法分离搬运。如何保证大殿与佛像整体完好无损平移成为这一工程的关键，为此，谷志旺整整准备了三年时间。

如果说2003年上海音乐厅的平移是推一个"箱子"，那么大雄宝殿的平移就如同推一张摆满珍贵物品的"桌子"。摆放着佛像的大雄宝殿在平移中犹如一块豆腐般脆弱，如果直接去推势必会受损。谷志旺根据多年经验，想到把"豆腐"放在"盘子"里，端着"盘子"走，那么"豆腐"才能安然无恙。而如何将大雄宝殿放到"盘子"里，又成为一个新的难题。谷志旺说，他们一开始就采用了很多现代的科技手段，对大殿做了很多检测，比方超声波和雷达的测绘。然而，即便是最先进的科技手段，也有它的局限性。谷志旺在利用超声波测绘佛台时，得到的结果是佛台内部是实心的，说明佛台的基础牢固，有利于基础托换。而当谷志旺用内窥镜对佛台进行探测的时候，得到的结果却是佛台内部是空的，如果用传统的方式对空的佛台进行托换的话，必将导致佛像的损坏，这与超声波测绘的结果截然相反。谷志旺感觉到了压力。上海市玉佛禅寺消除公共安全隐患工程建筑设计负责人宿新宝说，那段时间里，谷志旺经常跟他们设计院的同事们在一起夜以继日地讨论，在对一些难点的处理方式上，很深入地交换意见。

在平移之前，所有的方案都无法确定哪个是最优的，谷志旺能做的，只是不断地优化方案。三年下来，他和他的团队通过传统工艺和现代科技的融合，攻克了诸多技术难题。谷志旺说，后来针对佛台本身有空心的情况，他们制定了一个比较稳妥的技术托换方案，即把佛台下面的三

谷志旺（左一）和
设计院同事讨论大
雄宝殿的平移方案

合土基础进行整体固结处理，然后在这个比较完整的三合土基础上，再进行佛台的整体托换。

2017年9月2日，玉佛寺大雄宝殿成功向北平移了30.66米，抬升0.85米，殿内几十尊珍贵佛像完好如初。

"分拣神器"刷新邮政速度

玉佛寺修缮项目的圆满完工，让谷志旺坚定了为上海守住记忆的梦想。而徐玲，则在追寻中国邮政的现代化过程中再次面临挑战。

2000年后，手机的出现与普及悄然改变着人们的生活，手机和网络使人与人之间的交流变得越来越便捷。书信开始由现在式变成了过去式，几乎在一夜间传统邮政系统遭到了近乎毁灭性的冲击。对中国邮政的挑战不仅仅来自手机和网络，邮政曾引以为傲的邮寄业务同样在一夜之间失去了优势。随着电商的兴起，一种名叫快递的物流行业迅速进入人们的生活。2009年，物流企业成为我国十大振兴产业之一。上海是中国民营快递企业的起源地和集聚地。人们现在熟知的"三通一达"，包括韵达、中通、圆通，都纷纷落户上海，形成了民营快递企业的集聚效应，也对邮政公司带来了很大的竞争和挑战。改革开放之初，人们习惯把民营企业称作"狼"，这回"狼"真的来了，而且来的不止一只，而是一群，通过价格战和快速反应能力，将大中城市的小中件物流收入囊中。邮政在经济发达地区的快件占有率直线下降。

新中国成立以来，中国邮政肩负着国家交予的保护每一位公民通信权的义务。54 000余个网点，将近100万的邮政员工，如同一张在全国铺开的大网。只要一封信件一份包裹交到邮政手中，无论哪个角落，不论是靠邮车、自行车、甚至是一双手、两条腿，中国邮政也会将信函包裹安全送达用户手中。"无论何时何地，什么时候，邮政，你在我在，你在哪里，我就在哪里，你需要什么样的服务，我们就提供什么样的服务。"

然而，到了信息爆炸的时代，中国邮政已经犹如一位老去的巨人。包裹业务不占优势，民用信件日趋减少。看着自己参与研发的信函分拣机停滞的时间越来越长，身边的同事也因为看不到前途而纷纷离去，徐玲却选择了留下。上海邮政系统选择了包容。包容是需要实力的，在优势丧失殆尽，主渠道被哄抢一空的情况下，上海邮政系统提出互通有无、合作共赢的改革思路，决定用雄厚的技术力量重新抢占市场。他们瞄准民营快递进步晚、分拣能力差这一劣势，决定重启物流分拣机的研发项目，这一重任自然就落到了有分拣机研究基础的徐玲身上。

包裹的分拣不同于信件，除了体积庞大、种类繁杂外，扫描的程序更加复杂。要将过去简单的信件分拣机升级改造为可识别复杂包裹的物流分拣机，在当时的技术条件下几乎难以实现。倔强的徐玲就是不信那个邪。她说，核心和关键技术的阵地，一定不能放弃。

与信函分拣机不同的是，包裹分拣机需要处理更大规模的数据。在不到一年时间里，要让包裹分拣机从无到有，除了吃饭睡觉，徐玲和同事们的时间都花在了机器或电脑旁，编写着密密麻麻的代码。好不容易回趟家，小孩子的玩具都成了她模拟和验证系统实际操作的道具。徐玲的丈夫胡能良说，妻子工作非常认真，回到家还要继续加班琢磨，经常会有工作电话半夜打过来，她都要接，一个都不愿落下。

功夫不负有心人。2011年11月28日，由中国邮政集团公司上海研究院，即今天的中邮科技有限责任公司自主研发的MPF混合型物品分拣机正式在上海邮政速递物流有限公司投入运营。此后，徐玲和团队不断更新、完善MPF包裹分拣机，让分拣机增加自动纠偏、自动调速、多面扫描、多语种识别、在线补码等功能，分拣效率达2.5万件/小时，相比行业内主流产品，设备产能提高约20%，设备能耗降低约20%。华东师范大学上海市多维度信息处理重点实验室主任吕岳介绍说，国外包裹包装更加标准化，很多包裹都是方方正正的，而在中国可能有各种奇形怪状的包裹。所以他们也是针对国外机器的问题和特点，结合中国具体的需求来研发包裹分拣机，到目前为止，总体上来看国产包裹分拣机性能上不低于国外的包裹分拣机，甚至表现得更好。

从"狼来了"到"与狼共舞"

MPF包裹分拣机性能的不断提升，让徐玲和她的同伴们信心满满地带着产品前往"狼窝"夺食，而此时的"狼"已膘肥体壮、财大气粗，十分挑食。徐玲介绍说，之前他们做项目，用户的需求很多都是口述的，但是顺丰就不一样，顺丰有一本很厚的册子，里面关于硬件软件所有的需求，都描述得非常清楚，并要求直接对标国际产品。

当时，对于被完全推向市场的邮政而言，服务好每一个客户，成为他们能够继续生存下去的决定性因素。不论是服务于普通老百姓，还是服务于快递业竞争对手。顺丰提出，包裹分拣机必须在几十毫秒的时间内，完成5 600万的包裹数据实时检索。在此之前，徐玲还在为几十毫秒内无法完成几十万数据的检索而担心。而当下她要面对的，是将近一百倍的5 600万数据的实时检索。如果自己开发的信息系统慢几十毫秒，将导致包裹无法识别，最终堆积如山。而顺丰提出的所有要求，必须在仅有的两次验收机会里完成。时间紧、要求多，为了满足客户需求，在上海邮政的鼎力支持下，徐玲和团队准备了将近四吨的邮件，用34种不同大小的邮件做模拟测试。徐玲说，当时单位组织了很多同事参与测试，包括测试件的准备、测试件填充物，还要贴面单，每次几吨的包裹，测一次就得来回搬一次。

无数次测试、无数次调试、无数次修改代码、无数次地搬运货物，2015年8月20日，徐玲和团队研发的这款具有国际领先水平的综合包裹分拣机一次性通过了顺丰的技术验收。徐玲回忆，顺丰来参加测试的技术总监感觉颇为意外，测试后跟她说，他们是第一家一次性通过的厂家。

徐玲所在的邮电部第三研究所，也就是今天的中邮科技有限责任公司，为中国邮政走出了关键的一步。徐玲和同事研发的MPF混合分拣系统已有数百套在邮政系统、顺丰、韵达、京东、圆通等企业全国近30个处理中心投入使用。

科技是第一生产力在中国快递行业得到了完美体现。毫无疑问，徐玲的科研成果，不仅为上海邮政重新赢得了市场，而且促使中国快递行业由昔日拼人力、拼速度的粗放经营逐渐向科学、智能化经营转变，它带给中国快递业的是一场技术革命。

到2017年，我国快递业务量超过400亿件，是1988年153万件的2 600多倍。并在2014年首度超过美国，连续5年稳居世界第一，超过美、日、欧等发达经济体总和，成为世界邮政业的动力源和稳定器。

如今，中国邮政正是因为有像徐玲这样的技术骨干做后盾，占据着快递的技术高地，彻底摆脱了困境，与顺丰、韵达、中通等民营快递公司并驾齐驱，享受着"与狼共舞"的快乐时光。

重塑内部空间，老建筑焕发新活力

徐玲和她所在的上海邮政系统用科技创新成果诠释着"上海服务"的理念，而谷志旺和他所在的上海建工的工作则侧重于"创造美好家园、服务好本地居民"。

2016年，上海市提出推动高质量发展、创造高品质生活的新思路，通过"留改拆"为长年居住在石库门里弄的上海市民创造更加舒适的生活环境。2017年，上海市虹口区春阳里"留改拆"试点工程项目正式启动，负责承建的上海建工毫不犹豫地将这一重任交给了四建公司的谷志旺和他的团队。谷志旺说，他接到春阳里这个任务后，第一件事就是到春阳里的现场去看一看。春阳里位于北外滩，非常靠近市中心的位置，高楼林立，非常繁华。但是走进春阳里，完全是另外一种景象。虽然他听说过上海还有很多里弄的老百姓过着拎马桶的日子，但是当他亲眼看到这些场景的时候，内心还是有一些震撼。

春阳里是建于20世纪二三十年代的典型上海老式石库门里弄住宅。里弄，曾经是上海独一无二的城市风貌，构成了千万普通上海人最常见的生活空间。当时，这里仍然居住着1 181户人家，每单元最少2户，最多8户（厢房部分最多10户），窄窄的弄堂中仍弥漫着七十二家房客的生活气息。

然而，春阳里修缮首先遇到的并不是技术问题。92岁的张云娣阿婆和众多已久居这里、习惯在这种环境下生活的老人一样，对这次修缮有着诸多担忧：一是房子的改变会不会给以后的生活带来不便，二是一旦搬出去，以后还能不能回来。张云娣在春阳里住了几十年，当她听说房子要改造时有些担心，因为改造后到底会变好还是变坏，她也不知道。也不清楚改造后的房子到底是什么样子。谷志旺主动配合居委会，走家串户，帮助做工作，终于让老人们打消了顾虑。

春阳里是上海市仅存不多的完整石库门建筑。多年来，由于疏于管理和修缮，房屋老化、墙体剥落、设施陈旧、暴露了诸多的消防隐患。谷志旺遇到的难题是如何把传统文化和现代理念结合起来，在保护历史建筑的同时，为居民创造更加符合现代生活方式的、舒适的生活环境。春阳里的改造，有两个目标，一是必须保护特有的旧里弄风貌，二是改善居民的居住环境，在不抽户、不减小面积的情况下，做到居民户内厨卫独用。

在这样复杂的房屋结构中，既不能动建筑的外部构造，又要对内部结构实行全面的升级改造，对于这些已拥有近百年历史，脆弱不堪的历史建筑而言，势必是一个严峻的考验。谷志旺认为，重塑内部空间，其实是要对内部的结构进行整体的重新规划，相当于造一个新的内胆，但是同时又要保留外立面，其实就是一个结构换胆的工程。一旦保护不好的话，外墙就会坍塌，或者出现变形，那么历史风貌就没有办法得以保存。

春阳里的建筑是上海典型的传统砖木结构。谷志旺带人对周边现场进行了仔细勘测发现：部分墙体由于地形沉降造成变形、开裂；木结构腐蚀现象严重，已失去原有功能；屋面构件如大梁、椽子、屋面板已腐蚀、开裂、弯曲变形，几乎失去了原有功能。如果不马上修缮，别说改善居住环境，就是保住春阳里也很难。谷志旺整天泡在弄堂里，盯着一栋栋楼房发呆，经常忘记回家。谷志旺的爱人说，丈夫经常加班，平时回家吃饭的次数也非常少，周末也经常不在家，没有时间陪孩子玩，孩子总会想念他。

在修缮的过程中，谷志旺把古迹建筑修复技术和现代科技手段灵活结合在一起，通过搭建临时支架，并用特制夹具将外墙内外夹住，然后对内部结构进行换胆，将原来

弄堂里盯着老建筑
发呆的谷志旺

的砖木结构置换为钢结构，再将外墙与内部结构进行连接，在保留外墙的情况下实现了内部空间的重构，保留了历史风貌。谷志旺认为，只有通过创新，才能在保护老建筑的同时又把它的使用功能提升上去，服务于社会，服务于使用者。

与此同时，谷志旺和团队对老建筑内部结构按照现代住宅的特点，进行了大胆改革，使春阳里的建筑既保留了老建筑风格，又更加适合人居住和生活。该项目由于很好地把老建筑修缮与人文文化有机结合在一起，为今后城市老建筑保护探索了一条新路，因此，该项目当年就获得了上海市既有建筑绿色改造金奖。章明是上海市优秀历史建筑保护修缮（改造）工程专家，在她看来，对待老建筑不仅要修旧如故，还要对未来负责，房子应该灵活修缮，为人服务。

2017年年底，虹口区春阳里风貌保护街坊（74街坊）迎来了首批回搬居民。修缮后的春阳里，清水砖墙古朴大方，不失原有建筑风格，春阳里重新焕发了新生。曾经床边上紧挨着餐桌的居民，现在拥有了自己的卧室；曾经跟三四户人家共用一个灶间的居民，如今也有了自己的独立厨房；曾经拎马桶的日子，已经成为过去。张云娣回忆说，以前房屋结构不好，楼上讲话楼下都听得见。一到下雨天，屋顶就会漏水。有次她一觉醒过来，被子都被雨水浸湿了。现在改建好的房子独门独户，逢年过节他们家大大小小都被她召集在家里吃饭，大家聚在一起，说说笑笑非常开心，她现在生活得也很幸福。

十几年来，谷志旺走遍了大上海的里弄小巷、拆房工地。通过先进的科技手段，从破损的历史建筑材料中梳理出上海的发展文脉；通过一瓦一粒，拼凑出上海的点滴记忆。让上海的辉煌过往封存在这一幢幢可触摸的历史建筑中，让建筑可阅读，让城市有温度。谷志旺和他的同伴们，以及无数站在历史建筑保护第一线的人们，也在为保留上海这些可以触摸的历史不懈努力，让上海滩的一栋栋历史建筑焕发新的活力。

立足江与海，纵览中与西。上海的城市发展史其实就是一部开放的历史、创新的历史、包容的历史。今天，上海把开放、创新、包容的品格和海纳百川、追求卓越、开明睿智、大气谦和的城市精神融汇贯穿到"上海服务"四个字中，用不拒细流、方成江海的气度，使上海服务立足本地、辐射周边、服务全国、对标国际。

涅槃重生　｜　曹春祥　毛严根

本篇人物

曹春祥　上海三枪（集团）有限公司常务副总经理、技术中心总监

毛严根　上海石库门酿酒有限公司副总经理、首席技师

任何世界驰名品牌，大都曾经历过兴盛、低迷、腾飞的涅槃重生。从松下、日立、飞利浦到奔驰、宝马、法拉利，无一例外。作为驰名中国的"上海制造"品牌，也是如此。曾几何时，上海以上海牌手表、凤凰牌自行车、大白兔奶糖、海鸥牌照相机、英雄牌金笔等品牌蜚声中外。新中国成立70余年来，上海品牌成为信誉、质量、时尚的代名词和国民优质消费的象征。毫无疑问，上海品牌伴随着国家的变革、城市的变迁，见证着人民生活水平的日益提高。进入80年代，上海品牌也在经济改革浪潮中几经沉浮，历久弥新，凤凰涅槃的背后是中国制造的创新梦和产业工匠的强国梦。2018年，上海把未来发展放在经济全球化的大背景下、放在全国发展的大格局中，按照国家对长江三角洲区域发展的总体部署再次重铸上海品牌。

外交"伴手礼"，这件"最上海"

2018年12月2日，中国国家主席习近平对巴拿马共和国进行了国事访问，从而翻开了两国160多年外交史的新篇章。两国的经贸合作是习近平主席带给巴拿马的外交大礼。上海制造的三枪牌"匠心系列"内衣，成为中国驻巴

中华老字号品牌
"三枪"

拿马大使馆的"伴手礼",而这一切与一位名叫曹春祥的上海纺织技术工人,有着千丝万缕的联系。

诞生于上海的"三枪",已成为中国内衣驰名商标之一,作为中华老字号品牌,至今已走过80年的风风雨雨。曾几何时,上海作为新中国的重点纺织工业基地,在全国有着举足轻重的作用。作为上海财政的第一大支柱产业,拥有着55万纺织大军的上海纺织业被形象地称为母亲产业。

"三枪"品牌源自一位名叫干庭辉的爱国民族工商业家,1937年为庆贺自己在射击比赛中获得三连冠,干庭辉以"三枪"申请注册内衣产品商标,寓意"永远争第一"。

1975年,高中毕业的曹春祥通过分配进入上海针织九厂工作,针织九厂的前身,就是干庭辉先生的民族纺织企业。19岁的曹春祥自己都没有想到,作为一名男性,会在女人王国的针织厂里一干就是43年。

20世纪80年代,中国的纺织业处于鼎盛时期。上海针织九厂为当时热播的电视剧《上海滩》冠名的"三声枪响"的广告片,让"三枪"品牌家喻户晓。上海针织九厂也因此成为美国、日本、中东、欧洲客户的贴牌代加工厂,成为炙手可热的纺织企业的龙头老大。

为了不被飞速发展的企业所淘汰,曹春祥用五年时间自修完成纺织大学课程，熟悉了工厂各工种操作流程和维修手册，成为人人羡慕的纺织技术员。曹春祥回忆说，他刚进工厂，赶上了效益最好的时候，那段时间厂里所有的商品都由国家统购统销，外贸公司每年也都会下单。下一年要生产什么、数量多少，国家都会替工厂安排好，工厂只需要按照计划做好就行。

"一个民族的品牌不能丢"

然而好景不长，谁也没有想到，上海纺织产业这个曾经的创汇大户，在短短10年中就变成了国企发展的大负担。技术的滞后、设备的陈旧、体量的臃肿，让这个曾经的"朝阳产业"变成了"夕阳负担"。衰老意味着淘汰，阵痛就在所难免。进入90年代，上海纺织业成为国有企业产业结构大调整中最先终结的产业。一夜间，大量纺织工厂纷纷关闭，纺织工人下岗。纺织产业聚集的杨浦区，夜市由繁华热闹变得冷清寂静。

经济竞争就是人才的竞争，上海纺织行业在国家产业结构调整中转型，在这个过程中，周边江浙皖一带的纺织业却飞速发展起来。一时间，长三角一带新兴的民营企业开着轿车来上海抢夺技术工人的现象，成为当时上海滩的一道风景。当时已成为上海纺织九厂产品研发部负责人的曹春祥，更是众多企业争抢的重点对象，他一天甚至能收到几家待遇优厚企业伸来的橄榄枝。曹春祥说，那些企业开出的工资很高，甚至送他房子，给出了一系列具有诱惑性的条件，但他最后还是拒绝了。他认为，自己在公司已经工作十几年了，作为核心产品研发部门的一员，在这种行业大溃败的情况下，有责任去提高工厂的经济效益。曹春祥表示，"三枪"这个品牌不能丢，一个民族的品牌不能丢。

决心要和工厂共渡难关的曹春祥明白，要想挽救上海针织行业，打破尴尬的局面，创新是唯一的出路。他清醒地认识到，四五十年一成不变的内衣老款式质量再好、品牌再响，也难以抵挡产品新、信息灵、手段活的民营企业对市场的强势入侵，要想重新赢得市场，就必须从技术革新和产品创新上下功夫。曹春祥深知，内衣的好坏取决于面料和织法，关键是如何推出一款独一无二的产品，才能体现上海纺织业的优势呢？

曹春祥自己画图设
计机器

　　一天下班后，在办公室苦思冥想却不得要领的曹春祥
郁闷地回到家，看着还在忙碌的妻子，他有些心疼和内
疚，正准备上前帮忙的他，突然注意到妻子臃肿笨拙的睡
衣，于是灵光一现——为什么不能研发一款既保暖又轻便
的内衣来取代棉睡衣呢？但问题是如何解决保暖层的问
题，曹春祥又陷入了沉思。工作时，无意中他看到同事倒
水时冒着热气的热水瓶，顿时茅塞顿开。据他介绍，纺织
学上有一句话：最保暖的是静止的空气。于是他琢磨，热
水瓶是怎么保温的呢？热水瓶里的水，为什么过好几天都
是热的？后来他发现，热水瓶内胆其实很轻，就两层玻
璃，而且很薄，一碰就碎，但保温性能依然非常好，原因
只是双层内胆的内外层之间是根本不传热的真空。要像热
水瓶那样隔热保温，就要把空气锁定在衣服里，曹春祥想
到用提花的方式把空气储存在内衣的花纹里，形成"三明
治"结构。然而一个问题刚解决，新的问题马上出现了。
曹春祥和他的团队在试验中发现，这个方案只有利用大机
器才能实现，小圆桶针织机不能实现立体花纹的编织，而
小圆桶针织机却是保证一套内衣没有接缝的关键。要实现
小圆桶针织机织出提花的花纹，就要对现有的机器设备进
行改造，这已经超出了内衣研发设计师的工作范畴。曹春
祥几天几夜没有合眼，他开始自己画起图纸设计机器。一

次开抽屉拿东西时，他的灵感再次被激发，他发现编织针的运动可以模仿多层抽屉，上下立体式工作。受抽屉的启发，曹春祥及其团队开发了"多层抽屉式编织"的方法。为了实现曹春祥"多层抽屉式编织"的设计，厂里在经费极度紧张的情况下拨出专款，对几十年不变的针织机器进行了全方位改造，成功织出被称为"三明治"的具有隔层保暖功能的无缝内衣。这种内衣的特点是舒适性、松紧度、透气性、保暖性完全符合人体力学的要求。这款后来被纺织专家称为具有革命性的"柔暖棉毛"的内衣新产品，一经推出风靡整个市场，轰动了世界纺织业。毫不夸张地说，一款新型内衣拯救了当时一蹶不振的上海纺织业，带动了中国纺织业的革新。上海三枪（集团）有限公司总经理王卫民说，新产品一炮打响，在内衣市场上成为爆款，也正是这个产品，挽救了那么多的企业，同时也带领"三枪"确立了行业老大的地位，并且在中国市场上，至少延续了十年红火的状态。曹春祥回忆说，一时间批发商全到他们公司来排队、登记，生怕拿不到这款新产品。

自1990年，被迫兼并9家亏损的针织企业的上海针织九厂，成立集团后债务高达3.58亿元，一直举步维艰、负债运营。可以说"三枪"牌保暖内衣的横空出世，一扫多年笼罩的阴霾，企业不仅扭亏为盈，还重新成为上海市的利税大户。曹春祥自豪地说，那四台机器当时成本只有一万多元，却给他们公司创造了一年7亿元的销售额。曹春祥带领团队研发的复合层提花工艺，获得1992年上海市科技进步二等奖。

颠覆传统工艺，酿制"上海味道"

20世纪90年代，与"三枪"内衣并驾齐驱的另一个上海品牌是"金枫"，金枫特加饭黄酒，是当时普通上海人家餐桌上必备的佐酒。黄酒是吴越文化的重要代表，迄今有几千年的历史，和白酒、红酒并称为三大国酒，在江浙一带尤为受欢迎。

金山枫泾古镇，相传是吴越文化的交汇处。80年前，金枫酒业的前身在这里诞生，并以当地地名命名酒厂。尽管与江浙一带的黄酒业有着相同的历史，上海黄酒业依然在工艺、产量、知名度上远远逊色于江浙的黄酒。到了

20世纪六七十年代，当时的金枫酒厂根据市场需求，提出"用上海黄酒占领上海市场"的市场竞争策略。在对传统酿造工艺大胆进行改良的同时，广泛吸纳技术人才，并把机械化引入黄酒的生产中。上海石库门酿酒有限公司总经理张辉说，当时他们开发出了全国第一条万吨级的黄酒流水线，整个黄酒行业从农业时代向工业时代转变，具有里程碑的意义。

种得梧桐树，引得凤凰来。尽管上海的黄酒业起步晚于江浙，但勇于创新，不循规蹈矩，技术革新、发展速度却远胜于盛产黄酒的嘉兴地区。良好的生产环境、先进的生产设备吸引了许多有志于黄酒开发研究的有识之士。出身嘉兴酿酒世家的毛严根就是其中的一位。据毛严根介绍，当时嘉兴地区的黄酒主要还是以传统的做法为主，他的老师告诉他，上海的黄酒采用大规模机械化生产，发展速度非常快。这对他来说吸引力很大，于是毕业后他就去了上海的枫泾酒厂工作。金枫酒业机械化大规模生产的特加饭黄酒，不仅满足了上海市民对黄酒的需求，而且由于降低了生产成本，让利于民，价格和销量在上海市场占有绝对优势。

在上海本地黄酒产销两旺的时候，初出茅庐的毛严根提出"上海黄酒不能仅在数量上占优势，要在质量上压倒

毛严根将香雪酒加入特加饭

对手"的想法。毛严根认为，上海黄酒首先要解决适口性，要使上海本地生产的特加饭黄酒能够更加适应大众口味。他通过反复研究发现，把含糖量较高的香雪酒调入特加饭，不仅能很好解决以往特加饭口感苦涩的问题，而且会使特加饭黄酒品质更纯正，口味愈发平和、甘甜。然而具体操作中，事情远比毛严根想象的复杂，他发现用传统工艺酿造的香雪酒根本无法实现机械化的大罐生产。不能大规模生产香雪酒，就意味着无法满足新特加饭的产量需求。毛严根介绍，有氧气的环境里才能培养生物酶，转到大罐之后就不能产生生物酶，起不到对大米的糖化作用。刚学徒转正的毛严根经过反复论证，大胆提出在小麦上培养生物酶，再糖化发酵的做法。这样既解决了氧气少的问题，又可以让香雪酒进入大罐生产。但是想法一经提出，立即受到厂里老师傅们的质疑。很多师傅都觉得不可能成功，尤其一些老法师级别的老师傅，甚至认为他是在胡闹。不服输的毛严根在无数个不眠之夜里经过反复试验，成功在小麦上培养出生物酶，再进行半固态糖化，解决了香雪酒用60吨大罐进行生产的难题。

为了让老法师们心服口服，厂技术科把毛严根改进工艺后生产出来的酒，和用传统工艺酿造的酒，采取分别编号盲测的方法，请来多位资深酿酒师现场进行品评打分。毛严根回忆说，当时科长要求给两种酒写上编号，让老师傅们品一品哪个口味更好。评分结果出来，老师傅们都认为新工艺酿出来的酒口味更好。

经过改良后的特加饭黄酒，酒的品质得到了很大的提升，一经推出，便广受市场欢迎，成为金山枫泾酒厂的经典产品，风靡"长三角"三省一市。特加饭当初究竟风靡到什么程度呢？总经理张辉回忆，产品刚下线就已经有很多人在酒厂门口排队等候，开着车来买酒的人络绎不绝，酒到了消费者手中甚至还是热的。

创新面料，从"爆红"到"长红"

创新、突破是保持品牌长盛不衰的唯一途径。毛严根将"特加饭"升级换代，成功帮助企业突出重围。而三枪集团的曹春祥，也用一个品牌救活了一个企业乃至一个行业。但曹春祥清楚地意识到，在如此开放的市场，要想用一种产品包打天下，简直是痴人说梦，只有不断推陈出新，才能让企业在激烈的市场竞争中保持旺盛的活力。他说，有许多人认为行业发展到一定程度就很难再有突破，但他觉得突破的机会其实还有很多，这些机会来源于独特的观察力，需要对生活中息息相关的事物加以关注，并提出疑问大胆设想。

在大多数纺织企业沉醉于保暖内衣带来的丰厚利润时，曹春祥敏锐地意识到，全国的保暖内衣市场已趋于饱和。人们对美好生活的向往不仅体现在物质生活上，还在于自身美观的建设上。爱美之心人皆有之，人们对内衣开始有了新的要求。一开始人们觉得内衣穿在里面，宽松紧身都无所谓，可后来随着人们对时尚的追求，发现外套修身了，穿在里面的衣服也一定要贴身。

塑身保暖内衣俗称紧身内衣，要紧身，就得采用超薄、保暖、有弹性的面料。曹春祥访遍国内所有的纺织企业，别说成品，就连相关技术资料也没有找到。正当曹春祥一筹莫展之际，有人向他推荐美国杜邦公司生产的一种叫莱卡的纤维，这种面料当时刚刚进入中国市场。于是，曹春祥马上找来了这种纤维进行试验。据他介绍，弹性大的纤维，编织到内衣面料里很困难，因为弹性会不受控制，编织出来的面料可能一会儿厚、一会儿薄。莱卡是一种弹性纤维，可自由拉长4至7倍，并在外力释放后，迅速恢复原有长度。曹春祥在实验中发现，在成衣中加入适量莱卡，褶皱可轻易地自动恢复，因而衣服更飘逸且不易变形。找到合适面料仅仅是第一步，要想降服这种新面料，确实需要花费一番周折。通过对莱卡纤维的粗细、编织结构反复尝试和调整，曹春祥与他的团队经过上百次的试验，终于完善了这方面的数据，并首次成功将莱卡运用到成衣中。

"三枪"莱卡内衣一经推出，即刻取代了传统内衣，从而引发了又一场内衣的革命。莱卡从那时起就风靡了整个上海乃至全国各地，后来几乎所有针织厂都开始使用莱卡面料。

莱卡在内衣上的成功运用,拓宽了曹春祥的思路,他开始大胆探索之前没有运用到内衣上的材料和技术,甚至是设备。一次,曹春祥去意大利考察,发现一种制造工业纺织品的机器可以取代当时国内广泛采用的内衣起绒技术。当时国内传统的面料起绒有两种方式,一种是钢丝拉,另一种是用沙皮磨,两种方式都属于表面起毛,面料穿在身上容易起球。曹春祥发现意大利的这种机器采取的是碳素起绒,面料起绒不仅均匀,而且不起球。

回国后他写好考察报告交给厂里,建议厂里引进这种设备。在创新品牌中尝到甜头的三枪集团,当机立断进口四台碳素起绒设备。首批"舒绒莱卡"内衣很快生产了出来,但在临近上市时,质检人员却发现了一个严重的问题。通过严格检查,他们发现衣服上竟有一些细微的洞,其实穿在身上根本看不出。可是三枪集团的意见非常一致,认为有质量问题的产品就该处理掉,不能卖出去。

曹春祥做了统计,这批货的报废,造成直接损失达70万元。在2000年的时候,这可是一个巨大的数字。当时厂里有人打退堂鼓,不想再生产这款产品,认为再生产下去就成了历史的罪人,会给公司造成不可估量的损失。曹春祥当时压力很大,焦虑得晚上睡不着觉。

最终,曹春祥找到了问题的症结。原来,碳素就像牙刷刷毛,一根根竖着,在飞速旋转抓绒的过程中,面料极易受损。于是,他一方面在原料中加入了超长纤维增强纱线的牢度,另一方面调整碳素刷绒的包覆角度。新一批"舒绒莱卡"内衣生产出来后,三枪集团专门购买专业检验灯箱,让每件衣服都通过灯箱检验一遍。通过仔细检查,他们没有发现任何问题,曹春祥悬着的一颗心也终于放下了。这款具有革命性的舒绒莱卡内衣,既有弹力可以塑身,又有接近羊绒的保暖性和舒适性。

40余年来,曹春祥从一名一线基层打样工,成长为三枪集团技术研发的核心人物、国家科技项目的带头人,成功开创了多项面料和技术工艺的先河,先后获得多项国家发明专利。为了继承和发扬工匠精神,三枪集团成立了"曹春祥时尚内衣设计劳模创新工作室"。

40多年间,曹春祥带领着技术团队,根据市场的需要,研发了一款又一款"三枪"品牌新产品,先后上市袖子更短、衣领更低、保暖性更好的商务型内衣,"薄之暖"功能性内衣等。这些创新实用的新产品,使得上海"三枪"品牌傲视国内市场。

逆势而上，酿就中国人自己的"XO"

　　毛严根一直不认同黄酒只是平民料酒，登不了大雅之堂的说法。打造一款中国人自己的"XO"，一直是黄酒大师毛严根的梦想。在20世纪90年代，上海市场上还是传统黄酒一统天下的时候，出身酿酒世家的毛严根提出，要让上海黄酒在"满足大众""创造品牌"的同时能"走向世界"，把普通市民餐桌上的下饭酒变成大型宴会上的佐餐酒。然而，打造这款中国人自己的"XO"的想法一经提出，就立刻遭到了业内众多行家的反对。

　　当时业内有一种声音，认为既然生产的是黄酒，那就得按照黄酒的传统来酿造，不可以加入其他成分。但通过大量的市场调研，毛严根发现上海黄酒之所以很难走出长三角，主要因其口味缺乏大众性。假如能在改变酒的酸度、增加营养性上有突破，小众的特加饭，必然会变成大众的佐餐酒。毛严根在开发第一代营养型黄酒的时候，最大的困难就是没有国家标准来参照，这对他的研发工作来说，是一个很大的阻碍。没有现成的标准可以参照，毛严根就创造标准来指导革新，这对于他来说无疑是摸着石头过河。在实验中，毛严根对研发团队下了一个死规定：不允许用任何化学成分改变酒的品质。如此一来，天然食材就成了唯一的选择。研发团队找来了各种药用食材，按照要求不厌其烦地进行试验。

　　上海石库门酿酒有限公司精酿车间酿造部经理助理龚辉回忆说，毛严根一遍又一遍地对那些数据进行比对、测算，他毫无保留地告诉身边人怎么去做，还会参与最后的品评，工作做得非常细致。毛严根的妻子说，丈夫研发产品那段时间里，吃过晚饭就立刻去厂里，一直工作到夜里十点多才回家。家里的事，丈夫一点都顾不上。

　　通过不间断地试验，终于有一天，他从上千种选择中找到了提升上海黄酒品质的食材，最后从根本上改变了传统黄酒口味偏酸、偏涩的弊端。可是酒的口味改善了，新的问题又出现了。毛严根发现，两种食材混合在一起，会产生浑浊的现象，从而导致黄酒失去光泽。色香味决定了酒的风格，酒的口味再好，倘若没有通透的光泽，那就算不上好酒。毛严根坚持要解决这个问题，他坚信办法总比问题多。一次偶然的机会，他突然想出了解决办法。毛严根回忆到，那天在吃年夜饭，一个酒量小的同事想少喝点酒，于是就泡了一壶红茶，冒充黄酒来喝，但被其他的同事发现后，硬是让他加点黄酒喝。红茶里加了黄酒，于是颜色也变得浑浊了，杯中物就没有光泽了。毛严根立刻想到，他们上次做产品研发的时候，也遇到了类似问题。

毛严根很快发现，问题出在一款叫罗汉果的药材上。为什么不能把罗汉果和少量的酒先混合，经过沉淀和特殊方法处理去除浑浊物，将过滤后的酒作为母液再和其他黄酒一起调配呢？年夜饭吃了一半的毛严根，马上跑回实验室进行反复试验勾兑，终于找到了解决新品黄酒浑浊问题的钥匙。营养型黄酒上市后市场反响热烈，如今，上海的海派黄酒已成为营养型黄酒的代名词。营养型黄酒出现之前，根据国家标准规定，产品风格不同，黄酒可以分为传统型黄酒和清爽型黄酒。营养型黄酒或者特性黄酒的问世，是黄酒发展过程中的第三个里程碑，又被纳入了国家标准，助推了黄酒的发展。

一款好的产品，需要一个契合它本身气质的品牌来打开市场。在对能代表海派文化的几百个特色标识反复筛选后，设计者最终把目光定格在了石库门上。石库门是上海最有代表性的民居建筑，融合了西方文化和中国传统民居的特点，被认为是上海近代都市文明的象征之一。石库门和营养型黄酒都是海派文化的产物，折射出海纳百川的上海城市精神。于是，营养型黄酒被命名为"石库门上海老酒"。"石库门"品牌创立后，不到三年，基本上所有的系列产品，都风靡整个上海。

"石库门"黄酒系列产品累计为企业创利10多亿元，突破了传统黄酒价格低、档次低的困境，确立了上海在全国黄酒行业中的领先地位，也为整个黄酒行业找到了一条良性发展之路。毛严根带领团队不断提升"石库门"黄酒的口感和品质，让酒更加柔顺、舒畅和厚实。不仅"石库门上海老酒"成为国家高档黄酒生产的标准，生产技术获得了多个发明专利，毛严根也成长为中国黄酒界的标杆人物，成为国家黄酒品评委员会的重量级评委，先后获得全国技术能手、全国轻工业劳动模范、上海五一劳动奖章等荣誉称号。

传承是品牌发展的根基，2012年，上海石库门酿酒有限公司专门成立了"毛严根技能大师工作室"，一批年轻有为的调酒师在工作室学习锻造，9项国家专利是他们得到的最好回报。毛严根表示，他要求自己具备敢于吃苦、身先士卒的精神，带好整个团队，不能纸上谈兵，一定要亲手去做，亲自实践之后，才能更好地提高自己、更好地指导团队。

2018年11月，首届中国国际进口博览会在上海召开，吸引172个国家、地区和国际组织参会。石库门上海老酒推出了"海上繁华"系列高端产品，引起了世界各地客商的关注，并被上海市政府确定为进博会优选伴手礼。毛严根多年的梦想终于实现，这款酒被国际参会客商称为"中国的XO"，并被带往世界各地，为下一步上海黄酒走向世界奠定了基础。

"三枪"和"石库门"是上海市194个中国驰名品牌的缩影，它们代表着上海这座城市的海派精神。"三枪"品牌作为针织行业的一面旗帜，它的蝶变说明只有创新发展才能成就上海品牌；而"石库门上海老酒"则体现了海纳百川的胸怀，包容不同的可能性。伴随着新中国的成长，像曹春祥和毛严根这样一代又一代上海工匠，锻造着上海品牌的传奇。

国货品牌代表着自强不息、锐意进取的民族精神，越来越多的中华老字号开始像"三枪"和"石库门"一样在这个不进则退的时代大潮中，因时而变、涅槃重生，用创新和进取精神努力书写新的传奇。

后记

书写平凡生命的不平凡

纪录片《上海工匠》总导演创作手记

非常感谢上海大学出版社慧眼识珠，将我创作并担任总导演、总撰稿的大型系列纪录片《上海工匠》（1—4季）列入出版选题。并鼓励我二度创作，让一闪而过的画面语言通过铅印文字的形式永久保留了下来。

责任，汇聚一批有志者的努力

《上海工匠》如今能成为上海市的品牌和上海市1 200余万产业技术工人的标牌，其中凝聚了许多人的心血、汗水和泪水。

2015年，我受命接管风雨飘摇的东方卫视《大爱东方》栏目。当时节目在整改中，卫视领导想到了曾获197个新闻奖、调整到行政管理岗位上一直不安心的我，于是我成为东方卫视自创建以来唯一被党委直接任命的制片人。时任东方卫视中心党委书记的朱涛在找我谈话时要求在一年内扭转被动局面，五年内将《大爱东方》打造成全国品牌栏目。

在时任东方卫视副总监张颂华的大力支持下，根据电视节目的发展趋势和被娱乐节目折腾倒了胃口的受众需求，从节目方向、制作流程对《大爱东方》进行了全方位改造，确立了"运用上海各行业资源，以上海人、上海事为主题，用纪录片的形式向全国乃至世界讲好上海故事"的发展方向。《大爱东方》也成为东方卫视唯一的自制纪录片栏目。

《大爱东方》首推的纪录片是八集大型系列纪录片《如歌的岁月》，这部以新中国成立以来上海市产生的具有代表性的八名全国劳动模范的先进事迹为主线，讲述劳模酸甜苦辣、喜怒哀乐的纪录片一经播出就受到观众的热烈追捧，连续一周在全国卫视同时段收视率排名第一。该片还引起了时任上海市总工会劳模办主任的张夏美的高度重视，正是她将团队推荐给了上海市总工会分管宣教的领导杜仁伟，才有了后来的《上海工匠》。

曾任《劳动报》总编辑的杜主席，在认真观看了《如歌的岁月》后敏感地意识到，"用纪录片的形式宣传工会工作非常有张力"。他当即约见了我，仔细听取了下一部以上海产业技术工人为主题的纪录片策划。并带领上海市总工会相关部门领导与节目团队三次到基层调研，确定了《上海工匠》为纪录片片名，同时推出了首届上海市百名"上海工匠"的评选活动。我作为评委之一，全程参加了评选，并在百名工匠中挑选了16名优秀代表制作了大型系列纪录片《上海工匠》第一季，这部纪录片和评选活动已成为每年上海市"五一"国际劳动节纪念活动的重要组成部分，延续至今。

更令人感动的是抱恙在身的人民日报社原副总编辑谢国明老师，在北京协和医院的病榻上专门为本书写了序，体现了一名老新闻工作者不遗余力扶持后辈的博大胸襟和对上海工匠们的崇敬之心。

上海大学出版社的责任编辑陈强老师，也以敏锐的洞察力，从《上海工匠》第一季播出时就一直关注节目的走向，多次与担任该片总导演和总撰稿的我联系，商讨将该片的文字图片结集出书事宜。到第四季播出完后，他果断把《上海工匠》作为重点图书进行申报，并获得上海大学出版社领导的认同和大力支持，此外，上海大学出版社的编辑夏安，在出版文稿的改编写作和插图的选取上，投入了大量精力，经过种种努力，才有了今天《上海工匠》一书的出版。

义务，新闻人对弘扬正能量的执着追求

卓越，来自精益求精、精雕细琢的态度；完美，来源于一丝不苟、追求极致的品质。上海作为中国工业制造的重镇，这个国际超大城市拥有一大批技术精湛、手艺非凡的技术工人。其中包括：推动中国汽车行业发展、解决数个关键部件难题的创新标杆徐小平；有"工人院士"之称的、创造飞船"太空之吻"的载人航天工程总装战线领军人物王曙群；掌握100多种焊材焊接技术的"亚洲焊神"张翼飞；35年没有出过一个次品的航空"手艺人"、国产大飞机的"首席钳工"——胡双钱；还有接待过60余批外国元首及国宾级要人的"中华金厨"——陆亚明；在牙齿上"跳芭蕾"的口腔医生徐培成；

以及在眼睛上"绣花"的眼镜巧匠蓝金康；等等。他们用精准、精湛、精细、创新、创造、创优，传授、传承、传扬的理念和实践，诠释工匠精神。他们与2 500万上海人民一起铸就了上海的辉煌，创造了上海制造、中国制造的未来。

为了展示上海工匠绝技高招、揭示行业秘密、讲述动人故事、传递"工匠精神"，制作团队在上海广播电视台领导的支持下，尤其是在主管领导、东方卫视原副总监张颂华的机智斡旋下，《上海工匠》团队采用了全新的"体外循环"的制作模式，汇聚了"长三角"三省一市的优秀纪录片编导，共同为上海工匠树碑立传。

"用工匠精神拍摄工匠"，这是上海市人大常委会副主任、市总工会主席莫负春对该片的评价。由于拍摄和制作周期极度紧张，每集45分钟，每季六到八集需要在一个月内完成拍摄、撰稿、制作、播出的全过程。任务重，压力大。担任各分集导演的老师们，无论在本单位名气有多大，都用一颗虔诚的心潜心创作，殚精竭虑。宝钢的轧钢车间温度高达80摄氏度，尽管穿着隔温衣也酷热难耐，十多分钟就要跑出车间喘口气。分集导演孙敏带领团队硬是在那里坚守了一周，向观众呈现了我国最先进运输机"胖妞"的发动机无缝轴承生产的全过程。铁路的轨道交割换轨往往是在凌晨三点进行，上海作为全国最重要的交通枢纽，它的交割时间仅为30分钟，分集导演李丹把不到三岁的孩子扔在家里，带领团队不顾蚊虫叮咬，坚守三个夜晚，向观众展现了铁路技术工人紧张和谐又惊心动魄的轨道交割场面。分集导演洪蕊是来自江苏的导演，为了真实拍摄崇明岛的生态环境，与摄像趴在芦苇中，与鸟兽相伴，与蚊虫为伍，拍摄结束时人整个被蚊虫叮咬得肿了一圈。而本集为打通江浙沪长江入海口绿色环保带连通提供了理论和技术上的支持。分集导演敖雪和协助她的摄制团队都是"旱鸭子"，而承担的是我国深海勘探和气象卫星领域工匠的拍摄任务，在拍摄过程中遇到台风，晕船呕吐始终折磨着他们。为了增加体力，团队人员吃了吐，吐了再吃，风一小就抓紧拍摄，一周的海上颠簸，人瘦了一圈，黑了一层，而由他们拍摄的南海海域勘探影像资料，为我国南海海域主权留下了珍贵的资料。来自浙江的分集导演王雪娇在拍摄具有世界先进水平的整体车模喷制工艺时，穿着防护服，戴着防毒面罩，钻进50摄氏度高温的喷漆烤瓷车间，一蹲就是半天，汗水浸湿了衣服，出来时鞋子里都能倒出水来，人也虚脱了。这一集形象揭示了我国汽车制造尖端技术从引进、合资到突破，再自主生产的涅槃重生。除此之外，还要感谢该片的技术总监沈奇伟先生和胡朝晖先生，在后期制作中，他们连续半个月吃住在制作间，为纪录片《上海工匠》的高质量完成做出了卓越贡献。特别要感谢的还有我的太太陈亦楠女士，同为纪录片人的她，在完成自己繁重工作的同时，无论是在制作纪录片《上海工匠》时，还是在本书的创作及出版过程中都给予了我无微不至的关怀和支持。

毫不夸张地说，上海工匠们用他们生动的故事和精湛的技艺成就了导演们的优秀，而导演们也用一丝不苟的精神和坚韧不拔的毅力名扬了上海工匠。同时，上海工匠和优秀导演共同铸造了《上海工匠》这部纪录的辉煌。

担当，来自社会各界的支持和认同

一部作品能否出炉，能否获得成功，不仅需要创作人员的艰辛努力，更重要的是要有一批敢于负责、勇于担当的领导的认可和推动。《上海工匠》非常幸运，无论电视作品还是图书，均得到了各级领导的大力支持。

2015年5月，大型系列纪录片《上海工匠》第一季开播展映式在上海电影博物馆举行，上海市人大常委会副主任、上海市总工会主席莫负春，时任中共上海市委宣传部常务副部长、现任国家广电总局副局长的朱咏雷与百名首届"上海工匠"的获得者及上海各界代表出席了首映式。

莫负春充分肯定了用纪录片的形式展示上海市优秀技术工人风采的做法，要求每年都要推出一季《上海工匠》，用生动鲜活的事例，激励广大产业工人敬业爱岗。朱咏雷说：上海媒体要讲好上海故事，让全国乃至世界了解上海，首先从了解上海人和上海事开始，纪录片《上海工匠》在这方面起到了示范作用。朱咏雷随后还向制作团队详细询问了《上海工匠》制作的过程，对制作团队克服困难、勇挑重担、创作精品给予了充分肯定。

其实，《上海工匠》的成功凝聚了各行各业有担当领导的心血。中宣部新闻阅评组组长曹焕荣，中宣部宣教局原副局长、学习出版社社长、总编辑董俊山，中宣部舆情中心副主任、学习强国副总编辑范希春，国家广电总局副局长朱咏雷，原副局长李伟，国家广电总局重大题材组组长金德龙、国家广电总局监控中心副主任肖党荣以及全国总工会和上海市总工会的相关领导对

《上海工匠》每一季从策划、成稿乃至表现手法上都进行了详尽的指导。正因如此，纪录片《上海工匠》自2015年至2019年，连续四年受到中宣部的表扬，连续四年被国家广电总局评为年度优秀国产纪录片，连续四年获中视协一、二等奖。东方卫视《大爱东方》栏目也被中国广播电视协会评为全国十佳纪录片栏目，这也是上海广播电视台首次获此殊荣。《上海工匠》同时推动了上海市千名工匠培训计划的实施。

　　一部纪录片、一本书，是我当初对千名获得"上海工匠"称号的优秀技工的承诺，也是对上海市1 200万技术工人的承诺。感谢上海大学出版社帮助我实现了这一承诺。

王晓明
2023年4月20日